浙江大学"985工程"国家新农村建设与发展研究项目资助成果

教育部人文社会科学研究规划基金项目资助成果

区域教育现代化实践探索丛书

丛书主编　胡小伟 刘正伟 俞　斌

北仑模式：

区域教师专业发展探索

阎亚军　刘信态　唐晓明　编著

ZHEJIANG UNIVERSITY PRESS
浙江大学出版社

总　序

在我国进入全面建设小康社会、加快推进社会主义现代化的背景下,教育作为促进社会进步、民族振兴的基石,面临着前所未有的机遇与挑战。全面深化教育改革,大力推进教育现代化建设,已经成为当前教育发展的迫切任务和时代使命。在知识经济迅猛崛起的今天,教育更是成为区域经济、政治、文化、社会和生态的可持续发展的内在动力资本。宁波市北仑区作为全国改革开放的排头兵和产业优化发展的前沿阵地,多年来一直在积极探索区域教育现代化发展的经验与模式,探讨教育如何与区域经济社会同步发展、率先实现教育现代化、打造全省乃至全国教育现代化强区典范等问题。

众所周知,教育现代化建设是一项系统工程,全面实现教育现代化必须从传统的以学校为单位的组织变革转向区域性的教育整体变革。特别是随着教育管理权限的下放,探索区域层面教育改革与教育领导能力建构,开始成为重要的课题。第一,以区域推进的方式进行教育变革往往能够增强教育改革的抗风险能力,通过政府的领导组织,有效防止教育改革与发展中的动力不足、能力不强和外部支持环境不良等问题。第二,区域性教育变革往往具有整体规划的意识,能够在系统思想的指导下,建立本地区的教育运行秩序和机制,有利于大面积地提高教育质量和教育整体效益。第三,区域性的教育变革强调从经验性、行政性的改革转变为专业化、系统性的改革,关注区域教育革新的顶层设计、持续推进、能力建构和经验的提炼与推广,体现教育改革中理论与实践紧密整合的作用。因此,在我国全面推进教育现代化建设、实现教育均衡与优质发展的过程中,探索区域性教育变革的模式已经成为提升教育整体水平的普遍战略选择。

北仑教育变革是我国东部沿海经济发达地区教育改革的一个缩影。改革开放以来,北仑教育界创造了"北仑现象"及诸多教育奇迹,从最初的撤县建区,到承担国家义务教育课程改革实验,到均衡发展的率先探索与推进,再到建立教育现代化强区,改革不仅是北仑教育变迁的结果,也构成了北仑教育发展的特质、基因乃至精神，而落实科学发展观，办人民满意的教育是北仑教育改革一以贯之的主线。30多年来，北仑教育界知难而上、攻坚克难，通过深入调查和研究区域教育的各种内生矛盾与问题，化解症结，破解难题，不断确立阶段性改革目标，将北仑教育推向新的发展水平。

北仑教育界从不满足于以往取得的成就，而把改革视为教育工作的一种常态、一种精神、一种信念，在改革中，"时时矫正自己，日新日日新"。在探索教育变革的动力源泉和路径时，北仑教育界始终把根扎在区域这片沃土上，研究自身的问题，共同探讨及解决教育发展的本土问题，推出许多行之有效的改革举措，积累了许多卓有成效的经验。尤其值得一提的是，多年来，北仑教育一直坚持以区域性教育变革为根本战略，用区域整体布局和系统思维的方式，探索出了一条由专业研究人员参与和区域自主探索相结合的区域性教育改革与发展的北仑路径。区域教育现代化实践探索丛书正是对多年来北仑教育改革与发展成果的理论性与经验性的总结。一方面，丛书反映了北仑区坚持教育优先发展、以人为本、促进公平、提高质量、改革创新的区域教育现代化建设的实践成果；另一方面，丛书也是对北仑教育现代化建设行动研究的理论提升，较为系统地检视了北仑区域教育现代化发展的阶段特征与独有模式；此外，丛书还呈现了大量区域教育现代化建设的优质案例，对于从整体层面推动教育现代化建设具有一定的参考价值与借鉴意义。

丛书包括《北仑范式：区域推进式农村学前教育发展模式探索》《北仑经验：区域推进综合实践活动课程研究》《北仑策略：区域推进体艺特色学校建设研究》《北仑实践：区域推进学校文化建设研究》《北仑机制：区域基础教育质量评价研究》和《北仑模式：区域教师专业发展探索》等六个分册，主要以体制创新、课程改革、特色创建、文化建设、质量监控和教师能力建构等六个方面为抓手，构建了北仑教育区域性改革与发展的内在体系。《北仑范式：区域推进式农村学前教育发展模式探索》从体制创新的角度探讨了新农村建设背景下的学前教育区域性变革的北仑范式，总结了北仑所探索的农村学前教育的人本管理模式、农村学前教育的集团化整合模式、农村学前教育的生态化课程模式和农村学前教育师资区域本位化培养模式。《北仑经验：区域推进综合实践活动课程研究》以课程革新为人才培养的突破口，探讨如何通过区域统筹规划，推动区域校本课程开发、实施、评价、管理和师资培养的系统策略，总结了区域课程革新的策略系统和实用资源。《北仑策略：区域推进体艺特色学校建设研究》立足于学校体艺特色和区域特色的建构,在实证调研和理论分析的基础上,以区域规划理论、协同理论、区位优势理论、竞争合作理论为依托,为区域体艺特色学校建设提出了革新性策略。《北仑实践:区域推进学校文化建设研究》提出区域教育内涵发展的关键在于学校文化建设的理念,并通过区域教育政策引导的轴心作用,构建了包括物质文化、制度文化、行为文化和精神文化的北仑特色的多重学校文化建设的核心体系。《北仑机制:区域基础教育质量评价研究》从区域教育质量评价的理论、体系、标准及其实施等层面构建全面教育质量评价与监控体系的理念、具体策略和实践案例,为区域教育实现均衡与优质发展提供了北仑探索之路。《北仑模式:区域教师专业发展探索》站在区域教育均衡发展的立场,从政府主导和草根推动两个方向,探索了“分层运作·多维融合·载体推动”的区域教师专业发展模式,从教研训层次、教研训体系和教研训载体等不同方面探索区域教师专业发展的理论与实践,为其他地区整体筹划教师专业发展、实现教师专业化提供有益的借鉴。

区域教育现代化实践探索丛书作为对北仑教育现代化建设的较为系统的盘点与反思,反映了多年来北仑教育局落实科学发展观、办人民满意教育、探索教育现代化留下的足迹。第一,丛书力求反映北仑区教育现代化探索中的愿景与使命领导的意识,区域教育的改革紧紧围绕教育现代化建设中教育优先发展、育人为本、促进公平、提高质量和改革创新的本质精神,通过挖掘教育变革的内在精神引领教育事业的全面突破,以体现北仑教育发展的战略选择。第二,丛书力求反映较强的聚焦意识和问题意识,六个专题的研究均以我国教育现代化建设中最迫切、最核心和最关键的重大问题为研究对象,包括学前教育体制创新、人才培养模式变革、现代学校建设、质量提升与内涵发展等,以破解教育现代化中的难题。第三,丛书力求反映实践智慧的力量,体现区域教育发展依托于理论又超越并发展理论的意义,各个专题的研究都扎根于深厚的专业理论基础,又在实践中探索了创新性的策略、方法和经验,将鲜活生动的教育现代化建设实践同教育现代化的理念与内涵相整合,从而促进研究成果的推广与辐射。第四,丛书力求反映研究方法的规范意识,各个专题的研究综合运用了理论研究、比较研究、实证研究、案例分析等方法,对北仑区域教育现代化的理论与方法、制度与政策、经验与模式、问题与对策进行了系统而规范的探讨,发展了研究的内在逻辑关系和方法系统,可以为同类地区教育现代化的研究提供参考与借鉴。

　　区域教育现代化实践探索丛书是北仑教育现代化建设的一个结晶,是北仑教育改革与发展的创新点,也是北仑教育改革与发展的特色所在。我们希望这些探索不只局限于北仑区域,而是在更广阔的范围为我国推进区域整体教育现代化提供一个理论与实践参照的视角。我们期望北仑的实践经验和探索能够产生更大范围的辐射效应,一方面,希望它能进一步激发北仑教育在实现教育现代化、打造全国教育强区的道路上不断前行;另一方面,也为我国其他地区教育现代化建设提供一个可供解析的标本。

主　编

2013 年 8 月

目　　录

第一章　教育现代化与教师专业发展 …………………………… （1）

第一节　教育现代化的时代内涵 ……………………………… （2）

第二节　教师专业发展 ………………………………………… （9）

第三节　新课程改革对教师专业发展的要求 ………………… （23）

第四节　区域教师专业发展 …………………………………… （32）

第二章　北仑区域教师专业发展的范式转变 …………………… （41）

第一节　从个体发展到个体与团队的共同发展 ……………… （41）

第二节　从专家向教师单向传递知识、技能到教师创造性转化的

　　　　实践 …………………………………………………… （46）

第三节　从单一的教学技能、技巧提高到综合智识、专业素养的提升

　　　　……………………………………………………………… （50）

第四节　从个别学校的零星改进到区域整体性推进 ………… （54）

第三章　北仑区域教师专业发展"教研训一体化"模式探索 …… （70）

第一节　分层运作：建立层级分明的教研训实体 …………… （70）

第二节　多维融合：促进管理、角色和工作三个维度内相关要素的

　　　　有机整合 ……………………………………………… （109）

第三节　载体推动：寻找教师专业发展的有效途径 ………… （119）

第四章　走向现代化的北仑区域教师专业发展 ………………… （165）

第一节　北仑区域教师专业发展过程中的问题反思 ………… （165）

第二节　北仑区域教师专业发展的未来道路探索 …………… （168）

附　录　北仑区域教师专业发展研究报告及活动案例 ………… （174）

北仑区校本研训调查和思考 ……… 北仑区教师培训中心课题组（174）

教研协作区

　　——一种基于校际合作理念的教研实践体

　　…………………………… 北仑区教育局教研室　刘信态(184)

协作区教师同上一节课:校际教研活动案例

　　…………………………… 宁波东海实验学校　王国锋(187)

"山海经"协作区的"山海经"………… 协作区大组长　王剑平(190)

借"他山之石",攻"校本教研"之玉

　　——基于学科骨干教师引领下的校本教研活动形式的探索

　　…………………………… 北仑区教研室　蔡君英(193)

骨干引领,携手共进

　　——基于规范常态课堂的语文校本教研策划

　　…………………………… 浙江省宁波市北仑霞浦小学　史芳芳(195)

游走于理论与实践的双轨

　　——我的品德教研历程 ……… 北仑区九峰小学　刘海霞(199)

以"团队—自愿式"打造学习型学校　…………………………

　　…………………………… 北仑区绍成小学　王瑛瑛(202)

分层研修,促进教师团队发展　………… 北仑区中心幼儿园(205)

参考文献 …………………………………………………… (211)

索　引 …………………………………………………… (214)

第一章　教育现代化与教师专业发展

　　我国社会正处在从传统向现代的转变中,教育同样也处在从传统教育形态向现代教育形态的转变中。教育现代化是当今教育发展不可回避的一个课题。教育适应时代的发展,反映并满足现代生产、现代科学文化发展需要,达到现代社会发展所要求的先进水平,是教育现代化的根本走向。在我国进入全面建设小康社会、加快推进社会主义现代化的今天,教育作为民族振兴、社会进步的基石,面临着前所未有的机遇和挑战。全面深化教育改革,切实推进教育现代化建设,已经成为当前教育发展的迫切任务和时代使命。

　　一般来说,教育现代化包括教育思想观念、教育技术、教育制度、教育管理、教育体系、教师素质等基本内容。其中,教师队伍尤其是教师素质的现代化是教育现代化的一个关键因素。因此也可以说,造就一支高素质的教师队伍是推进教育现代化的基本保证和关键所在。而专业化发展水平是教师队伍整体素质高低的一个最主要、最突出的标志。由于不同地区之间经济和社会发展水平的不同,教育的非均衡发展已成为一种我们不得不承认的客观事实。教育现代化在实践过程中表现出比较明显的区域性特征。区域教育现代化要求我们切实推进区域教师专业发展。区域教师专业发展是推进教师专业发展的外部条件,其目标是促进教师个体的专业成长,更好地为区域教育的现代化发展服务。

　　基础教育课程改革是整个基础教育改革的核心内容,也是实施素质教育、推进教育现代化取得突破性进展的关键环节。教师的专业发展不能游离于教育、教学,而教育、教学无疑是在新课程改革的大环境下进行的。新课程改革一方面对教师全面素质提出了新的要求,另一方面又为教师专业发展提供了好的契机。

第一节　教育现代化的时代内涵

教育面向现代化是我国 21 世纪教育战略的首要目标和主要任务。教育现代化是社会现代化的一个重要组成部分,同时又是实现人的现代化和社会现代化的基础和前提。[①] 社会的现代化包括人的现代化。人是社会现代化的能动因素,这就决定了教育现代化应坚持以人的现代化作为根本价值取向。[②] 我国社会主义建设的总目标就是建设"四个现代化",也迫切要求人的现代化,因为没有现代思想的人,没有时代精神的人是建设不成"四个现代化"的。[③] 从理论上讲,一个国家要实现现代化,首先要求人的现代化,人的现代化是现代化的根本。教育为立人之本,是增长能力、实现人的现代化的重要手段,正如英克尔斯所言:"在决定个人现代化水平方面,教育是一个首要的因素",是"一个非常强有力的直接的和独立的因素"。[④] 因此,教育现代化关系着现代化进程的速度与质量。

1983 年 9 月,邓小平同志给北京景山学校题词"教育要面向现代化,面向世界,面向未来",对我国新时期的教育发展提出了面向现代化的要求,确立了教育现代化的重要地位。1993 年,中共中央、国务院印发的《中国教育改革和发展纲要》在规划我国教育事业的发展时提出:到本世纪末形成具有中国特色的、面向 21 世纪的社会主义教育体系的基本框架,再经过几十年的努力,建立起比较成熟和完善的社会主义教育体系,实现教育的现代化。这是党和政府的文件第一次使用"教育现代化"的概念,意味着教育现代化已经成为国家意志和社会共识。2007 年,国务院印发的《国家教育事业发展"十一五"规划纲要》提出:"发达地区初步实现教育现代化。在高质量普及九年义务教育的基础上,基本普及学前教育,基本普及高中阶段教育,学前三年毛入园率和高中阶段教育毛入学率均达到 85％以上,建立起较为完善

---

① 谈松华:《中国教育现代化的区域发展》,广东教育出版社 2003 年版,第 1 页。

② 刘小龙:《试论我国教育现代化价值取向的困惑及其人本回归》,《教育探索》2011 年第 11 期。

③ 顾明远:《关于教育现代化的几个问题》,《中国教育学刊》1997 年第 3 期。

④ 英克尔斯:《人的现代化》,殷陆君译,四川人民出版社 1985 年版,第 7—8 页。

的城乡一体化教育体系。"对发达地区而言,初步实现教育现代化是近期的主要奋斗目标。党的第十七次全国代表大会在部署新时期教育发展和改革时进一步要求:"全面贯彻党的教育方针,坚持育人为本、德育为先,实施素质教育,提高教育现代化水平,培养德智体美全面发展的社会主义建设者和接班人,办好人民满意的教育。"推进教育现代化,提高教育现代化水平,是新时期我国教育工作的重要主题。2010年,中共中央、国务院召开全国教育工作会议,会上胡锦涛同志强调,要全面贯彻党的教育方针,培养德智体美全面发展的社会主义建设者和接班人。各级党委和政府要按照优先发展、育人为本、改革创新、促进公平、提高质量的工作方针,切实落实《国家中长期教育改革和发展规划纲要(2010—2020年)》,确保到2020年我国基本实现教育现代化,基本形成学习型社会,进入人力资源强国行列。这是我国教育现代化提出的大致历程。那么,什么是"教育现代化",怎样才能称得上是"教育现代化","教育现代化"的特征和标准是什么?类似问题一直备受关注。关于教育现代化的涵义、特征、指标等,国内外学者进行了深入系统的研究。

一、教育现代化的科学界定

教育现代化是由"现代化"所引出的一个自然而然的命题。认识教育现代化的时代内涵,首先需要从"现代化"概念的基本涵义入手。关于"现代化"的涵义,仁者见仁,智者见智,不同的角度、不同的学科有不同的侧重点和定义。周稽裘在《教育现代化:一个特定历史时期的描述》中指出:现代化(modernization),其意义为由不发达社会成为发达社会的过程和目标。"现代化"实际是一个与时间概念"现代"相关联的,对某种社会形态作出一种特定的描述或定义。① 现代化既是一个目标,又是一个过程。作为目标,现代化一般指以当前发达社会为参照系的先进科学技术水平、先进生产力水平及消费水平。作为过程,现代化的首要标志是用先进的技术发展生产力,生产和消费水平不断提高,社会结构和意识形态也随之出现变化。顾明远教授认为:"所谓现代化,是指人类认识自然、利用自然和控制自然(包括人类自身)的能力空前提高的历史过程,以及由此而引发的政治、经济、文化等社

---

① 周稽裘:《教育现代化:一个特定历史时期的描述》,教育科学出版社2009年版,第10页。

会各领域广泛而深刻的变革,其目的是创造高度的物质文明和精神文明。"①
然而,对于"现代化"历程开始的标志,人们有两种不同的观点:一种以文艺
复兴为标志;另一种以产业革命为标志。顾明远教授明确表示倾向于第二
种观点:"文艺复兴固然是一次伟大的思想革命,但它只是'现代化'开始的
先兆,是思想的准备阶段。""18世纪中叶发生于英国的产业革命可以看作现
代化的正式开端。产业革命打碎了保守的生产基础,把科学技术与生产结
合起来,使人类利用、控制自然的能力有了空前的提高,为人类创造了巨大
的物质财富。"顾明远教授强调:"所谓现代教育,就是建立在先进科学技术
基础上的,与生产劳动和社会生活紧密结合的,能够满足全民学习、终身学
习需要,促进社会和谐发展和人的全面发展的教育活动。"②教育现代化,从
狭义上讲,单指办学条件、设施、设备和教育手段的现代化。从广义上讲,教
育现代化是指用现代化的教学观念和内容、现代化的教学条件和手段去完
善教育,使教育适应现代化社会发展的需要;是现代教育主动吸收现代社会
科技成果、理念,抛弃原有的弊端主动变革自己的过程。

教育现代化是整个"现代化"的一个重要环节或方面。实现教育现代化
对推动政治、经济、文化和生态的发展具有基础性、全局性、先导性的意义。
教育现代化作为社会整体现代化的一个组成部分,具有现代化的共同属性,
同时又有其自身的属性。综观国内外理论研究,关于教育现代化的涵义主
要有如下几种代表性的认识。

(一)动态过程论

动态过程论强调教育现代化是一个动态的发展过程。

(1)顾明远认为教育现代化是传统教育转化为现代教育的过程。教育
现代化的内容很广泛,包括教育思想的现代化、教育制度的现代化、教育内
容的现代化、教育设备和手段的现代化、教育方法的现代化、教育管理的现
代化等,但是"教育现代化"不是"教育西方化"。③

(2)李铁映指出:"教育现代化不仅指校舍和设备的现代化,首先是教育
思想、教育观念的现代化以及教学内容、教育方法和教育手段的现代化。实

---

① 顾明远:《关于教育现代化的几个问题》,《中国教育学刊》1997年第3期。
② 顾明远:《关于教育现代化的几个问题》,《中国教育学刊》1997年第3期。
③ 顾明远:《关于教育现代化的几个问题》,《中国教育学刊》1997年第3期。

现教育现代化是一个改革和创新的过程。"①这也是较早关于教育现代化的官方见解。

(3)郑金洲认为,教育现代化是社会政治、经济结构的变革在教育上的反映;是教育整体上的深刻变革过程,是一种世界性的教育变迁,其结果是使世界范围内教育的共性增加。②

(4)周川强调:"教育现代化是教育传统的扬弃和广采博收各国教育先进经验的进程,是一个需要人们精心设计与规划,尤其是政府起主导作用的变革过程。"③

(5)杨明则把教育现代化看成是一个深化过程,教育现代化是教育的全球性的不断变革发展过程,是教育的整体转型,是教育获得和深化现代化的过程。④

(6)冯增俊从广义和狭义的角度看待教育现代化,他认为:"在广义上,教育现代化是指从适应宗法社会的封建旧教育转向适应大工业民主社会的现代新教育的历史过程,是一切有关进行现代教育的改革和发展的总称;在狭义上,教育现代化主要是指第二次世界大战后比较教育学家积极倡导的一种运动及理论。主要指新独立的落后国家如何学习发达国家,推动本国教育现代化,从而赶上发达国家实现现代化的运动。"⑤

(7)褚宏启认为:"教育现代化是指与教育形态的变迁相伴的教育现代性不断增长的历史过程。教育形态的变迁是指教育各个层面的变化、演进过程,主要指教育结构分化和教育功能增生、改变的过程,如教育的世俗化、国家化和科技化等。"⑥

动态过程论体现出教育现代化的两个主要特征:第一,教育现代化是一个动态的不断发展变化的过程;第二,教育现代化是现代化的有机组成部

---

① 李铁映:《社会主义现代化建设的奠基工程——认真学习、宣传和实施〈中国教育改革和发展纲要〉》,《人民教育》1993 年第 4 期。

② 郑金洲:《教育现代化与教育本土化》,《华东师范大学学报》(教育科学版)1997 年第 3 期。

③ 周川:《教育现代化过程简析》,《教育评论》1998 年第 6 期。

④ 杨明:《中国教育离现代化目标有多远》,《教育发展研究》2000 年第 8 期。

⑤ 冯增俊:《试论我国教育现代化的基本任务及主要特征》,《中国教育学刊》1995 年第 4 期。

⑥ 褚宏启:《教育现代化的路径》,教育科学出版社 2001 年版,第 8 页。

分,具有现代化进程的共同特征。

(二)形态论

现代化不仅是动态的过程,更是一个动态和静态共存的形态。

(1)鲍东明认为,教育现代化是一个国家教育适应现代社会发展要求所达到的一种新的教育形态,是包括教育思想、教育制度、教育内容、教育方法在内的教育整体转换和全面进步的过程,核心是人的素质的现代化。[①]

(2)周稽裘认为,从教育发展的终极目标和终极水平来看,教育现代化是教育发展的各个方面趋向和逼近现代化的程度;从教育发展的动态过程来看,在完成九年义务教育的任务以后,为了实现教育的现代化这个目标,积极地投入到实施教育现代化过程中去,通过几代人的努力,建立起现代化的教育体系。[②]

(3)段作章则把教育现代化视为动态与静态的复合体。教育现代化既是与世界现代教育发展趋势相适应的发展和变化,是一个动态的赶超工业化发达国家的教育发展水平的过程,也是与它所处的社会现代化进程相适应的发展和变化。作为一种状态的现代化,则是指教育所具有的能够体现当代教育发展高度或现代水平的形态,主要反映在全民教育水准、教育思想观念、教育内容与课程体系、教育设施和办学条件、教育手段和教育技术、终身教育体系和教育制度、教育管理水平方面。[③]

(4)袁本涛提出从时间和价值两方面理解教育现代化。从时间维度看,广义的教育现代化是指从与传统的封闭的农业社会相适应的教育,向与现代的开放的工业社会相适应的教育转化的过程,这个过程始于 18 世纪的工业革命。狭义的教育现代化是指欠发达的第三世界国家由于外部力量的作用而启动的,由本国工业化需要而推动的,从传统教育向现代教育转化的过程,即教育迅速获得现代性的过程;从价值维度看,教育现代化是指传统教育向现代教育演进过程中所获得的新的时代精神和特征。[④]

---

① 鲍东明:《实现教育现代化 我们怎样把舵扬帆?》,《中国教育报》2002 年 8 月 5 日,第 4 版。

② 周稽裘:《教育现代化:一个特定历史时期的描述》,教育科学出版社 2009 年版,第 10 页。

③ 段作章:《关于教育现代化的理论思考》,《煤炭高等教育》1997 年第 2 期。

④ 袁本涛:《教育现代化及其基本特征浅论》,《辽宁高等教育研究》1999 年第 2 期。

上述观点丰富和发展了"过程论",从动态和静态两个角度,将教育现代化归结为一种实在的形态,从"过程"中剥离出来,赋予了教育现代化以更全面的内涵。①

从上面所列举的定义可以看出,关于教育现代化的确切涵义,学术界没有一致的看法,更无公认的定义。教育现代化是一个历史发展过程,至今仍在持续着。我们认为,教育现代化作为一个综合的、开放的、动态的观念,依据一定条件而存在,而且必须与整个社会的现代化,包括经济现代化与人的现代化联系起来加以考虑。广义而言,教育现代化是社会现代化的重要组成部分,是由工业化引起,并与之相适应,由传统教育向现代教育的整体转换过程。狭义而言,教育现代化是指教育要适应经济、社会、文化发展,构建起国民教育体系和终身教育体系相贯通的教育格局,结合国内外教育资源,继承并创新、赶超国内外先进教育发展水平的过程。教育现代化一方面意味着教育事业自身的发展和进步,成为一个内部结构完善、系统运转有序、可持续发展的系统;另一方面在不同的区域和阶段,教育现代化的进程和要求也不一样,多样化和多样性是教育现代化的一个重要特点。②

二、教育现代化的指标体系

根据国家教育发展研究中心谈松华研究员主持的国家哲学社会科学"九五"重点课题"不同地区教育现代化的理论和实践"的研究成果,衡量教育现代化的指标体系,包括教育现代化的定性规定和定量规定两方面。

教育生产力、教育制度体系和教育思想观念三方面构成定性指标的重要内容。同时,教育内容、教育管理水平、教师队伍素质也是衡量教育现代化实现程度的重要定性指标。

关于教育现代化的定量规定,课题组参照英格尔斯的现代化量表,并考虑了信息化的因素,选定八个方面的指标,并把教育现代化的发展阶段分为初级(Lower)、中级(Middle)、高级(Advanced)。(1)15 岁以上人口的识字率:L:85％以上;M:90％以上;A:95％以上。(2)平均预期受教育年限:L:不低于 11 年;M:13 年左右;A:大于 15 年。(3)中等教育的毛入学率:L:大于 85％;M:大于 95％;A:100％以上。(4)高等教育毛入学率:L:30％左右;

---

① 孙桂丽:《区域教育现代化指标体系研究》,2009 年苏州大学硕士学位论文。

② 胡卫、唐晓杰等:《中国教育现代化进程研究》,教育科学出版社 2010 年版,第 5 页。

M:50%左右;A:60%以上。(5)每万人大学在校生人数:L:100 人以上;M:300 人以上;A:500 人以上。(6)公共教育经费占 GDP 的比例:L:4%;M:5%;A:大于 6%。(7)人均公共教育经费:L:大于 300 美元;M:1000 美元;A:大于 1500 美元。(8)教育信息化水平:这是衡量以计算机多媒体和网络通信为基础的现代信息技术在教育中应用程度的指标,通常用每台计算机负担的学生人数和连通Internet的教室比例表示。L:123 人/每台计算机(美国 1983 年数据),少部分教室连通 Internet;M:12 人/每台计算机,5%的教室连通 Internet(1996 年欧盟数据);A:9 人/每台计算机,14%的教室连通 Internet(美国 1996 年数据)。[①]

构想这样一个指标体系,其依据是现代化既然是一个分阶段的发展过程,教育现代化的发展程度大体可以分为初、中、高三级,初级相当于从农业社会向工业社会转变这一历史阶段的发展水平;高级相当于从工业社会向信息社会转变这一历史阶段的水平;中级则是这两个阶段的过渡指标。我国现代化发展的战略目标,是到 21 世纪中叶赶上中等发达国家的水平,因此,中等发达国家工业化阶段(现阶段)和信息化阶段(2050 年)的教育发展水平成为我们提出教育现代化指标的参照值。[②]

教育现代化既是很多国家追求的目标,也是很多地方省市追求的目标。一些先进地区按照国家推进教育现代化的目标,制定区域层面的教育现代化指标体系,比如上海市。

根据上海市加快实现"四个率先"、建设"四个中心"的要求,按照 2004 年上海市教育工作会议提出的 2010 年率先基本实现教育现代化的目标,上海市教卫党委、上海市教委委托上海市教育科学研究院制定 2010 年教育现代化指标体系。目前,上海市教委正式印发该指标体系,用以引导、监控和评价该市教育现代化推进工作,同时供各区县推进本区域教育现代化建设作参照。

上海市 2010 年教育现代化指标体系分为市级指标体系和区县指标体系,市级和区县指标体系下又分一级指标和二级指标。根据指标的敏感性、重要性和国际通用性,该指标体系分别确定了 10 项市级核心指标和 10 项区县核心指标,其中市级核心指标分别为中小学校合理布局程度、财政性教

① 鲍东明:《实现现代化 我们怎样把舵扬帆?》,《中国教育报》2002 年 8 月 5 日,第 4 版。

② 鲍东明:《实现现代化 我们怎样把舵扬帆?》,《中国教育报》2002 年 8 月 5 日,第 4 版。

育经费占 GDP 比例、中小学校园网连通率、高校境外学生占在校生比例、社区教育三级网络基本形成、义务教育完成率、每十万人口在校大学生数、高校科技论文被国内外引用数、学生学业水平、用人单位对毕业生的满意度；区县核心指标分别为区县内学校合理布局程度、财政性教育经费占政府财政支出比例、校舍建设达标学校比例、学前与义务教育阶段专任教师学历达标率、中小学校园网连通率、社区教育网络基本形成、义务教育完成率、学生学业水平、学生身心健康水平、社会各界对学校教育的满意度。

　　为更好发挥指标体系的引导、监控、评价和参照作用，该体系一方面对一级指标赋予不同权重。以市一级指标为例，权重居前的为教育发展水平、学生综合素质水平、教育布局结构的合理程度、学习型城市建设水平，分别达到 30％、12％、10％、10％；以区县一级指标为例，权重居前的为师资队伍建设水平、教育发展水平、学生综合素质水平，分别达到 18％、12％、12％。另一方面对二级指标提出了 2010 年应达到的标准。以市二级指标为例，该指标体系提出了 2010 年应达到的量化目标，如高校境外学生占在校生比例应达 8％，每十万人口在校大学生数应达 4700 人，流动儿童在公办学校和在以招收外来务工人员子女为主的民办小学义务教育免费就读比例达到 90％以上，新增劳动力平均受教育年限达 14.5 年，等等；以区县二级指标为例，该指标体系提出了 2010 年应达到的量化目标，如财政性教育经费占政府财政支出比例应达到 16％，校舍建设达标学校比例应达到 80％，学校与义务教育阶段专任教师学历达标率应达到 100％，义务教育完成率应达到 99％，等等。①

第二节　教师专业发展

　　"教师专业发展自 20 世纪 80 年代被提出以来，经过 20 多年的理论研究和实践探索，已经发展成为世界许多国家教育研究共同关注的课题，是当今教师教育改革的主流话语。"②谈到提高教育质量，教师专业发展是一个难以回避的问题。为了真正实现学生在学校里的全面发展，需要以教师的专业

---

　　①　《上海教委颁布 2010 年教育现代化指标体系》，http://www.cnjyzb.net/detail-4581054.html。

　　②　宋广文、魏淑华：《论教师专业发展》，《教育研究》2005 年第 7 期。

发展为前提;教师专业角色地位的确立,教师素质的提升,也需要教师专业发展。教师的专业发展是教师个体专业不断发展的历程,是教师不断接受新知识、增长专业能力的过程。教师要成为一个成熟的专业人员,需要通过不断地学习与探索来拓展自身的专业内涵,提高专业水平,臻于专业成熟。早在1966年,国际劳工组织和联合国教科文组织就在《关于教师的地位和工作建议》这一官方文件中提出:要把教育工作视为专门的职业。1996年,联合国教科文组织在日内瓦召开的第45届国际教育大会上通过了九项建议,其中第七项建议是"专业化:作为一种改善教师地位和工作条件的策略"。在我国,1998年在北京师范大学召开的"面向21世纪师范教育国际研讨会",明确了"当前师范教育改革的核心是教师的专业化问题",对教师专业发展研究的勃兴起到了重要的推动作用。以2000年为界,此前,我国学者对关于教师专业发展的研究主要是介绍和评价西方的研究成果。此后,更多的是根据我国教师教育发展的现状和实际,借鉴西方的研究成果加以推进。① 综观我国关于教师专业发展的研究历程,在研究主题和重心方面已经从"教师是不是一个专业"转向"如何促进教师的专业发展",更加关注教师专业发展的机制和过程。

2004年7月,时任教育部部长周济在上海市教育工作会议上提到,要基本实现教育现代化,必须在"培养人才、知识贡献和构建体系"三方面实现突破。其中"培养人才"指的是为促进人的全面发展创造条件、为现代化建设提供充足的人才支持,是基本实现教育现代化的根本任务。② 教师作为教学的主体,是实现教育现代化的关键所在,正如联合国教科文组织所指出的:"教育在培养青年人方面肩负着至关重要的使命,要使他们不仅能满怀信心的迎接未来,更能自觉而负责地建设未来","教师作为变革现状、促进理解和宽容的活跃分子,其作用之举足轻重从来没有像今天这样明显"。③ 教育现代化的实现进程应是教师队伍的现代化—培养人才的现代化—教育现代化。搞现代化,应该先化人后化物。同样,就教育的现代化而言,应该是先化教师,再化学生。有了一流的教师,才会有一流的学校、一流的教育,只有

---

① 梅新林:《聚焦中国教师教育》,社会科学出版社2008年版,第12页。

② 周济:《教育现代化必须实现"三个突破"》,http://news. xinhuanet. com/zhengfu/2004~07/13/content_1595346. htm,2004-02-07。

③ 谈松华:《中国教育现代化的区域发展》,广东教育出版社2003年版,第11页。

现代化的教师队伍才能不断培养出大量的适应 21 世纪社会主义现代化建设需要的、在国际上具有竞争力的现代化人才。可以毫不夸张地说，现代化的教师队伍是我们推进教育现代化的关键，①也是在区域层面迅速推进现代化的最重要的特征。

一、教师专业发展内涵、阶段和特点

（一）教师专业发展的内涵

教师专业发展不同于教师专业化。教师专业化主要是强调教师群体的外在的专业性提升，而教师专业发展则是教师个体的、内在的专业性的提高，是教师的专业成长或教师内部专业结构的不断更新、演进和丰富的过程。教师专业化与教师专业发展是一个问题的两个方面，前者强调教师职业资格的专业化水准，后者着力于教师职后专业的可持续发展。

关于教师专业发展的内涵，没有一个清晰的界定。学者们对"专业"应具特征的不同理解，导致对教师专业发展的不同理解；学者们对"教师""教学""知识"等相关概念的不同理解，也使得教师专业发展被赋予了不同的内涵。古斯基（Guskey）将"教师专业发展"界定为"为使教育者改进学生的学习而借以提升教育者之专业知识、技能与态度的过程和活动"。经济合作与发展组织（OECD）在一份报告中对教师专业发展的界定更为广泛："发展一个人作为教师的技能、知识、经验及其他特性的所有活动，包括个人的学习与反思以及正规的课程。"我国学者近年来也在该领域进行多角度的探讨与分析，在对国际相关领域的研究成果进行系统分析后指出，"教师专业发展是教师个体专业不断发展的历程，是教师不断接受新知识、增长专业能力的过程。教师要成为一个成熟的专业人员，需要通过不断地学习与探究历程来拓展自身的专业内涵，提高专业水平，从而达到专业成熟的境界"②。

尽管对教师专业发展的内涵、过程与结果的研究存在差异，但归纳起来，学术界有关教师专业发展的内涵有如下三种取向。

1. 理智取向的教师专业发展

这种取向强调"知识基础"对教学专业的重要性，其倡导者如盖其（N.

---

① 王存贵：《教师现代化是教育现代化的关键》，《上海教育科研》2008 年第 7 期。

② 教育部师范教育司：《教师专业化的理论与实践》，人民教育出版社 2003 年版，第 50 页。

L. Gage)、舒尔曼(L. S. Schulman)和伯利纳(D. Berliner)等,大多有教育心理学的学术背景。他们强调,教师要进行有效教学:一要自己拥有内容(知识、技能、价值观等);二要有帮助学生获得这些内容的知识和技能。这就是教学专业最为基本的两类知识:内容知识和教育知识。他们的观点构成了教师专业发展的理智取向,主张教师通过掌握和学习知识提高其专业性。正规的培训(职前培训或职后培训)大多采取这种理智取向的教师专业发展策略。

在教育界流行着这么一句话:"要给学生一杯水,教师要有一桶水。"相对于学生获得"一杯水"的知识,教师必须拥有十倍、百倍于学生的"一桶水"的知识比喻,反映了人们对教师知识存量的期望,也体现了社会传统的教师知识观,形象地体现了教师专业发展的理智取向。

2. 实践—反思取向的教师专业发展

实践—反思取向并不反对为教师专业寻找一个"知识基础",但对知识的理解则与知识观下的"知识"有很大不同。该取向强调个人的、实践的、专业的知识是交织在一起的,因此对教师与教学观的理解也有所拓展,对此归纳如下:教师是一个具有独立性的"人";教师的个人生活与其专业生活密切相关;教师的"个人理论"对教师的专业活动具有直接的意义。该取向的教师专业发展的主要目的并不在于获取外在的技术性知识,而是通过这种或那种形式的反思,促使教师对自己、自己的专业活动以及相关的事和物有更深入的理解。

该取向强调教师专业发展中的主动探究。由于教师自主意识而形成的内驱力的存在,自我评价对教师专业发展构成了持久的影响。教师是教学工作的组织设计者,最清楚自己所教学生的水平、个性特点与需求,最了解自己教学设计与实施的每个环节。因此,把评课作为教师专业发展的过程,就必须提供教师自我评价的机会,鼓励和帮助教师正确评价自己的优点与不足,培养教师自我反思的意识和能力,这样才能不断促进教师专业素质的提高与发展。

理智取向的核心问题是"什么样的知识对教学是必要的",实践—反思取向关心的问题则是"教师实际知道些什么",以及更进一步的,"如何让教师知道他们知道些什么"。教师主要不是通过接受知识,而是通过反思来更清晰地理解自己和自己的实践,并因此实现专业发展。在实践—反思取向中,教师专业发展带有更多主动探究的成分、与人合作的成分。诸如写日志、传记、文献分析、讲故事、教师晤谈、参与观察等,都是促进教师反思的有效方式。

3. 生态取向的教师专业发展

该取向超越了理智取向、实践—反思取向中主要关注教师本身的局限,更加强调教师发展其专业知识和能力并不完全依靠自己,而会向他人学到很多,强调人际互动,教师并非孤立地形成和改进其教学的策略与风格。这种策略与风格的形成和改进在更大程度上有赖于"教学文化"或"教师文化",这种文化为教师的工作提供意义、支持和身份认同。

生态取向强调一种合作的发展方式,即通过小组的教师相互合作,确定自己的发展方式。因此注意力主要不是学习某些科学知识或教育知识,也不是个别教师的所谓反思,而是构建一种合作的教师文化。这种教师文化在内容上包括教师社群之间相互分享的态度、价值观、信念、习惯及做事的方式,在形式上则包括成员之间的"关系模式"与"组合形式"。

上述三种取向分别揭示了教师专业发展中的关键因素,为教师专业发展实践提供了不同的启示。显然,取得理想的教师专业发展需要注意:(1)发展离不开"基础",这个"基础"不仅仅包含理智取向倡导的"科学知识",达到这个"基础"的方式也不限于"获取"或"学习";(2)理想的教师专业发展不能将教师自己的努力排除在外;(3)较之教师个人的努力,以合作为基础的专业发展可能更有利。[①]

实际上,教师专业发展是以教师个人成长为导向,以专业化或成熟为目标,以教师知识、技能、信念、态度、情意等专业素质提高为内容的教师个体专业内在动态持续的终身发展过程,教师个体在此过程中主体性得到充分发挥,人生价值得以最大限度地实现。教师需要通过不断地学习与探究历程来拓展自身的专业内涵,提高专业水平,达到专业成熟的境界。尽管教师教育涵盖职前和职后教育两个方面,但教师专业发展主要还是针对职后教师的。

(二)教师专业发展的阶段

研究教师专业发展就不得不对教师专业发展的阶段进行深入的探究。因为它不仅是教师专业发展的重要组成部分,还对我国教师教育政策的制

---

① 徐斌艳:《教师专业发展的多元途径》,上海教育出版社 2008 年版,第1—5页。

定和实施具有重要意义。学者们对于教师专业发展阶段研究的视角各有不同:如福勒(F. Fuller)从教师关注焦点的变化来考察教师专业发展阶段;伯顿(P. Burden)从教师心理转变的视角把其分为生存、适应、成熟三个不同阶段;华东师范大学白益民博士从"自我更新"角度提出教师专业发展的阶段。

1. 福勒的教师教学关注阶段论

教师专业化发展阶段比较系统的研究,始自福勒所进行的教师职前"关注探究"。通过研究,福勒认为师范生在成为专业化教师的过程中,关注事项分别以下面四阶段来说明:(1)任教前关注(preteaching concerns)阶段。此阶段是师资养成时期,师范生仍然是学生,尚未经历教学实践,没有任何教学经验,所以只关注自己。(2)早期生存关注(early concerning about survival)阶段。此阶段是初次接触教学工作,所关注的是作为教师自己的生存问题。所以,他们关注班级管理、教学内容以及指导者的评价。故在此阶段都具有相当大的压力。(3)教学情境关注(teaching situations concerning)阶段。此阶段关注的是教学情境的限制和挫折,以及对他们不同的教学要求。所以在此阶段较为重视自己的教学,所关注的是自己的教学表现,而不是学生的学习。(4)关注学生(concerning about student)阶段。虽然许多教师在职前教育阶段表达了对学生学习、社会和情绪需求的关注,但是福勒没有实际行动。直到他们亲身体验到必须面对和克服较繁重的工作时,才能关注学生。福勒的教师教育关注阶段论使人们认识到个人成为教师的过程中要经历:关注自身、关注教学任务、关注学生这样几个阶段。但是福勒只关注教师职前培养阶段,忽视教师在职继续教育的重要性。

2. 伯顿的教师生涯发展论

20世纪七八十年代,美国俄亥俄州立大学的伯顿等学者归纳、提出了教师专业发展的三个阶段:(1)生存(survival)阶段,指教学的第一年。由于教师刚刚走上工作岗位,对于教学知识和工作环境都在适应之中。这个时候教师所关心的是班级管理经验、学科教学、教学技巧,以及尽快了解所教内容,做好课程计划,组织好教学材料。(2)适应(adjustment)阶段,指教学的第二年至四年。此时教师的知识和经验较前丰富,他们开始了解到儿童的复杂性,并寻求新的技能以迎合教学的各种需求。(3)成熟(mature)阶段,指教学的第五年,这时教师对教学活动驾轻就熟,对教学环境了如指掌,他们觉得能很从容地处理教学工作,并不断地尝试新的教学方法。伯顿的教师生涯发展论,对教师实际的教学工作有一定的意义。但是伯顿忽略了教师专业化发展是一个漫长复杂的过程,不能把参加教学工作的第五年就看作是教师的成熟阶段(并且教师与教师之间存在着个体差异性)。教师专业化是贯穿于教师整个教学生涯的持续不断的过程,即使教师在适应性上到达了心理的成熟阶段,但是随着社会的发展教学内容和教学方法不断进步,仍需要继续学习,使教师自身能够免于被社会淘汰。[1]

3. 斯帖菲的教师生涯阶段模式论

斯帖菲(Steffy)依据人文心理学派自我实现的理论建立了教师生涯阶段模式,他将教师生涯分为以下五个阶段:(1)预备生涯阶段(anticipatory career stage)。此阶段主要指新任职教师或者重新任职的教师,前者一般需要3年时间才能进入下一阶段;而后者则很快进入下一阶段。这一阶段的教育具备下列特征:理想主义、有活力、富创意、接纳新概念、成长取向等。(2)专家生涯阶段(expert/master career stage)。此阶段的教师具备任教科目的多方面能力、知识和态度,同时拥有多方面的信息。他也知道进行有效的班级管理和时间管理,并对学生具有高度期望,也能够在工作中激发自己的潜能,达成自我实现。(3)退缩阶段(withdrawal career stage)。(4)更新生涯阶段(renewal career stage)。此阶段的教师又可以看到预报生涯阶段的"活力",不同的是预备生涯阶段的教师对于工作感到振奋好奇;而更新生涯阶段的教师则致力于专业成长、吸纳新的教学知识。(5)退出生涯阶段(exit career stage)。由于到了退休的年龄,许多教师开始退出教学舞台,但有的教师却努力"学习"追求事业的第二春。

4. 休伯曼教师职业生命周期论

休伯曼(M. Huberman)等人通过对教师职业生命周期的研究,把教师职业生涯分为以下五个时期:(1)入职期(career entry)。新任职教师一方面对应于复杂的课堂感到无所适从,急切获得教育技能;另一方面对于属于自己的班级、课题、教学方案,他们又表现出积极、热情的一面。(2)稳定期(stabilization phase)。这一时期教师逐渐适应了课堂教学,可以根据自己情况选择教学风格,此时的教师较为投入,情绪较为稳定。(3)实验和重估期(expermenttation and reassessment)。随着教育知识的积累和巩固,教师们开始不满于现状,并开始重新审视自己的职业,表现为职业生涯道路中的一场危机。(4)平静和保守期(serenity and conservatism)。长期的教育工作

---

① 刘捷:《专业化:挑战21世纪的教师》,教育科学出版社2002年版,第129页。

使之成为资深教师,许多教师在经历危机后开始平静下来,他们所拥有的经验和教育技巧使之对教师工作充满自信,同时也失去专业发展的热情和精力。教师变得较为保守。(5)退出教职期(disengagement)。

5. 白益民"自我更新"取向教师专业化发展阶段

白益民博士提出"自我更新"取向教师专业化发展过程,具体包括:非关注阶段、虚拟关注阶段、生存关注阶段、任务关注阶段和自我更新关注阶段。

上述这些有关教师专业发展阶段的理论都有其各自的理论依据和现实基础,体现了教师专业化对于教师一生的影响以及终身学习的理念。但是不论将教师专业化分成多少个阶段,学者刘捷认为,教师在专业成长中都必须经历职前(pre-service)师范生阶段的专业社会化和在职(in-service)阶段的教师专业社会化,同时考虑到教师初期任职入门(induction)阶段专业化的特殊性和重要性以及现阶段大多数国家教师养成的实际情况,我们可以把教师专业化分成职前、入门和在职三个阶段。①

(三)教师专业发展的特点

具体来说,教师专业发展具有以下几个特点。

1. 专业发展的自主性

教师的专业自主性是教师专业发展的前提和基础,教师在设计课程、规划教学活动,以及选择教材时,应有充分的自主性。教师本人必须把外在的影响转化为自身专业发展过程中的动力,必须具有自我专业发展的意识。教师自我专业发展的意识可增强教师对自己专业发展的责任感,使教师不断寻求自我发展的机会,逐渐获得自我发展的能力。教师专业发展要通过各种相关的制度激发教师的自我控制、自我引导和自我成长。

2. 专业发展的阶段性和连续性

教师的专业发展过程呈现出明显的阶段性,有发展,有停滞,有低潮。学者们基于不同阶段教师所面临的任务、目标以及角色适应等不同情况,将教师专业发展分为若干阶段。教师专业发展又具有连续性,教师只有不断地进修和研究,以终身学习为基本理念,才能不断促进自身的发展,以确保教学的知识和能力符合时代的需求。

---

① 刘捷:《专业化:挑战 21 世纪的教师》,教育科学出版社 2002 年版,第 136—137 页。

3. 专业发展的情景性

教师角色的最终塑造必须在其实践环境中进行。教师的许多知识和能力是依靠个人经验和对教学的感悟而获得的,教师应该不断反思自己的教育教学理念和行为,不断自我调整、自我建构,从而获得持续不断的专业发展。另外,教学情境具有不确定性,也富有挑战性,教师的专业发展必须与教学实践、教学情境相联系,并与同事、专家、家长合作,在学校中建立一种相互合作的文化,以促进教师的成长。

4. 专业发展的多样性

教师工作的复杂性决定了教师专业结构的复杂性,从而决定了教师专业发展的多样性。教师工作包括观察学生、创设学习情境、组织教学活动、训练学生、评价学生学习等多种活动,教师专业发展体现在这些不同的活动之中。教学既是对知识、技能的传授,更是师生之间的情感交流,教师专业发展应注重教育知识、技能层面的发展,也应兼顾认知、技能、情意各方面的成长。

这些特点表明教师专业发展需要从职前教师培养开始实施,但是重点还是在教师职后的发展。

二、教师专业发展的影响因素

造成目前教师专业发展现状水平不高的原因是多方面的。对影响教师专业发展因素进行分析,是寻求促进教师专业发展的前提。教师专业发展是一个综合的、复杂的、长期的过程,它受到内外两方面因素的影响。[①]

(一)教师专业发展的内部影响因素

1. 狭隘的功利主义教育观

教师的教育观包括教师的教育价值观、教师观、学生观及其教育发展观念。教师的教育理想直接关系到教师对于教育工作的态度。当教师仅仅将教育事业看作是一份职业、一份谋生的职业,那么他绝对不会将其自身的热情全力地投入到日常教育教学工作中。狭隘的功利主义教育价值观,注重教育的知识传承作用,注重教师的"传道、授业、解惑"角色,而忽视教师作为

---

① 郝敏宁:《影响教师专业发展的因素分析——兼论促进教师专业发展的策略》,2007年陕西师范大学硕士学位论文。

教育工作者的其他角色和功能。教师教育观限制了教师的自主专业发展。如果认为教师的教育就是为了获得一定的经历、资本，那么他是很难有自我提升的长久动力的；如果他认为教师的教育是为了全面提升自身素质，为了更好地实现自我的价值，也为了学生更全面的发展，那么他就会始终保持学习的热情和愿望，使教师专业发展成为可能。

2. 专业不自信，自我效能感低

教师自我专业发展意识不高，很大一个原因就在于教师对自身的专业不够自信，他们缺乏对自我能力的肯定，而代之以服从、依赖专家作为自己专业发展的主要推动者。教师对自我角色定位较低，如很多教师仅仅把自己定位于"教书匠"的角色，认为教师只需承担"传道、授业、解惑"的角色，这与现代教育所强调的专业要求有很大的距离，离"专业的教育家"和"研究型教师"的要求差距更大。

3. 教师对专业发展的认识和理解存在偏差

一些教师专业发展意识淡薄，对教师专业规范、专业发展周期及规律、价值等认识不清；有些教师对教育事业缺乏热心，没有树立终身教师专业发展观念；有些教师则认为教师职业本身不具有明显的专业性，教学带有主观性和不确定性，依赖经验程度较大，从而认为教师专业发展是一个顺其自然的过程。

4. 教师自身专业基础薄弱

传统经典教学体系强调以知识为本位，以教师为中心，一些教师知识结构单一，教学技能匮乏，理论素养也偏低。对一些老师来说，教育教学所需要的一般学科专业知识就已经很薄弱，更不用谈什么教育学、心理学知识了。

(二)教师专业发展的外部影响因素

1. 滞后的教师教育体制

我国师资培养模式滞后于现行的教育教学改革，诸如新课程改革所要求的教师的教育理念、教师角色、教育目标等都已经超越了传统师资培养模式的要求。长期以来，我国师资培养都是由独立的高等师范院校定向培养，形成了师范教育的封闭性。教师来源的单一性，在一定程度上限制了教师职前培养的质量，不符合社会对综合人才的要求，也限制了教师专业发展的广度。教师职前培养已经远远不能满足现行教师专业发展对教师的要求。

在我国教师培养体系中，职前职后教育分离是一个比较突出的问题。

职前教育与职后教育在内容方面存在许多重复,但是对教师专业发展过程中的某些缺陷和空白点却视而不见。如教师职前培养中准教师们只是掌握理论的武器,却远离教育教学实践;职后教育也是由于我国相当多的省区,中小学教师达不到国家规定标准的人数较多,而更多地发挥了"学历"补偿的职能。职前职后教育的分离,使得学历教育与促进专业发展的非学历教育之间缺乏自觉的联系。

2. 集权的教师管理制度

目前,对于大多数公立学校而言,管理体制仍然是国家及教育主管部门集办学权、管理权于一身,自上而下作出决策并进行管理,学校没有明确的自主办学和独立决策的权力。在集权制管理模式下,教师的一切行为都要接受来自上级行政领导的指示和控制,教师自身的行为评价也是依据其是否符合学校现存的各项规定。教师的主动性、创造性和个性受到了压抑,无法得以充分的发展,教师专业发展也由此受到了抑制。目前我们还缺乏保护教师专业发展权益的教师专业组织机构,因此那些集权性的管理制度才会盛行。

3. 趋利的教师评价制度

教师教育工作的复杂性及其劳动效果的模糊性、中介性和延缓性,都使教师评价成为教师管理过程中的一个难点。目前我国大部分教师评价制度仍然主要实行与奖惩挂钩的一种终结性评价。近几年在我国教师评价中经常用到的"优胜劣汰""奖优罚劣""末位淘汰""能者上,庸者下"等等,都充分反映出我国教师评价中以奖惩为目的的鉴定选择功能发挥到了极致。

4. 封闭的教师文化

目前,在教师文化中,存在着一种"教师马赛克文化",它是指在貌似合作的现象背后,教师个体之间是相互独立的,对于教学经验和技能多采取自给自足的方式,很少进行互相的交流和合作。在不同的群体和集团中教师们看起来互相敬重,互相谦让,还不时地进行各种合作交流,但实际上他们也并不因此而加强合作,仍是貌合神离。教师之间的合作多停留于正式的行政组织层面,实际上是一种被动的合作,每个人仍在自己的"独立王国"里。

三、教师专业发展的模式

国内外学者提出了很多教师专业发展的模式。

(一)国外教师专业发展模式

奥恩斯坦(A. C. Ornstein)和贝哈(L. S. Behar)的研究比较具有代表性,他们把教师专业发展模式归纳为五种类型。

1. 个人指导模式

这种模式中教师专业发展的活动内容和形式可能千差万别,但都具有共同的特征:教师自己设计学习活动,自己确立学习目标,并选择为实现目标需要进行的学习活动。这种模式认为,成人的学习愿望受现实生活的任务和问题的激发而形成,教师专业发展的方式因人而异。因此应该调动教师自我发展的愿望。

2. 观察、评估模式

这种模式有各种不同的形式,如同行指导、视导和教师评估等。一般来说,他人的观察可促进被观察者的思考和完善行为。教学是教师独立完成的工作,他人的观察为教师的教学活动提供了很多不同的视角。另外,观察和评估对观察者和被观察者双方都起到促进作用,被观察者受益于对方的评价和反馈,而观察者则在观察、准备需要反馈的资料和与对方共同讨论的过程中得到收获和启示。

3. 参与发展、改进过程模式

教师发展、学校改革及课程改革是并驾齐驱的。这种模式要求教师开发或改编课程、设计方案,参与以改善课堂教学活动课程为目的的学校全面改革活动。在参与过程中,教师通过多种学习的结合获得所要求具备的知识和技能。

4. 培训模式

在许多人眼中,培训是教师专业发展的代名词,认为教师经过培训能够改变教学行为。多数教师也习惯于参加由授课人确定内容和活动流程的培训班式的课程。通常这种课程有一整套清楚的目标,包括对知识和技能的掌握。现代教师培训强调参与式培训,教师个体参与群体活动,与其他个体共同合作学习,教师根据自己的需要和条件即兴创造。

5. 探究模式

这种模式要求,教师根据教学实践提出有效问题并寻求问题的客观答案。探究模式可以个人开展,也可以小组或全体教师一起开展。一些理论家和科研人员提出了各种探究形式,如互动式研究和合作研究、课堂行动研究等。

（二）国内教师专业发展模式

国内学者也致力于如何促进教师专业成长的模式或策略研究，但一般还是沿用西方学者的三种基本范式的框架。

1."熟练型实践者"范式

该范式认为，教师职业同医生、工程师等职业一样，其专业属性在于其实践领域的科学知识与技术的成熟度以及实证的效果。在这种范式中，"教学实践"被认为是学科内容知识和教育学、心理学的原理与技术的合理运用。教师的专业程度就是由这些专业知识、原理、技术的熟练程度来保障的。这种范式主要的研究措施也是侧重于专家—新手比较，即将专家教师同新手教师进行比较，挖掘专家教师所具备的特质，并认为专家的特质可以传递给一般教师，使其获得专业发展，进而成为优秀教师。这种假设暗含着两个前提：一是专家教师的成功做法具有普适性；二是属于教师专业领域内的知能素质、信念与能力系统都是可以言说、外显并予以传递的。因此，可以对新手与专家教师的教学效能感、教学监控能力、教学行为等方面进行系统的比较，提出新手教师成为专家型教师的发展策略。同时，从一般教师与优秀教师的差异比较中抽象出优秀教师的特质，揭示出优秀教师的成长周期及规律，最后从不称职行为、低效行为、职业倦怠等方面进行系统的教师成长的问题分析。

2."研究型实践者"范式

该范式强调，教师不仅应是一个教育实践者，同时也应是一个研究者。继"素质教育""创新教育""研究性学习"大讨论后，研究型教师的培养越来越成为教育界的热门话题，大家似乎都达成了这样的共识：教师应该积极、主动地参与和进行教育研究，研究教育对象——儿童，研究教育教学过程及其有效的教育方法、教育策略等，并在研究中不断地提高和完善自己的教育能力与水平，以提高教育质量，更好地促进儿童的发展。

3."反思型实践者"范式

反思，一般是指行为主体立足于自我以外批判地考察自己的行为及所处情境的能力。它强调教师要检查自己的教学实践，回顾、诊断、监控自己的行为表现，以改进教学方法和策略，适应教学需要。这种实践—反思取向的教师专业发展主要目的并不在于外在的、技术性的知识的获得，而是在于通过各种形式的"反思"，促进教师对自己、自己的专业活动直至相关的事物有更为深入的理解,认为教师的专业发展就是一种自我反思的过程。外在促进因素是否对教师专业发展产生影响以及影响的程度如何,还是取决于教师有无反思、反思的指向(专业行为或专业发展)和反思的深度,取决于教师的自我专业发展意识。

四、教师专业发展的趋势

关于教师专业发展的趋势,不同学者从不同层面提出了不同的观点。总结来说,主要包括以下七大趋势:[①]

(1)教师的专业发展模式正在经历着转型,形成新的教师学习观念,重视教师教育课程,形成中小学和高校之间的新的伙伴关系,对教师的专业技能如何评价和由谁来评价进行重新思考。

(2)强调在教育系统内部,依据专业发展规划增进职前教育、岗前培训与在职提高的前呼后应关系,增强相关发展领域和主题的持续性、层进式学习与效果反馈。

(3)赋予教师在新课程中更多的职能与权利,使教师参与到课程决策、设计、实施与评价等完整环节中去,并通过这种全程参与推进专业的发展。

(4)不断改进教师专业发展评价机制,侧重实施发展性评价,与以往的规范性、形成性教师评价相比,这种评价方式在提高教师对专业发展的期望、激励其不断进取和自主参与等方面成效显著。

(5)突出教师专业发展中的本土意识,鼓励教师参加校本培训、校本教师评价和参与校本课程开发等。校本培训和专业发展学校更加关注教师在专业化成长中的主体作用,突出教师的自我专业发展意识和需要,并强调对教师专业发展的指引,将成为教师专业发展的主导倾向。

(6)教师成为研究者将是教师专业发展的一种趋势。每个教师都是自己工作的主体,对自己的工作并不是简单接受来自专家学者的指导,而是努力成为一个研究者,研究自己的工作,提出解决问题的方案并付诸实施。

(7)自主发展成为教师专业发展的重要趋向。苏霍姆林斯基说:"如果你想让教师的劳动能够给教师带来乐趣,使天天上课不至于变成一种单调乏味的义务,那你就应该引导每一位教师走向从事研究这条幸福的道路上来。"可见,教师从事研究不仅可以改进教育实践,还可以改变自己的生活方

---

① 顾小清、祝智庭:《教师专业发展的实现模式》,《中国电化教育》2005年第3期。

式,在这种生活方式中,教师能够体会到自己存在的价值与意义,可以逐步实现教师专业的自主发展。

第三节　新课程改革对教师专业发展的要求

基础教育担负着提高劳动者素质和为培养高级专门人才打基础的重要任务,是科教兴国的奠基工程,对提高中华民族素质,培养各级各类人才,促进社会主义现代化建设具有全局性、先导性、基础性的作用。基础教育如何面对新世纪的严峻考验与挑战,如何培养出众多的国际型、创新型人才,适应教育现代化的要求,是我国教育面临的迫在眉睫的问题。为此,要切实深入推进基础教育改革,而基础教育课程改革是整个基础教育改革的核心内容,也是促进素质教育取得突破性进展的关键环节。课程改革给教育界带来的最大的挑战之一在于对教师专业发展的挑战。课程改革的成败在很大程度上取决于是否有合格的教师。"百年大计,教育为本;教育大计,教师为本。"随着教师素质越来越受到重视,对于教师的研究也越来越成为教育研究的重要内容。

一、新课程改革的背景、目标与进程

教育发展的历史表明,教育与社会之间始终存在着"适应—不适应—适应"这样一个循环往复的过程。从适应到不适应,表明社会发展了,对教育提出了新的更高的要求,现实的教育不能适应新的更高的要求,必须进行改革。从不适应到适应,则表明教育通过自身的改革,提高了社会适应性,基本满足了社会的需要。社会在发展,时代在进步,对教育及其培养人才的要求是不断变化的,因此教育改革是永恒的主题。而在教育改革中,课程改革是教育改革的永恒的主题。

(一)新课程改革的背景

从根本上来说,任何教育改革都不过是对社会变革或主动或被动的一种回应。换言之,任何教育改革归根结底都是社会变迁的产物,它与整个社会和时代的变革密切相关,受社会和时代变迁的催生、引发和制约,并随着社会和时代的变革而变革。世纪之交我国新一轮基础教育课程改革的启

动,直接与整个社会和时代发展背景及其挑战密切相关。

首先,推进基础教育课程改革是国际社会促进教育主动适应社会发展需要的一致性举措。

人类正在迈向知识经济时代,人类的发展将比以往任何时代更依赖于知识的生产、传播和应用,知识将成为经济社会发展的原动力。科学技术尤其是高新技术将成为社会生活的重要内容,成为推动社会进步的重要力量。这一深刻的社会变革对当今世界各国的课程和教育发展提出了强有力的挑战,要求学校教育特别是课程作出及时的反应。

世界各国之间也由政治、军事之间的竞争转变为科技、知识之间的竞争,这促使人们更加重视教育改革与发展。人类社会面临的生存和发展困境促使人们不断反思,试图通过教育改革找到摆脱困境的途径和方法。

其次,推进基础教育课程改革是全面建设小康社会,实现中华民族伟大复兴的客观需要。

到 2000 年,我国实现了"两基"目标,基本普及了九年义务教育,居民平均受教育年限从 1990 年的 5~6 年提高到 7~8 年。但是,在世界经合组织国家,居民平均受教育年限在 12 年以上,我国与发达国家教育和知识的差距是显而易见的。这种差距还表现在受教育水平和质量上。由于教育资源的供给不足等种种原因,我国基础教育一直在应试轨道上运行,其主要弊端表现为:偏重应试,忽视素质的养成;面向少数,冷落大多数学生;偏重认知,忽视非认知因素。世界银行在《中国与知识经济:把握 21 世纪》报告中指出:"在新经济中,学生们需要掌握的远远不止简单的读写、计算等基本技能、他们还需要掌握行为技能,例如批判性的思考、有效的交流以及在团队之内开展工作等方面的能力。创造型、敢于承担风险、企业家精神以及电脑技能也变得非常重要。其中,最为重要的则是将知识灵活地运用到新的非同寻常的问题中去。"因此,提高国民素质,不仅要大力发展教育事业,延长义务教育年限,而且要大力推进教育改革,尤其是要以素质教育思想为指导推进基础教育课程改革,建设高质量的教育,以培养新一代能够担当起民族复兴重任、在国际竞争中善于竞争与合作的中国人。如何在教育中尤其是在基础教育阶段重视学生的个性发展,培养学生的自主精神和创新精神,是我国基础教育改革最迫切、最困难的任务。①

---

① 段作章等:《基础教育课程改革透视与展望》,安徽教育出版社 2004 年版,第 5 页。

最后,推进课程改革是革除现行课程自身的弊端、全面实施素质教育的需要。

我国新一轮基础教育课程改革的启动,最直接的背景与根源是我国现行基础教育课程体系自身存在的问题,难以适应我国全面推进素质教育的要求,我国基础教育课程的实际状况与时代发展的要求和肩负的历史重任存在相当大的反差。① 其主要问题如教育观念落后,人才培养目标同时代发展的需求不能完全适应;课程内容存在着"繁、难、偏、旧"的状况;课程结构单一,学科体系相对封闭,难以反映现代科技、社会发展的新内容,脱离学生经验和社会实际;课程管理相对集中和统一,致使课程难以适应当地经济、社会发展以及学生多样发展的要求。这些问题,从根本上来说都是与我们长期倡导的素质教育理念相悖的。

(二)课程改革的目标

教育部在全国中小学推行的第八次基础教育新课程改革已经走过了 10 年历程。1999 年 2 月,国务院批准教育部《面向 21 世纪的教育振兴行动计划》,第八次基础教育课程改革从此拉开序幕。1999 年 6 月,《中共中央国务院关于深化教育改革全面推进素质教育的决定》进一步明确了进行课程改革的决心和计划。为使素质教育能够扎实有效地推进实施,并力争取得突破性进展,李岚清同志从 2000 年以来多次召开座谈会,深入基层调研,提出要抓住核心问题和关键环节,推进素质教育。他提出要抓好的核心问题和关键问题有四个方面:一是积极推进课程改革;二是改进和加强德育;三是改革考试评价制度;四是建设高素质的教师队伍。课程改革被提到促进素质教育取得突破性进展的关键位置上。2001 年,《国务院关于基础教育改革与发展的决定》进一步明确了"加快构建符合素质教育要求的基础教育课程体系"的任务。根据国务院《决定》的精神,教育部经过酝酿和研究,同年 6 月颁布了《基础教育课程改革纲要(试行)》。作为新一轮课程改革的总纲,《纲要》规划了 21 世纪前十年我国基础教育课程改革的奋斗目标和宏伟蓝图。贯穿本轮课程改革的核心理念是:为了中华民族的复兴,为了每位学生的发展。这一理念预示着我国全面推进素质教育,造就新一代高素质的社

---

① 徐仲林:《基础教育课程改革理论与实践》,四川出版集团、四川教育出版社 2005 年版,第 30 页。

会公民的基础教育已经成为现实。

我国新一轮基础教育课程改革在世纪之交正式启动。这次基础教育课程改革的总目标是：以邓小平教育理论特别是"教育要面向现代化，面向世界，面向未来"的论述为指导方针，全面贯彻党的十五大精神，认真落实《中共中央国务院关于深化教育改革全面推进素质教育的决定》，构建一个开放的、充满生机的有中国特色社会主义基础教育课程体系。具体目标是：

（1）改革过分注重课程传承知识的偏向，强调课程要促进每个学生身心发展，培养终身学习的愿望和能力；（2）改革过分强调学科独立性，课程门类过多，缺乏整合的偏向，加强课程结构的综合性、弹性与多样性；（3）改革强调学科体系严密性，过分注重经典内容的倾向，加强课程内容与现代社会、科技发展及学生生活之间的联系；（4）改革教材忽视地域与文化差异，脱离社会发展、科技发展与学生身心发展规律的倾向，深化教材多样化的改革，提高教材的科学性和适应性；（5）改革教学过程中过分注重接受、记忆、模仿学习的倾向，倡导学生主动参与，交流、合作、探究多种学习活动，改进学习方式，使学生真正成为学习的主人；（6）改革评价考试过分偏重知识记忆，强调选拔与甄别功能的倾向，建立评价指标多元、评价方式多样，既关注结果，更加重视过程的评价体系；（7）改革过于集中的课程管理政策，建立国家、地方、学校三级课程管理政策，提高课程适应性。

（三）基础教育课程改革的发展进程

我国新一轮基础教育课程改革正式启动后，2001年6月8日，教育部印发了经过反复修改和广泛讨论的新一轮基础教育课程改革的指导性文件——《基础教育课程改革纲要（试行）》，《纲要》对"课程改革目标""课程管理""课程结构""课程标准""教学过程""教材开发与管理""课程评价""教师的培养和培训""课程改革的组织与实施"等九个方面作了明确的规定。2001年7月，教育部颁布了义务教育阶段17个学科18种课程标准的实验稿，审定了20个学科（小学7科、中学13科）的中小学课程实验教材。义务教育各学科课程标准（实验稿）及其实验教材正式进入课堂。2002年秋季，义务教育新课程的实验扩大了范围，启动了省级实验区的工作，义务教育新课程体系进入全面实验阶段，开始从点向面过渡。为了积极配合义务教育新课程的开展，2002年12月，教育部又发布了《关于积极推进中小学评价与考试制度改革的通知》，以使之与新一轮基础教育课程的实验相适应。2003

年秋季,义务教育新课程的实验扩大了范围,截止到 2003 年秋季开学,全国已有 1642 个实验区、3500 万中小学生进入新课程,参加新课程实验的县(区)数已达全国县(区)数的 55%。2004 年秋季,在认真总结国家和省两级实验区的经验,在对实验区工作进行全面评估和广泛交流的基础上,义务教育新课程的实验进入全面推广阶段。2005 年 1 月 27 日,教育部印发了《关于基础教育课程改革实验区初中毕业考试与普通高中招生制度改革的指导意见》,强调初中毕业考试与普通高中招生制度改革要改变以升学考试科目分数简单相加作为唯一录取标准的做法,力求在初中毕业生学业考试、综合素质评价、高中招生录取三方面予以突破。规定实验区初中毕业生学业考试要单独命题,普通高中招生要单列计划、单独招生,以保证考试与招生制度改革的顺利实施,并对初中毕业考试与普通高中招生制度改革提出指导意见。2005 年秋季,全国各地绝大部分小学和初中的起始年级进入了新课程。

在普通高中方面,2001 年秋季,在义务教育新课程开始试验时,教育部就正式启动了普通高中新课程改革方案和课程标准的研制工作。2003 年,颁布了《普通高中新课程方案(试验)》,开始组织新高中课程的实验工作。2004 年,开始在山东、宁夏、广东和海南四个省区进行普通高中新课程的实验。2005 年,江苏省开始进行高中新课程的实验。2006 年,辽宁、福建、安徽、浙江和天津五省市开始进行高中段课程改革的第三批实验。2007 年秋季新学期,全国又有北京、陕西、湖南、黑龙江、吉林五省市高一新生进入新课程实验,至此全国已有 15 个省、自治区、直辖市成为普通高中新课程的实验省份,约占全国总量的 50%。2008 年秋季,河南、山西、江西、新疆一起进行普通高中课程改革,高中新课程改革逐步在全国展开。

浙江省起始于 2006 年的高中新课程改革已取得一定成效,课程改革较好地推进了先进教育理念的传播,加强了学校的课程意识,催生了一些教与学的方式方法的创新。但改革并没有改变教学过度应试、学生课业负担过重的局面,新课程理念还远未转化为学校办学和教师教学的自觉行动。改革不进则退。只有深化普通高中课程改革,才能真正巩固前一阶段课程改革成果,才能把新课程理念贯彻到底,实现普通高中特色化、多样化发展,全面提高普通高中教育质量,有力推进教育内涵式发展,推进教育现代化。

2012 年 6 月,《浙江省深化普通高中课程改革方案》正式发布,2012 年秋季在浙江省普通高中学校全面实施。新课程的实施将实现多个突破,其中中学生选修课程占总学分的比例将提高到 33.3%,普通高中将实现特色办学,全省不再有统一课表,中学生将被允许提前毕业等举措引人关注。

为了改变目前普通高中课程结构不尽合理,学生个性发展和学校特色发展空间不足,过度应试教育导致学生学业负担过重等弊端,浙江省这一次的深化普通高中课程改革以"普通高中学生有选择地学习,促进学生全面而有个性的发展"为方向,秉承"调结构、减总量、优方法、改评价、创条件"的总体思路。

二、新课程改革下的教师专业发展

基础教育课程改革开启了重新理解、发现教师的重大转变进程。教师是课程实施过程中最直接的参与者。新课程实施成功与否,教师的素质是一个关键性因素。新课程的实施为教师专业发展描绘了美好前景,也提供了必需的条件和环境。在关注课程改革的同时,人们理所当然地会关注教师专业发展的问题。

课程的变革实际上是教师的变革,没有教师自身的主动适应和变化发展,课程变革是不可能实施,更不可能取得成功的。教育改革的历史也表明,没有教师的积极参与,任何教育改革都难以进行。提高教师的专业化水平,推动教师专业发展是新一轮课程改革目标得以实现的重要保证。

(一)新课程改革对教师专业发展提出的要求

面对新课程,教师将一切从"新"开始:重新理解教育,重新理解课程,重新认识学生,重新设计教学。从根本上说,当前进行的课程改革是一次课程文化的更新,是新旧课程文化从冲突、对立走向整合的过程。基础教育课程改革对旧的课程文化进行了全面的变革,发展性的课程功能观,综合性的课程结构观,生活化的课程内容观,创造性的课程实施观,多元化的课程评价观,民主化的课程管理观等对教师的专业素质提出了前所未有的新要求。教师只有适应并积极投入课程改革中,不断提高专业水平,才能跟上课程改革的步伐,才能造就高质量的教育水平。

1. 教师的素质要求变化

新课程改革对教师专业素质提出了新要求,主要有以下四方面:(1)教师要有实施心理教育的能力;(2)教师应该具备一种反思的能力;(3)教师要具备一定的课程整合、设计和开发的能力;(4)教师应具有健全的专业情意。

根据新课程的需要,教师专业发展就是形成与课程改革相适应的教育理念、知识结构、能力结构、自我发展的意识等,并不断持续发展的过程。教师专业发展贯穿整个职业生涯,它不仅仅是一个时间的延续,而且是教师心理素质包括教师的职业追求、信仰、需要、创新精神、自主意识和职业能力(即教育教学能力)的发展变化过程。①

2. 教师的角色变化

新课程改革促进教师角色发生新变化,主要有以下四方面:(1)由知识传授者转为学生学习的促进者。这是新课程下教师角色转变过程中的飞跃与突变。新课程改革要求"改变课程过于注重知识传授的倾向,强调形成积极主动的学习态度","教师在教学过程中应与学生积极互动、共同发展",也就是说,教师是学生学习的合作者、引导者和促进者,教学过程是师生交往、共同发展的互动过程。(2)由"教书匠"转为自觉学习者和研究者。新课程的出现,使教育情境中的问题增多并变得复杂,教师要学会判断自己行为的合理性和有效性,逐步养成自我反思与设计教育教学行为、从事行动研究等的意识和能力。(3)由学生成绩的评定者转为学生心理健康的维护者、学生发展方向的指引者。在新课程条件下,教师应成为学生健康心理、高尚品德的促进者和辅导者,帮助学生认识自我,建立自信,引导学生学会自我调适,自我选择,对学生的情感、态度、价值观作进一步的体察。(4)由课程的实施者到课程发展的参与者。随着课程改革的推进,国家、地方、学校三级课程体系逐步完善,三级课程管理体制使地方和学校拥有了前所未有的课程管理权,同时也使教师在教育实践中的角色发生了很大的变化。成功的课程变革一定要鼓励教师的参与,不能让教师游离于课程改革之外。只有教师认同课程改革理念,参与课程改革过程,在课程改革中学习和成长,担当起自己的重要责任,才能达到本次基础教育课程改革的预定目标。

3. 教师的工作方式变化

新课程改革促使教师重建自己的工作方式。② 传统教师职业的一个很大特点是单兵作战,而新课程改革出现的课程综合化促使教师们紧密合作,引发教师集体行为变化,并在一定程度上改变教学的组织形式和专业分工;新课程改革还使得教师与各种社会力量之间加强合作,特别是要与学生家

---

① 康卫忠:《试论新课改背景下的教师专业发展》,《科技创新导报》2008 年第 21 期。

② 袁玲俊:《新课程改革与教师专业发展》,《宁波职业技术学院学报》2003 年第 4 期。

长或代理人建立密切的关系，发挥家长在新课程改革中的积极作用。新课程要求改变学生原有单一、被动的学习方式，建立和形成发挥学生主体性的多样化的学习方式，促进学生在教师指导下主动而富有个性地学习。教学过程不再是教师教和学生学的过程，而是师生交往、积极互动、共同发展的过程。

总的来说，基础教育课程改革对教师专业发展的核心要求是提高课程实施的能力和水平。教师要不断更新自己的教育理念，提升专业知识的发展，增强对课程的适应能力，不断反思自身的教育教学行为，促进自身专业发展。

(二)新课程改革下教师专业发展的对策

解决我国教师专业发展问题，加强教师的专业化建设既是提高教师的社会地位的内在需要，也是促进教师素质提高的重要措施之一。教师素质的提高，一方面有赖于教师本人的努力，另一方面有赖于我们促进教师素质提高的机制是否完善和健全。要使我们的教师适应新课程的需要，必须建立健全教师专业化发展的机制，促进教师整体素质的提高。

1. 树立教师专业化的新理念

首先，要明确教师职业的专业性和不可替代性。教师应该既是学科知识方面的专家，又是学科教学和教育知识方面的专家。教师的劳动不同于一般的劳动，具有一定的专业性和不可替代性。因此，加大对教师专业性的宣传力度，使这一职业发展成为普遍认可的专业，是提高教师地位和职业素养的必经之路。其次，要更新教师自身观念，明确其角色定位。部分教师对自身专业发展的意识淡薄，对职业规范、职业周期、专业发展规律、职业价值取向等问题认识不清。没有树立终身教育的观念，在专业学习上也存在着急功近利的思想和浮躁情绪。这些都严重影响了教师专业的长远发展。同时，有些教师仅仅把自己定位在"教书匠"的层次，这显然与当代教育的专业诉求有一定距离，离"专业型教育家"和"研究型教师"的要求有较大差距。因此，教师要转变观念，树立教师专业化的教育理念，不仅要视自己为新型知识的传授者，而且要视自己为教学过程中的促进者、研究者、改革者和决策者。

2. 注重职前教育与职后教育的衔接

近几年来，持续、快速的课程变革使教师职后教育迅猛地发展起来。这使教师培养与培训不得不面对这样一个问题：如何处理好职后教育与职前教育的关系？从目前情况看，我国教师的职前与职后教育严重脱节，其结果是，一方面职前与职后教育许多内容前后重复，另一方面对教师职业素养的某些缺陷和空白点却视而不见。按照基础教育新课程对师资的新要求，教师职前教育机构和在职培训机构应合而为一，职前教育和职后教育都应该在教师专业生涯的所有阶段支持教师的专业发展。职前教师教育应能够使未来教师具备他们今后整个专业生涯中完成许多教学专业任务所必需的大多数或全部的能力，能获得持久的专业学习和发展所必需的所有知识结构和态度。职后教师教育要着重于提高教师学历：着重于提高教育教学能力，增强职业适应性，培养骨干教师；着重于学习新理论、研究新问题，培养教育教学专家。对教师教育目前较为强调和追求职前职后的一体化，因而职后的教师教育就应符合一体化的要求。

3. 建立完善的教师素质评价机制

全面实现教师专业化，提高教师素质是关键。在提高教师素质的过程中，除了制定相关的法律法规、改革师范教育、加强与改进在职教师的继续教育外，我们还要建立一套完整的教师素质评价机制。这是因为，首先，我国目前仍然没有一套能与教师专业化要求相适应的评价机制。其次，即使各个学校制定了一些评价机制，但大多数形式较为单一，缺乏系统科学的综合评价方法。为了更好地促进教师专业化的发展，以促进教师专业发展为目标，可以探索建立以帮助教师改进教学为宗旨的发展性教师评价制度与以促进教师专业素质提高为宗旨的教师自我评价制度，科学地构建一套检测、监督和促进教师专业化发展的运行机制。这不仅有助于教师本人的专业发展，而且对基层学校教育质量的提高也不无裨益。教师专业化是现代教师队伍建设的方向和趋势，这既是现代社会条件下加强教师的专业发展、提高教师队伍素质的要求，也是提高教师社会地位的需要。从各国教师职业专业化的实践来看，由于对教师专业化的认识不同、教师职业准入标准的不同、教师专业发展要求的递进性，教师的专业化往往与教师地位的提高相联系等因素的影响，教师专业化表现出明显的动态性特征。教师专业化的实现，既需要科学的理念支撑，也需要国家、学校、教师乃至全社会的广泛参与，更需要相应的制度保障。这些制度，包括了教师的职业准入、从业标准、从业管理、专业发展、教育机构认证、教师资质认证等各个方面。我国教师专业化尚存在诸多的困难和问题，如对教师专业化的认识问题、相关制度的建设问题、教育投入和教育机构建设问题等等。必须认真研究、解决这些问题，才能保障教师队伍管理的科学、规范，保障教师队伍建设的高质量，有效促进教师专业化的进程。[①]

浙江省深化普通高中课程改革方案中也明确提出"优化学校评价与教师评价"，要将学校课程建设与教师评价紧密结合起来。学校选修课程建设与开设情况列入对市县教育现代化达标评估和教育科学和谐发展考核体系，选修课程建设列入特色示范学校评估指标，教师的课程开发与执教能力列入评优及职称评定条件。

第四节　区域教师专业发展

教育现代化伴随着社会深刻而快速的变革而产生，它是社会整体现代化的重要组成部分，同时又有着自身的独特性和规律性。教育现代化具有理性与观念层面的复杂内容，但更主要表现为实践层面的教育决策、教育变革和教育创新。教育现代化是一个复杂、矛盾、渐进和自觉的过程，是教育理论与教育实践的飞跃。我国教育现代化既是国家教育发展的基本目标，也是区域教育的共同愿景和发展方向，在教育现代化实践过程中表现出较为明显的区域性特征，如教育现代化内涵的区域相对性；教育现代化影响要素的区域制约性；教育现代化发展水平与特色的区域差异性以及教育现代化实践的区域整体性。[②]

教育现代化的一个基本战略任务就是以教育培训为基本手段和核心内容，进行劳动力素质开发，促进地区经济协调发展。在 21 世纪，我国教育现代化的推进策略是针对发达地区和落后地区所面临的主要矛盾，确定地区教育发展的方针和思路，充分发挥不同地区的教育优势，促进地区经济的发展。[③] 在推进区域教育的现代化发展过程中，教师队伍建设是关键环节。教师专业发展是教师队伍建设的重点任务，是提高教师综合素养的基本手段，

---

① 刘晓明、王丽荣：《新课程与教师心理素质》，东北师范大学出版社 2004 年版，第 4 页。

② 朱文学：《教育现代化的区域特征与区域先行》，《江苏教育研究》2011 年第 3 期。

③ 国家教育发展中心：《2001 年中国教育绿皮书：中国教育政策年度分析报告》，教育科学出版社 2001 年版，第 37 页。

是实现教师专业化的主要途径。

一、区域教师专业发展的提出背景及其价值

(一)区域教师专业发展的背景

区域发展是一个包含着区域经济发展、科技发展与社会发展等多方面因素的复杂系统的协调与整合过程。区域的科技、经济与社会作为区域发展的小系统,在大系统中既具有各自的地位与功能,又具有相互制约与彼此促进的关系。叶平、王蕊在《中国教育现代化区域聚类与特征分析》中指出,所谓区域教育现代化,就是在国家教育发展总目标指导下,结合本区域经济和社会发展、人口结构、人文传统等特点,将区域内各级各类教育的改革发展围绕现代化目标进行整合和整体推进,以利于在区域范围内协调经济社会与教育的发展。[①] 推进区域教育现代化,是国家教育现代化的基础和前提。我国是"穷国办大教育",在现阶段只能逐步推进均衡教育。我国教育现代化的推进在策略上是一种区域性的策略。

我国基础教育经过多年的努力,已取得了长足的进展,实现了基本普及九年义务教育、基本扫除青壮年文盲的两大历史任务。但基础教育发展不平衡的现象仍然存在,主要体现在地区之间、城乡之间、学校之间的教育资源配置不均衡,城市流动人口、弱势群体教育机会不均等。现代化的推进,信息时代的到来,学习型社会的营造,社会舆论监督的加强,对基础教育实现均衡发展提出了要求,也提供了前提和保证。教育均衡发展是一种全新的教育理念和教育发展观,是世界教育发展的潮流,是教育现代化的核心理念。教育均衡指的是:政府提供给每个受教育者的学习条件、权利、机会是平等的,让所有的受教育者都能享受到良好的教育。教育均衡化发展是当前全社会尤其是教育界关注的热点问题。温家宝总理在《联合国教科文组织第五届全民教育高层会议上的致词》中指出:"教育公平是全民教育的灵魂,没有教育机会的均等,就谈不上社会公平。"推进义务教育均衡化发展,是政府应尽的职责,也是构建和谐社会的重要组成部分。均衡发展是义务教育的本质属性,是促进教育公平、办好人民满意的教育的客观要求。党的十七大报告和十七届三中全会《决定》先后强调"促进义务教育均衡发展"和

---

① 叶平、王蕊:《中国教育现代化区域聚类与特征分析》,《教育研究》2003 年第 7 期。

"促进城乡义务教育均衡发展",坚持面向每一个学生的发展需求,把为城镇农村所有适龄儿童少年提供均等的义务教育机会和条件,作为各级政府的法定职责,将义务教育均衡发展作为促进教育公平乃至社会公平的重要举措。教育公平是社会公平在教育领域的具体体现,是实现社会公平的基础,而教育均衡发展是实现教育公平的有效举措。

但是由于我国不同地区之间经济和社会发展水平的不均衡,导致了义务教育的非均衡化发展趋势仍有增无减。非均衡化发展的义务教育,一个非常重要的表现就是教师的不均衡。农村和城市学校、重点学校与普通学校之间的教师资源存在很大的质量上的差异。农村学校、普通学校乃至薄弱学校缺乏优秀的教师,青少年就不能接受到相应的高质量的教育。因此,考虑在区域内如何推进教师资源的重新流动和合理配置,让更多的学生能够接受到高质量的教育,让更多的教师获得更大程度的专业发展,就成为区域均衡发展的核心问题。打造教师队伍,提高教师的综合素质成为各级政府以及教育行政部门的一项重要工作。实现均衡发展是教育现代化所追求和必然要实现的目标,而要实现这一点,区域教师的专业发展、均衡的发展,就成为亟须解决的问题。

(二)区域教师专业发展的内涵和价值

区域教师专业发展不同于每个教师个人自身的专业发展,也不同于某个学校范围内的教师专业发展。所谓区域教师专业发展,是指把对教师个人的、主动的专业发展的关注和研究放在一定的区域范围内进行,综合考察具体区域内教师群体和教师个体的专业发展进程。区域教师专业发展,是希望以区域内所有相关学校教师整体的素质提高,为所在地区学校的学生提供相对均衡的优质教育,让所有的学生都从中获得应有的发展,所有学校都从教师专业发展中获得内涵式的提升。区域教师专业发展就是要在教师专业发展的基础上,突出区域性、群体性和整个教师队伍的整体性特征。教育大计,教师为本,要发展教育首先要有一流的师资,研制当地教师教育的发展规划,制定教师的专业发展目标,都要从全局着眼,关注整体和全员,突出骨干的基础上,要尽可能考虑到所有教师的成长,才能保障整个地区教育的均衡、优质、持续发展。①

　　教师专业发展问题，已经成为国内外教育行政主管部门、办学单位、学校、校长以及教师本人关注的热点问题，既是社会发展的需要，也是教育自身发展的需要。建立一支师德高尚、业务精湛、教育教学水平高的专业化新型教师队伍，无疑是各国、各地区追求的教育发展目标。区域教师专业发展是教师专业发展的外部条件，它具有如下价值。②

　　1. 有助于建立教师专业发展的标准体系

　　目前人们对教师职业专业化这一概念的理解还有较大的模糊性，在理论研究与实践中也没有对教师专业化有关问题作出全面的、深刻的认识，因而教师专业发展就不可能体现出较强的自觉性、目的性、有序性、深刻性和有效性。盲目、离散、孤立、缺少交流的个体化专业发展使得教师专业化发展缓慢无序，经验缺乏推广价值。因此，区域性教师专业发展研究，对制定教师专业发展标准具有十分重要的现实意义。总之，教师专业标准的意义，在于它是选拔教师的依据，是培训教师的指南，是评价教师的尺度，是引领教师自身发展的导向，是提高整个教师队伍素质和水平的依据。

　　2. 有利于整体上提升本地区教师专业发展水平

　　为什么要提倡区域教师专业发展？归根结底，是为了本地区学生的发展，为了本地区教育质量的整体提升。从制定和推行教师专业标准的宗旨来看，是要切实提高教育教学的综合水平，以适应教育质量竞争的需要、人才竞争的需要和国家实力竞争的需要。一个地区一般具有相同的教育政策、发展规划、行政管理体系、办学资源、教育理念、投入机制、生源结构，以及教师队伍的管理、聘用、培训和使用机制，通过区域性的教师专业发展指导和行动方案，能从全局上保障教师专业发展的可行性和有关政策措施的落实，形成教师发展的大气候，构建有利于教师成长的生态环境。

　　3. 有利于提高本地区教育的现代化发展水平

　　在推进区域教育的现代化发展过程中，教师队伍建设是关键环节。在实际中我们会发现，那些教师专业发展水平比较高的地区，名师辈出、优秀

---

　　① 章传东：《区域性教师专业发展的问题研究——以广东省佛山市顺德区为例》，2008年华中师范大学硕士学位论文。

　　② 章传东：《区域性教师专业发展的问题研究——以广东省佛山市顺德区为例》，2008年华中师范大学硕士学位论文。

教师云集的地区,往往是教育比较发达的地区,是教育水平比较先进的地区。现代化的核心是人的现代化,区域教育现代化的关键则是教师队伍的现代化。现代化要求教师掌握现代教育教学技术和能力,具有现代教育的理念和思维,具备现代教师的专业伦理和道德。区域层面的教师专业发展正是在整体上有计划地考虑教师的专业发展问题,让所在地区的教师能够充分而均衡地发展,这将大大提高本地区的教育现代化发展水平。

二、区域教师专业发展策略和模式

教师专业发展已经呈现出新的特点和趋势,无论是培训制度的建立,还是培训机制的创设以及具体的培训实践,都必须符合教师专业发展的现代化特征和趋势,遵循教师专业发展规律。唯有如此,才能促进教师专业持续、健康的发展,取得事半功倍的效果。何以立足区域教师队伍实际,构建高效的可持续发展的教师专业发展区域推进模式,这是教师教育理论研究及教师培训实践面临的需要深入研究的重要问题。根据国内外关于区域教师专业发展的不同的观点,现总结区域教师专业发展的策略和模式如下。

(一)推进区域性教师专业发展的基本策略

1. 区域教师专业发展的制度保证

区域教师专业发展涉及某个地区教师整体的教师专业发展,会涉及方方面面参与者,需要多方协调和有效配合,因此首先必须有相关的制度保障。加强制度建设就成为我们不得不考虑的问题。制度建设一方面要解决制度的内容,即在哪些方面作出规定,回答哪些问题;另一方面则是如何建设合理的制度,即建设制度的方法和形式问题。具体到区域教师专业发展的制度建设,就是一方面要考虑建设教师专业发展的哪些制度,比如职称评审制度、教学质量考评制度等等;另一方面要考虑这些教师专业发展制度如何建设,是仅仅通过教育行政部门颁布文件、规范,还是积极发动广大教师参与,等等。

2. 区域教师专业发展的建议

区域教师专业发展在制度假设的基础上,还要考虑如何具体操作。有学者总结瑞默斯和佐藤学的观点,提出教师专业发展的 15 条基本建议,[①]或许对我们如何思考和实施区域教师专业发展有很大启发:

(1)教师的专业发展应是长期的终身的,它起始于职前教育,终止于教师退休。

(2)必须对教师的专业发展进行系统的计划和研究,提供必要的资助和支持,以确保其有效性。

(3)必须在时间和资金上支持教师,鼓励他们积极接受教师培训,参加各种教育研讨会和教学实习活动。

(4)为教师提供的专业发展课程和活动,必须满足教师们的职业需要、个人兴趣,符合教师当时的专业水平。

(5)应充分利用现代技术和远程教育手段为教师专业发展服务。

(6)教师教育机构和中小学必须密切配合,以确保新教师顺利开始他们的职业生涯。

(7)校外机构有能力且有义务为教师专业发展提供资金支持,并提供符合教师需求的活动和培训项目。

(8)教师的专业发展的各个方面并非都要通过培训课来实现,教师的专业发展应与他们日常的教学工作紧密结合起来,行动学习与研究势在必行。

(9)必须将教师的职前培养和在职培训协调进行,以避免重复,提高效率和质量。

(10)在教师专业发展培训项目的计划和实施过程中,要考虑到教师的心理发展阶段。应帮助不同发展阶段的教师认识教学工作的意义,不断学习新的教学方法。

(11)教师专业发展培训课程除了培训教学技能和学科知识以外,还应注意培养教师其他的多方面技能,以应对如下问题:如何与家长沟通、处理学生辍学问题、厌学问题以及在薄弱学校工作的问题等。

(12)职前教育应面向教学实践,使教师在不同教学环境中,面对不同教育对象时,都能胜任教学工作。

(13)教师专业发展培训的目标应与他们所教课程的教学目标相统一。在目前一些学校的教育改革中往往有这样的矛盾现象,一方面学生要通过

① 章传东:《区域性教师专业发展的问题研究——以广东省佛山市顺德区为例》,2008年华中师范大学硕士学位论文。

决定一生命运的考试,另一方面又在提倡教师用建构主义的教学模式去培养学生的特定技能。

(14)教师专业发展培训项目的教学内容应与教学形式相统一。要改变传统的教师教育模式,改变参加培训的教师被动听讲、记笔记、缺乏参与机会的局面。教师专业发展培训课程应按照现代的建构主义的教学方式授课,以学员为中心,使他们在课堂上通过讨论相互学习。

(15)教师专业发展培训并不是万能的。选择和吸引高素质的人才进入教师行业是搞好教育工作的前提条件,同时学校基本教学设施的建设和发展也是必不可少的。

(二)促进区域教师专业发展的模式

区域性教师专业发展,目前虽然较为零碎、随意、缺乏系统化、制度化、专业化,但还是可以进行适当归纳整理,形成较为稳定的、具有推广和反复实施的模式化的运作。下面对目前在国内各地区尝试过的教师专业发展的做法与策略,作为区域教师专业发展的模式加以列举。[①]

1. 培训模式——搭建教育培训平台,促进教师迅速成长

各中小学校根据不同层面教师的特点,以"面向全体,突出骨干,关注青年教师"为原则,分层推进,为不同层次发展的教师搭建不同的培训平台。如为全体教师搭建普通话培训、信息技术(初中高级)培训、新课程通识培训和教育技术全员培训的平台;为中层干部和骨干教师培训搭建外出学习和学术交流的平台;实施青年教师"导师制",为青年教师搭建快速成长的平台。

2. 远程模式——搭建信息化平台,变革教师学习方式

信息科技的不断进步和发展,让教师教育重新焕发了生机和活力,特别是 BBS、博客等知识管理工具的运用,使教师的工作学习方式以及知识管理方式发生了根本的转变,变混沌为条理,变无序为有序,既节约了时间,又提高了效率。加强教育信息化建设,搭建信息化平台,让教育反思、教育叙事研究搭上信息科技的快车。有些地方建立了自己的教育教学网站,把教育叙事研究、书写教育网志(或 Blog)与基于 Moodle 的教师教育平台结合在一

---

①　章传东:《区域性教师专业发展的问题研究——以广东省佛山市顺德区为例》,2008年华中师范大学硕士学位论文。

起,使教育反思有更大的天地,接受专家、教授、同行教师更深层次的指导。

3. 团队模式——搭建合作交流平台,为教师专业发展创设团队氛围

(1)创建学习型教研组,加强校本研究。构建学习型教研组,提高教研活动的学术氛围,使教研活动由事务型、应付型向学术型转变,这是促进教师的专业成熟的重要一环。创建学习型教研组,为教师搭建经常互通信息、交流体会、相互切磋、分享经验的平台,使教师个性特长与教师群体优势得到良好配合与发挥,这是教师团结互助,群体共同提高的重要途径。加强集体备课,建立教师同伴互导机制,这是以校为本的教研活动的一种重要形式,也是教师专业发展的一种有效策略。

(2)积极申报各级各类教育研究课题,鼓励教师合作研究。课题研究是名师成长的有效孵化器,开展课题研究,能促进教师学习教育理论,思考教育问题,探索教育规律,寻求教育改革创新。课题研究的过程,既是教师不断学习的过程,也是教师不断反思、不断提高自我的过程。同时,加强校本课程开发,鼓励教师跨学科互助,或者为教师穿针引线,搭建更广阔的教研平台,进行跨学校的合作研究,也是现代教育对学校提出的要求。

4. 实践展示模式——为教师提供成果展示的平台

教师的实践展示有多种形式,如教学公开课、观摩研讨课、教学技能比赛等,都可以有效地促进教师的专业发展。一些地方将教师的实践展示常规化、制度化,使更多的教师走到这个平台上,让他们交流、进步。事实证明,教师参与各类教学活动,一方面使更多的教师看到了自己的潜能,一次又一次地尝到了成功的喜悦;另一方面增强了教师做好本职工作的信心。

5. 专业发展学校模式——创建教师专业发展学校

可以借鉴美国的经验,建立教师专业发展学校,给职初的教师一个相对稳定、机会较多、指导到位、相对专业的成长环境,使其基本功锻炼和教学经验获取有所实现,才能更好地帮助职初教师走上专业发展之路。专业发展学校是中小学校教师、管理者以及大学教员间通过合作,以改进教学质量,并寻求把理论付诸实践的真正形式。每一个专业发展学校看上去都不同,但所有专业发展学校都有共同的目标,即为职前及职后的教师提供以学校为背景的专业发展经验。到目前为止,对专业发展学校的评价都是积极的。

以上每一种模式都是在自身的基础上,通过区域性的教师专业发展机制,分层次、有重点地去推进教师的专业发展。

教师专业发展并不是一蹴而就、一帆风顺的,存在许多客观的阻滞、困

惑和问题，是教师专业成长的必然历程，是教师自我修炼职业发展的过程，研究和选择行之有效的管理机制、发展模式与方式方法，搭建教师专业发展的支撑平台，为教师的专业发展提供帮助，将加快区域性教师专业化的进程，为本区域教育、经济和社会的可持续发展打下坚实的基础。

第二章　北仑区域教师专业发展的范式转变

　　所谓教师专业发展范式,是指关于促进教师专业化发展的一些基本的取向、模式、视角、看法,它不是具体的方法技术,而是整体性、原则性的架构。多年以来,北仑区一直致力于区域教师专业发展,反思传统的教师专业发展范式,积极创建适应新时代需要的,符合北仑教育发展需要的,符合教育发展规律的教师专业发展范式。这种范式转变具体体现在:从个体发展到个体与团队的共同发展;从专家向教师单向传递知识、技能到教师创造性转化的实践;从单一的教学技能、技巧提高到综合智识、专业素养的提升;从个别学校的零星改进到区域整体性推进。

第一节　从个体发展到个体与团队的共同发展

　　教师的专业发展既是个体教师的事情,因为个人是专业发展的主体;同时也是团体的事情,因为个体总是处于一定的群体之中,群体的发展有助于个体更好地发展。正是看到了团体教师专业发展的巨大影响力、推动力,北仑区才从过去主要看重每个教师个人的努力,注重教师个人的主动的专业发展,到关注个体所在的团队教师整体的发展。

一、教师个体的专业发展

　　在教师专业发展区域推进计划实施之前,北仑区教育部门主要关注的是教师个体的专业发展,积极为个人创造条件,使他们早日成长为学科骨干教师、名师。一些教师在教育部门的支持下,通过个人的艰辛努力,成为优秀教师、骨干教师乃至名师。但是更大部分的教师,并没有受到真正的关注,整个地区的教育面貌并没有因个别教师的专业素质提升而出现实质性的提升。"独木难成林。"个体教师的专业发展并没有带动周围教师群体的共同发展，相反在一些时候，个别教师专业发展了，成了小有名气的名师之后，却远走他乡，并没有带动和帮助所在学校其他教师整体的专业发展。一些教师在接受访谈时也说，他们在专业成长过程中很希望有一个团队，希望通过集体研讨的方式，研究解决教育教学过程中遇到的实际问题。

区教育行政部门、学校相关部门都十分支持教师个人的专业发展，但是不少教师职后的专业发展过程却表现出明显的个人主义倾向。一些教师不敢、不好意思，也不愿意与周围的教师和教师群体进行必要的沟通和交流。教师之间的相互隔阂与封闭，乃至防备与排斥等现象，必将影响教师进一步的专业发展。他们看不到其他教师的力量，看不到周围教师群体可能对自己专业发展的帮助。北仑区教育部门认识到，光靠教师个人的努力是很难使一个教师走上专业发展的平坦大道的，要通过建设发展教师团队，来促进教师个体的专业发展。

鉴于此，北仑区教育行政部门鼓励、帮助教师组建团队，在团队中开展相关合作，包括合作备课、合作磨课、合作做课题等。

二、教师团队的专业发展

我国中小学内部已经存在的年级组、教研组，是建设教师专业团队的重要基础。如果说，传统的年级组、教研组仍有很强的行政色彩，教师的专业发展还是比较被动的话，那么建立教师专业团队，促进教师专业发展，则成为教师主动发展的表现。北仑区鼓励支持各学校教师专业团队的建设，以专业发展为核心，激发教师个人自我发展的意识，让更多的教师组成自由的专业团队、组成学习共同体。这种团队内部，掌握不同技能、具有不同特点的教师相互依存地工作在一起。他们认同于某一共同目标，并为达成此目标贡献自己的能力，彼此分工合作，沟通协调，齐心努力，为这一目标的达成与否共同承担成败的责任。

教师专业团队可以在整体上带动个体教师的专业发展，可以在整个学校乃至整个区域造成一种团体学习和发展的氛围。教师专业团队建设强调教师之间的专业对话与合作，合作对话的基础是专业性而不是行政性，教师之间基于共同关注的问题进行不定期的研讨。北仑区建设教师专业团队的目的在于在学校打造优秀的教师专业团队，推进每个教师在专业态度、能力和知识等方面的发展，提高课堂教学的质量和提升整个学校的教育水平，进而提升整个区域教育的形象。北仑区的学校进行了一些制度创新，意在让每个教师在团队中真正做事,实现教师团队的发展。比如,北仑区中心幼儿园采取分层研修的方式,让所有教师按照一定层次都能参与进来,真正实现了教师团队的整体发展和专业进步。

个别教师的专业成长当然是我们需要关心的,但是这还远远不够。"独木不成林。"整个团队所有成员的共同发展和进步,整个学校教师团队的共同提升,是北仑教育追求的教师专业发展目标。让不同特点个性和具有不同技能的教师组成团队,互相取长补短,相互学习,开展富有成效的教学科研方面的合作,是北仑近年来教师培训工作中的一个亮点。

北仑区中心幼儿园开展的分层研修活动,并不是要根据教师的学历层次、教龄职称对教师进行等级的分类,而是根据各个阶段类别的教师的群体特点,展开有针对性的促进教师专业素质提升活动。不同层次、类别的教师团体内部能够实现共同进步。团队的整体发展作为评价个体教师专业发展最重要的指标之一。

宁波市"星级教研组"顾国和中学即是北仑区专业团队发展的典型。

顾国和中学科学组共有19位教师,其中中学高级教师7名,中级教师7名。现有一名省教坛新秀张慧凯,一名市教坛新秀毛开颜,两名区骨干教师郑琼和张盛艳。我们是一个有着优秀的教学传统的集体,在历任教研组长等努力下,曾经涌现出很多的辉煌;我们是一个辛勤耕耘,默默奉献,团结进取,有较强的教学能力和极强的责任感的教学集体。

一、博学善思——学习成为我们的必修课

"问渠哪得清如许,为有源头活水来",教师如果不学习,教研活动就会成为"无本之木,无源之水"。为加强修养,提高素质,我们组一直将提高教师的整体素质放在首位,教师不仅应具备良好的政治道德素质,还应该具有健康的心理性格和良好的行为情操,因此我们觉得教研组不是被动学习的组织,应该是一个积极主动、与时俱进的研究型组织。只有从课堂教学中提炼,在研究中反思,在反思中提升,才能真正地提高教研组的整体教育教学水平。教育与学习科研相结合是我们教研组一直以来的优秀传统,1999年刘东晖老师任课题组组长的《自然科学合课教学的研究与实践》被评为首届浙江省基础教育教学成果奖二等奖,宁波市基础教育教学成果奖一等奖。2003年,教研组被北仑区教育局评为三星级教研组。

1. 坚持思想学习

全组老师始终认真学习、深入贯彻执行党的教育方针,积极参加学校组织的各项政治学习,加强师德建设,提高全体教师的职业道德水准,积极撰写师德学习体会,郑琼老师还被北仑教育局选派赴澳大利亚进行为期15天的学习活动。两学年来,我们组涌现了各级各类的先进,王忠方老师被评为2007学年北仑区先进教师,毛开颜老师、张菊华老师被评为学校先进教师,张菊华老师、王苏波老师被评为学校先进班主任。组内教师互帮互助,在教师外出学习或做产期间能相互代课,虽然辛苦,但是大家无怨无悔,因为教育是我们大家热爱的事业!大家爱岗敬业,争做师表,我们组还组织教师学习抗震救灾英雄事迹,专题讨论在科学教学中如何加强抗灾自救的教育,组内教师积极捐款,奉献爱心。在全组老师的共同努力下教研组曾被评为北仑区巾帼建功示范岗。

2. 组织理论研修

每星期五下午是教研组集体的学习时间。理论研修的内容是丰富多彩的。有时老师们聚在一起学习现代教育理论,探讨今天怎样做教师、新课程与教师的专业成长、教师如何进行教学反思、如何撰写教学案例、如何撰写教学论文、如何开展课题研究等问题,把日常工作中遇到的难题和困惑带到理论研修中,通过学习澄清问题,提高认识。有时各备课组长汇报备课组活动的情况,并把小组内遇到的难以解决的问题提交到教研组会议上讨论,然后有重点地让部分教师讲讲自己的教育教学故事,此间有成功的经验,亦有失败的教训。

理论研修的形式也不拘一格。有时老师们就教育教学中的疑难问题开展集体"会诊"活动,要求教师将本人在教学中所遇到的疑难、困惑问题,随时记录下来,定期组织教学研讨活动,把问题摆出来,由全体组员共同"会诊",找出解决的办法。也有专题论坛、个性论坛等形式,一次论坛确定一个主题,我们曾经成功地举行多次论坛,如郑琼老师的《探究式教学的有效性方案》专题论坛,余勇老师的《轻负担,高质量的合理化策略》个性论坛以及曹苏英老师的《如何建立和谐的师生关系》个性论坛,等等。通过教研组教学论坛制度,给教师创造了能够自由地进行交流、发表见解的平台,加强了同伴之间的互助和合作,注重教师之间以及在课程实施教学活动中的交流、对话和沟通,共同分享经验和成功,提高了教师驾驭新教材的能力。因此,教师们的理论水平进一步提高,组内小课题《探究式教学的有效性研究》在2008年10月被收录在北仑教研室印发的《小课题研究手册》中;余勇老师的

《对科学课提问的几点思考》发表于《宁波教育科研》;魏慧老师的《新课程需要科学探究也需要接受学习》发表于《科学报》;郑琼老师参与了 2006—2007 年浙江省教研室组织的作业本编写工作,并曾在浙江省教研室组织的骨干教师培训中作专题讲座;张盛艳老师在区中考复习会议中作有关中考复习的专题讲座,均收到了很好的效果。

3. 开展磨课活动

磨课是指教师与教研组其他成员围绕实践课不断地切磋、商讨、设计、实践、反思、修改、再设计、再实践、再总结的循环过程,目的是通过"磨"达到"合"——教与学的融合,理念与实践的融合。我们教研组每一学期举行两次有主题的磨课活动,如我们曾以如何让学生深刻地掌握物理概念为主题,让毛开颜老师以《机械运动》为课题举行磨课活动,通过磨课活动首先能指导教师深刻理解教材。教材是教师呈现教学艺术的依据。磨课的过程首先就是对教材理解的辩论,教师在与同组老师讨论教材时,大家就有不同的理解,以及由此而产生的判若云泥的教学效果,一定会使教师们深切感受到研习教材的必要性和重要意义。其次,磨课能指导教师精选教学方法。在"磨"公开课的时候,一般的做法是先让公开课的执教者自主设计一种教法,第一次试教后,听课者进行讨论。此时要求听课者把发言的中心定在"如果我来教,我会如何教"上。各种教法一一亮相,哪些意见更切合执教者自身的素质,哪些看法可能更适应将要施教的学生,这就有了比较的可能、选择的余地。从中,教师自然会深切地感悟到要上出一堂好课应该考虑到的各种因素。再者通过磨课能够让年轻的教师快速从实践中掌握教学的策略和技巧。备课组合作的磨课、师徒结对的磨课已经成为我们教研组的一项经常性的工作。磨课活动为青年教师的成长提供了平台,促进青年教师迅速成长。张慧凯老师就是这样一步一个脚印,在教研员、师傅、组内老师们的帮助下成长,从工作伊始的《摩擦力》,一年后的《力》以及之后的《生物的应激性》《化学式》《二氧化碳》《月球》一堂堂记录他成长历程的磨课让他逐渐成熟,领悟科学教学的真谛,使他的课堂教学充满魅力,受到学生的普遍欢迎和听课老师的一致赞誉。在 2006 年的宁波市教坛新秀评比中他获得了第一名,同时荣获省教坛新秀称号,2007 年 11 月由他执教的《月球》一课获浙江省新生代教学风采展示一等奖。同时其他的年轻教师在教学中也崭露头角,2007 年 10 月魏慧老师执教的《杠杆》一课获宁波市新生代教学风采展示一等奖;在刚刚结束的宁波市教坛新秀评比中毛开颜老师获二等奖,余勇老师、史建英老师、赵静老师多次承担各级各类公开课,都受到很好的评价,充分显示了我们科学组可持续发展的实力。

第二节　从专家向教师单向传递知识、技能到教师创造性转化的实践

教师专业发展一般总会涉及如何帮助教师提高他们的教育教学技能,丰富他们的学科专业理论知识,因此传统的教师专业发展都会采取专家报告或讲座的方式,让教师在短期内迅速掌握教育教学理论知识。但是这种仅关注学科专业理论知识学习的教师专业发展模式是很不够的,还需要考虑教师工作本身的实践性质,考虑到教师本身是个实践的主体,在学习知识的过程中,不仅仅是简单地接受知识,而且必然会对知识有所吸收转化和运用。这也正是北仑区教师专业发展过程中日益强调的核心理念。

一、专家单向传递知识之局限

以往我们促进教师专业发展的范式是,将中小学教师集中一段时间,聘请一些专家学者,来给他们传授教育教学的理论知识。比如新课程改革中很多地方采用这种方式去培训教师,希望教师们在最短的时间内掌握新课程所需要的新的理念和理论知识,然而虽然教师们掌握了既定的理论知识,关于教学技能的知识也掌握了,但是否对其实际的教育教学行为真正发挥积极的作用,却是一个未知数。很多教师也反映,虽然接受过很多这样的培训,学习了解了很多所谓的新理论,但是一旦到了自己的实践中,却依然采用自己所熟悉的那一套,出现了听了很"感动",回来后依然"一动不动"的现象。

一个教师这样讲述:

听专家学者们的报告真是过瘾,很多平时从未想到、思考过的问题,专家们都能将其揭示出来,并进行鞭辟入里的分析,对我的思想冲击很大。专家们对我们日常的教育教学行为也进行了深入细致的批判和分析,使我知晓了自己平时教育教学方式所存在的诸多有待改进之处。但是在听完专家们的报告兴奋之后没多少时间,我就又陷入困顿乃至无所适从。我也尝试

按照专家们所传授的理论去改造我的教育教学,但总是很难见到实效。过不了多久,我就回到了从前,甚至连改变的愿望都没有了。我经常不断地问自己,到底问题出在哪里? 是专家们的理论无效吗? 还是我没有真的领会他们的理论? 抑或这些理论本来就无法用来改造我的实践?

奥斯特曼(Osterman)等人认为,教师的理论知识可分为两类:一类是"所倡导的理论"(espoused theories),这种知识教师容易意识到,容易报告出来,它更容易接受到外界新信息而产生变化,但它并不能对教学行为产生直接的影响;另一类是"所采用的理论"(theories-in-use),这类知识直接对教学行为产生重要影响,但却不容易被教师意识到,而且不容易受新信息的影响而产生变化,而是更多地受文化和习惯的影响见图 2-1。前一种知识是外显的,是专家学者们可以直接传递的知识,也是可以在短期内让教师们掌握的知识;而后一种知识却是内隐的知识,是无法直接传递的,是需要学习者个人的实践体验和认知的。这两类知识之间并非总是一致,教师"所采用的理论"与其"所倡导的理论"常常两样而不自知;它们也并非截然分开的,所"倡导的理论"可以转化为"所采用的理论",进而对教学活动产生影响。区分这两类知识有重大意义。在职前和在职培训中,在实际的教学活动中,每个教师都会形成一些对教学的了解和认识。传统的教师培训将知识传授放在中心地位,以为教师一旦接受了关于教学的新知识,就可以运用到教学活动中,然而在结果上却收效甚微。实际上,教师对某种教学理论的了解并不能自动地对教学活动产生影响,"所倡导的理论"并不能自动地转化为"所采用的理论"。很多教学改革之所以失败,一个主要原因就是忽略了这两类知识的差别,误认为向教师介绍了新的教学思想便可以自然而然地导致教学行为的革新,却不知道教师还在用老一套思想进行教学。

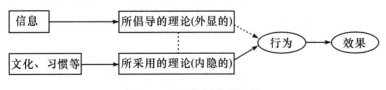

图 2-1 理论知识作用效果

为了改变这种状况,北仑区教育管理部门将教师专业发展的重点转到了"所采用的理论"上来,即帮助教师对所学习的"所倡导的理论"进行反思,结合自己的工作实际进行批判和改造,在自身实践基础上进行创造性的改造，生成一些新的理论知识。为了帮助教师创造性地转化所学习的理论知识，北仑教育管理部门开始注重实践课程的分量，聘请一些教学名师来到学校培训现场现身说法，将自己的成长经历、优秀教学实践案例和自己教学的体会和感悟与参训教师分享，或是带领参训教师到学校课堂观摩教学示范课。一线教师十分喜欢这种培训课。北仑还让参训教师也成为培训者，让他们通过研讨、交流、反思，把他们理解、欣赏、认同的知识接纳并与自己已有的实践知识结合同化为新知识，并在环境和条件支持下付诸实施，变"所倡导的理论"为"所采用的理论"，真正实现"所学有所用"。

二、教师创造性实践与专业发展

对于所学习的专家学者的理论，教师不能简单搬用，况且搬用也无法取得既定的效果，而必须对这些理论进行重新改造——结合自己实践工作的改造，这样才能真正实现专业发展。教师专业发展需要教师个体在自己的工作中，重新反思那些理论，并从自己的事件中总结、提升出理论，这种理论是源于自身教育实践的理论，是更有效用的理论。经过教师个人实践转化的创造性理论，则会为教师专业发展提供智力支持，大大推动了教师个体的专业发展水平。

北仑区教育部门开始注意到教师个人在专业发展中的独特作用，创造各种条件让教师在实践中加强自我学习和提升。很多教师不再是简单地听报告、听讲座，然后把专家们的理论知识运用于实践，而是对这些理论进行有意识的反思和批判，还有不少教师根据自己的实践提出了一些富有创造性的理论。

在行动中思考，在行动中创新，北仑区的一些教师在学科教学实践中探索出了一些新路。比如原北仑区白峰镇中心小学胡海辉老师，就在自己的小学数学教学领域不断反思、不断创造性地探索和实践，成为教师专业发展的代表。

在行动中思考，在思考中提升
——记胡海辉老师的成长历程和小学数学教学观

【教育简历】　胡海辉，男，1973 年出生，1992 年毕业于宁波师范学校，中共党员，中学高级教师，宁波市教坛新秀，北仑区首届学科骨干，宁波市小学数学教学研究会理事，原北仑区白峰镇中心小学校长。曾承担过区级以上公开课 10 多次,有近 10 篇教学论文在区级以上获奖或发表。

一、在行动中思考

胡海辉老师应该属于一位大器晚成者,参加工作后第八年才在北仑区小学数学"应用题开放型教学"研讨活动时第一次亮相,为了能够上出应用题的"开放味",一方面他悉心研究了林良富等几位特级教师对应用题这类课的执教艺术;另一方面他进行深入的思考:开放型的教学如何把握教学目标? 学习材料如何设计? 教学过程如何组织?……之后,他独创性地设计并教学了《稍复杂的分数应用题》一课,给参加活动的老师以全新的开放性教学启示,也使他成为小学数学开放型教学的先行者。凭借着对应用题开放型教学的理解,着手撰写了教学论文《应用题开放型教学的几条策略》,该文在宁波市小学数学教学论文评比中荣获一等奖,并被收入宁波出版社出版的《教学实践与研究》一书中,同时,以研讨课为素材写成的教学案例《寻求学习空间的拓展》在《教学月刊》杂志中公开发表。这一次的成功亮相,让他深感专业的成长离不开课堂教学,更离不开在教学行动中的思考。

有些人可能会不以为然,但胡海辉老师是品尝到了在行动中思考的甜头的。在这之后的几年里,他多次承担区级以上的公开研讨课,每一次的做课,都成为他思考的源泉。2002 年,在北仑区教学成果展示周上,他执教了《三步计算应用题》之后撰写了《改进教学方法,培养学生创造性思维》,获得第二届全国教育学会教育学分会教学论文评比三等奖。2003 年,在慈溪阳光实验学校举行的市教研活动中,他执教了《列方程解应用题》之后撰写了《源于生活 高于生活》。2003 年,在市学科带头人培训班中,他执教了《归一应用题》之后撰写的论文《还归一本色,与统计共舞》,获北仑区小学数学教学论文评比一等奖。

如果说每一次做课的过程都成为了他思考的过程,这也不完全能够反映出胡海辉老师的成长经历,因为在平时的教学中,他也总是在不断地思考,每当一个失败的教训或者成功的启示出现时,他总能去思考其中的原因,总能感悟到其中的教学原理。有一次在教学《三角形的认识》一课时,由于一个突发的事件,使他对课堂的动态生成有了深刻的思考,撰写的教学案例《无心栽柳柳成荫》获宁波市小学数学论文评比二等奖和全国小学数学经验交流会论文评比二等奖,并发表于《教学月刊》中。

二、在思考中提升

思考使人深邃,思考也成为胡海辉老师一步步迈向成功的基石,因为每一次的思考都让他对小学数学教学有了更深的理解。曾经有人问他:"如果让你来描述一下,一堂好的数学课应该是怎样的?"他的回答是:一堂好的数学课,应该是老师和学生一起经历生命历程的过程,既然是生命的历程,那就应该是充满生命气息的,个体之间和谐融洽。在课堂上,教师不是指挥家,而是一名演奏家,用他心灵的手指拨动学生的音符,师生共同演奏出美妙的课堂乐曲。

为了使学生的学习充满个性,他在每一节课前苦苦思索学习材料的呈现方式,总是在学习材料的呈现上关注学生的个性差异,尽可能地使不同的学生都有自己的发现。尽管有些"发现"并不是我们所期望的,有些甚至显得那么的幼稚可笑,但他总是小心地呵护这些与众不同的发现。正是因为这样,在他的课堂上,学生总是能够大胆地发表自己的观点,创造性地提出自己解决问题的方法。

"数学不仅仅是数学,数学课不仅仅教数学。"讲这句话的时候,胡海辉老师的脸上显出一丝充满哲理的笑容。过去,我们总是过分注重基本知识的传授与基本技能的培养,忽视了对学生情感、态度和价值观的培养;过分重视数学的纯数学性,忽视了数学的实际应用性,使得我们的数学课堂充斥着枯燥的说教、计算,学生被动地、毫无兴趣地接受着新的知识。那么现在,胡海辉老师正在着力改变着这一现状,在他的课堂上,学生总是在生活中发现新的知识,总是让学生在动手操作、猜想实验的过程中获取新的知识。他在上课中,常常会装傻,冷不丁地给学生一个矛盾冲突,激发学生积极去思考、探究。用他自己的话讲就是要做到两个凡是:凡是学生能独立思考的,绝不暗示;凡是学生能自己探索得出的,绝不代替。

正因为胡海辉老师始终在行动—思考—再行动—再思考中不断地前行,他对小学数学教学已经有了自己不同的理解,成为了北仑区小学数学教学中的佼佼者。

第三节　从单一的教学技能、技巧提高到
综合智识、专业素养的提升

提高教学质量,需要教师会教课,掌握熟练或高超的教学技能、技巧,因此,教师要成为一个合格的教师,就必须在教学技能技巧方面着力。很多教

师也是努力向那些教学技能高超的教师学习、模仿,希望能够在短时间内也获得相当的教学技能、技巧。然而,这或许只看到了优秀教师、骨干教师的表面,而没有看到他们是如何实现这一目标的。优秀教师的养成,不是单靠短期技能技巧的提高实现的,或许这是优秀教师的某一个方面,是教师专业发展的一个方面;更重要的是,如何实现更为全面的专业发展,即在综合智识、专业素养多方面的发展。这是教师专业发展的一个新导向,也是北仑区教师专业发展范式转变的一个重要方面。

一、"教书匠"之局限

传统的教师专业发展被认为主要是在教师的教育、教学技能方面发展,甚至被狭隘地理解为教师帮助学生的应试能力的发展。优秀教师被认为是教学业绩好的教师,课上得好的教师。一些教师,尤其是一些资深教师,经过多年实践的磨炼,他们的教育、教学技能已经达到很高的水平,因此就认为自己不存在专业发展的需要了。而向这些资深教师学习的年轻教师,主要也是着力于学习如何提高自己的教育教学技能技巧,如何更有效地管理班级,如何更有效地提高学生成绩。教育行政部门所奖励、表彰的优秀教师也是那些教学技能高、教学业绩好的教师。在新课程改革的背景下,这些已经越来越显示出其局限性。

长期以来,教师被视为知识传递者,人们也经常将教师称为"教书匠"。"教书匠"是与木匠、工匠一样的"匠人",常常依赖一定程度的熟练技能以获取生活资料,其劳动过程可表示为固定的操作程序,只要按部就班,就能生产出相同规格的产品。"教书匠"信奉"经验主义"原则,讲求经验的积累,执教时间长了,就能形成自己的套路,就能形成自己的教学风格,专业也就自然发展了。"教书匠"强调"书本中心"的教学方式,以书本为主,书本是知识的仓库,学生是可以充塞大量知识的"容器";强调灌输式的教学,教师的任务就是将既定的知识灌输给学生的大脑,使其在考试时复现知识。"教书匠"式的教师,仅注重在经验层面提高和发挥自己的教育教学技能,他们的研究意识、创新精神等逐渐钝化,思维始终停留在过去的轨道上,很难接受新的教育教学思想和观念。

传统的教师专业发展主要通过"能力本位、技术本位的教师培训"来实现。教师的教育教学技能被简单地肢解为零散的部分,然后依据技术性的分析确定要通过哪些活动,分项训练教师的哪些技能部分,旨在通过反复的训练让教师获得明显的、可见的教学技术,并用一系列的技术标准衡量教师是否优秀。在"技术理性专业观"的指导下,专业化的教师被认为是某一学科领域的"专才",知识的专精化和训练的规范化是专业教师和专业教师教育的根本特征。似乎只要掌握了精深的学科知识,接受过规范化的教学技能训练的人就可以称为"专业教师",而不必考虑学科教学以外的因素,由此造就了认识上"唯专业主义"的思维方式和实践中的"专业技能本位"倾向。

在"唯专业主义""专业技能本位"思潮的指导下,教师培训过于关注教师专业知识和专业技能的训练,认为优秀的教师就是专业知识丰富、教育教学技能纯熟的教师。因此,在现行教师培训中,通常进行两大内容的培训:一是通过专家讲座为参训教师补充大量的专业知识;二是通过优秀教师的教学观摩课,补充教学技能方面的内容。这些知识、技能固然十分重要,也是教师专业发展的重要组成部分,但却是不全面的,也是不可持续的。教师专业发展不能只关注教师教育教学技能的提高和专业知识的增长,更应该关注教师作为一个完整的人的全面的综合素养,包括有利于教师终身发展的学习能力、反思研究能力、思维方式、精神追求等。而这些恰恰应该是教师专业发展的更为关键的内容。有生命力的、可持续发展的、全面发展的教师才能培养有生命力的、可持续发展的、全面发展的学生。

二、全面综合型教师的养成

当代教师专业发展理论已经出现新的态势,就是从侧重教师的学科专业知识和技能发展转向关注教师人文素养、德性品质、职业情操与教师的人性发育和关怀伦理观的发展,形成了建构学科知识、提高教育技能与丰富教师人文素养一体化的新型教师专业发展观,也即德性教师发展观。这种德性教师具有新时代的教育人文精神,以教育爱为核心或基石,能正确地认识、理解、尊重、信任学生,以关怀学生心智发育与幸福人生获得为根本,同时,他们应具有坚定的教育哲学信念,相信教育对人的价值提升的作用,并能以清晰的教育哲学观指导自己的教育行为。这种以教育爱为核心、关注教师个人教育哲学养成的教师专业发展理念,正在改变传统的教师专业化观念。正如美国教育家乔治·奈勒所说:无论你干哪一行业,个人的哲学信念是认清自己的生活方向的唯一有效的手段。如果我们是一个教师或教育领导人,而没有系统的教育哲学,并且没有理智上的信念的话,那么我们就会茫然无所适从。①

这种德性教师就是北仑区强调的全面综合型教师。过去那种只强调教师教育教学知识和技能，也包括应试的能力和技能的倾向在现代教育改革的潮流下显得越来越不合时宜。教师也是一个完整的人，只有完整的人、全面发展的人才能培养出全面发展的学生。正是在这一先进理念指引下，北仑区积极探讨全面综合型教师的内涵，通过各种方法，创造各种条件，让教师成为这样的人。

高素质的教师，不仅仅是个人的教育教学技能水平很高，更不仅仅是让学生考高分，而是一个有着坚定的教育信仰和理念的人，是一个有着很强敬业精神的人，是一个有着很高人文素养的人。他一走到学生面前，学生就能够为他的人格所感染，能够在他的指导、教导下真心向善、努力学习。这种教师自己喜爱学习、善于学习，通过不断的读书学习来涵养自己。书，尤其是精典书籍成为北仑教师们的精神食粮。北仑区的很多学校开展教师读书活动，开展"书香校园"建设，使教师们走出只阅读教材和教参的狭隘境地，而开始阅读更广泛的专业书籍、经典人文社会科学著作。许多教师在繁忙的工作之余，将读书作为一种享受，作为心灵的一次旅行，作为不断充电、完善自我、实现自我的一个桥梁。如柴桥实验小学提倡教师博学多才，增长职业智慧，完善教师道德。学校除了不定期地向老师们推荐《给教师们一百个建议》《第56号教室的奇迹》等好书外，还开辟了温馨、宁静的教师阅览室，方便教师们借阅，每学期又拨出资金让教师们订阅相应的教育教学报刊。教师们持之以恒地读书，不断地从知识的海洋中摄取营养，充实自己。蔚斗小学则在浓厚的学习氛围的基础上，提出了"读书·浸润，造就博学而有灵性的教师"的教师发展理念。

读书·浸润，造就博学而有灵性的教师

"腹有诗书气自华。"要让学生喜欢阅读，教师自己首先要喜欢看书，而且要看各种各样的书。开学初，每位教师收到了校长精心挑选的六本书籍，老师们沉浸在读书的欣喜中，并通过博客分享读书的所感所悟。本学期起，我们尝试菜单式购书，由每一个教研组自定阅读书目，学校统一购买，然后

---

① 王坤庆：《教师专业发展的境界：形成教师个人的教育哲学》，《高等教育研究》2011年第5期。

以"好书漂流"的形式借阅给相应的教研组,每位组员在阅读后写一篇博客发于网络共同交流。老师们纷纷表示,读书的生活是精彩的、幸福的,今后要把读书当成生活的一部分并学以致用,时时用全新的教学理念来支撑自己的教育教学工作,一个优秀的教师应该是有书卷味的。

第四节 从个别学校的零星改进到区域整体性推进

以前,北仑区的教师专业发展并没有像现在这样,在整个区域层面全面推进,而只是各个学校的一种自发行为,所以各个学校教师专业发展的水平参差不齐。虽然教师专业发展活动在一些学校开展得比较好,但多是这些学校的个别行为,在区域层面也缺乏相应支持。为使教师专业发展成为各个学校的自觉行为,我们努力在区域层面顶层推进,让更多的学校在整个地区的教师专业发展规划下自觉行动。

一、个别学校的教师专业发展改进计划

北仑区教育部门鼓励各个学校,结合自身特点实施改进教师专业发展的计划。东海实验学校在实践中探索构建了教师专业发展的长效体系。他们采取了一些富有特色的做法,值得借鉴和推广:(1)教师学堂作引领。东海目前有两所"校中校",一所是面向全体教师的"东海教师学堂";一所是面向毕业三年以内教师的"青年教师学堂"。至今已经开班60余批次,顾明远、魏书生、李镇西等教育专家均前来作过讲座。(2)"扬帆、起航"杯课堂教学展示求落实。近4年来,仅中学部就开出展示课150余节,听课、评课近1500人次,积累听课笔记、教学反思2000余篇。(3)评价考核促活力。东海对教师的评价考核分为基础性和发展性两大体系,前者重工作状态,后者重工作绩效,同时采用自评、组评、学校评、学生评、家长评等多元评价手段。用老师们的话来说:"在东海,决不允许原地踏步!"东海实验学校逐渐形成了全体教师奋发向上、梯次推进的教师队伍建设喜人格局。

教研组的梯队建设和青年教师培养也一直是东海实验学校的一大亮点。学校本着对教师负责、对学校发展负责的态度,把教师专业发展工作摆在优先实施的战略地位,纳入学校工作的重要议事日程,由校长室协同中小学部共同承担领导组织工作。切实加强校本研修,推进教研组建设,探索教

研组管理和教研活动的创新,发挥团队合作精神,促进教师自主学习,完善教师文化结构。骨干教师要把握校本培训的机会,通过各类教研活动充分展示自己,锻炼自己。帮助优秀教师制定个性化的发展计划,起好引领作用。对在教师专业发展中成绩突出的个人进行表彰奖励,并把此项工作列为教师晋级、评优、提拔干部、绩效考核的重要依据。学校不断加大经费投入,不断着力推进"冲浪计划"的实施,明确每位教师的成长目标,搭建每位教师的成长平台,并充分利用区名师东海工作站,面对面感受名师风采,开阔视野。在学习资料、外出考察、讲座指导、论文(案例)评比发表、教学展示观摩、师徒结对等方面优先创设和提供各种平台。学校启动骨干教师华师大研修班计划,在暑期组织教师前往学习培训。2009年又出台《宁波东海实验学校骨干教师管理办法》,进一步将教师专业发展落到实处,进一步制度化、常规化。

顾国和中学则从学校文化建设的角度,提出促进教师专业发展的一些举措。他们努力打造一支学习型教师团队,希望营造一种可持续学习气氛,感染、熏陶、培育教师,引导教师成为专业学习者。具体来说,有如下一些举措:

(1)学校定期开展"青年读书会"活动。两年来,积极倡导教师与书籍交流,发挥书籍的专业引领作用。学校每年都为青年教师购买教育教学理论书籍。按照青年教师实际教育教学需要,为教师提供详细的菜单式书目,然后由学校集中购买,这样就大大提高了学习的针对性,也调动了青年读书会教师的读书积极性,深受广大教师欢迎。

同时,科研信息处确定主题,每学期定期组织青年读书会教师集中交流学习心得和教学感悟,让每一个教师都"读进去",再"说出来",在学习中"用",在"用"中学,学以致用,学思结合,在相互启发中共同进步和提高。

(2)学校定期开展"教学论坛"活动,利用教科研周、暑期师德培训时间开展教学论坛。学校多次开展"轻负担、高质量"论坛:先是教研组研讨,教研组长现身说法,对该问题发表自己独到的见解,各教研组指派教师进行教学论坛。这样引导教师自发地学习,又让教师将读书的感悟、教育教学的困惑与同行们交流,在交流中共享。

(3)学校定期开展"听名师讲座"系列活动。利用"教科研周"与这两个教学研讨时间,邀请特级教师、教育教学专家来校讲座。近年来,先后有朱永春、沈海驯、吴文尧、郑宇醒等教师为老师们带来新的教学思想、教学方式、教学手段。每年的教研周活动也是教师培训、展示、学习、交流的舞台。学校每年确定主题,精心组织,力求创新。

(4)学校定量资助教师购书活动。学校鼓励教师们自己去选购教育教学类书籍,并出一定的资金作为教师购书的补贴。2009学年度学校组织全体教师学习《做最受学生欢迎的教师》,开展主题教育和交流活动。2010学年度,学校为全体教师提供大量教育教学类书目,供教师选择,然后集中购买。

(5)每年度积极组织教学案例、教学反思征集活动。每年组织全体教师参加的教学反思和教学案例评比活动,取得了良好的效果。在读书活动之后,引导教师把读书与教学结合起来,联系平日教学实践经验,积极撰写教学反思和教学案例。每年每人至少上交1篇。广大教师参与人数多,积极性高,营造了一种比较浓厚的科研写作气氛,为进一步提高广大教师的科研水平打下了基础。两年来老师们写出各种教研文章300多篇。论文发表、获奖50多篇。

(6)积极开展课题研究工作。学校修改了科研成果奖励办法,加大校本培训投入,积极开展教育教学课题研究。近两年共申报、立项各级课题6项。其中省级立项1项,市级立项1项,区级2项,校级2项。今年又申报区级以上2项。陈春老师的"初一学生自我教育的理论和实践研究"在宁波市第二届德育个人课题申报活动中立项,语文组俞孝宜老师主持的"古诗文教学中渗透传统文化的策略研究"、数学组张良江老师主持的"初中数学'精讲高效、当堂训练'教学模式的实践研究"被确定为区级立项课题,语文组刘懿湾老师主持的"落实'生活语文'长效机制的研究"、信息中心虞哲敏老师主持的"信息技术特长生能力的开发与培养的实践研究"被确定为校级立项课题。

另外,语文组科研成果"基于'提高教师教学素质,构建有效语文课堂'的课堂观察"获得市级奖项1项,还喜获宁波市初中语文课堂观察文本资料评比二等奖。

教师专业成长方面的工作:

积极组织符合条件的教师参评市、区教坛新秀和市、区学科骨干教师的评比工作。我校张慧凯、刘晰剑两位老师被评为宁波市骨干教师;张良江、毛开颜、周国庆等三位老师分别被评为区骨干教师。魏慧、郑佳春、周金芬、王薇、虞哲敏等五位老师分别获得区教坛新秀评比一、二、三等奖。在校长室直接领导下,学校还初步建立了科研骨干教师队伍。

(7)学校坚持"网络互动学习"活动。完善、改进校园网,鼓励教师利用课余时间上网与全国的专家及教师交流。教务处、科研信息处根据学校情况及当前课改趋势,重点推荐一些网上学习资料。这两年我们要求各教研组进行"课堂教学设计"研究,要求每个备课组依照"主备—研讨—审核—使用"的程序提前两天网上发布本组研讨后的教学设计,便于资源共享和学校的常规教学检查。目的是让教师在交流中共享,在共享中提升。

(8)学校校本教研活动主题化、制度化、规范化。学期教研活动我们要求能围绕1个主题,拥有2次反馈,积累3个案例,举行4次活动,行政领导全程无条件跟踪。通过教研活动计划、活动过程与总结上网发布的措施,推动教研组教研工作的规范化。力争做到组织到位、过程到位、监管到位、活动跟进到位。

学校制定教研组外出学习交流制度。每学期市内交流1次,每学年出市交流1次。以保证教师们能经常去外地学校与其他学校的老师进行面对面的学习交流。在多元的学习交流中共享、碰撞、反思、成长。

我们认为:校本教研的开展依托于学校文化的重建,作为校本教研基地的学校,应把教师的学习作为其专业发展的重要基石。所以,我校对教师学习提供各种支持,重在开展各种活动,唤起教师学习的积极性。

二、区域教师专业发展的整体推进措施

教师专业发展在每个学校开展得有声有色,但这还是很不够的。作为一个区域,北仑区还需要从整体上考虑教师专业发展,整合各个部门的力量和资源优势,同时为各个学校的教师专业发展提供更为充分的条件。作为区域,首先要考虑的问题就是教育均衡的问题。教育均衡是社会主义和谐社会的重要组成部分。当前,人们对教育公平问题的关注程度显著提高,基于教育平等原则实现优质教育资源的合理配置成为各地化解优质教育资源和教育需求矛盾的重要策略。近年来,北仑区在推进教育均衡发展过程中,除了不断加大对农村薄弱学校生均教育经费、校舍、教学实验仪器设备等硬件投入力度,还在师资队伍建设、图书资料的配置等软件配置上给予了较多的优先考虑措施。

针对推进教育均衡发展的主要内容之一的教师队伍问题,北仑区在"十一五"初期就遵照"统筹规划、面向全员、突出骨干、倾斜农村"的原则,从待遇、培训、帮扶结对等方面加大了农村中小学骨干教师的培养。自浙江省农村中小学教师"领雁工程"启动后,北仑区教育局在积极组织农村各中小学安排优秀教师参加省、市骨干教师培训班的同时,也多次召开会议,指导师训相关部门认真做好区级骨干培训任务。下面我们就以北仑区实施"领雁工程"为例,看它是如何在区域层面推进教师专业发展的。

(一)建立领导小组,制订培训方案

根据浙江省农村中小学教师"领雁工程"和宁波市农村中小学"百千万"师训工程的要求,北仑区教育局组织相关部门负责人经过反复商议,制定了《关于贯彻省"领雁工程"精神,开展北仑区农村中小学骨干教师培训的实施意见》,从指导思想、培训目标、政策保障、组织领导、培训经费等方面对农村区级骨干教师培训事宜进行了详细的规定。为确保工程的顺利推进,切实加强对该工程的领导,北仑区教育局成立由胡小伟、谢玲、徐建龙、贺友谊、沃建成、张曙波等同志组成的领导小组,胡小伟任组长,谢玲任副组长(2008年8月谢玲调离,由徐炯接任)。领导小组下设办公室,办公室设在区教师培训中心,王琪丰同志任办公室主任。

"领雁工程"领导小组成立后,随即组织人员对全区农村中小学教师队伍进行了全面调研,详细掌握了各校教师队伍的基本素质、学科构成、人员配备等基本情况,并以此为依据制定了《北仑区农村中小学"领雁工程"区级骨干教师培训方案》(以下简称《培训方案》)。《培训方案》以科学发展观为指导,以提高骨干教师的师德修养、学科知识水平、课堂执教能力、科研能力、专业引领能力、现代教育技术能力为重点,全面规划北仑区农村中小学骨干教师培训工程。工程的核心是整合培训资源、优化培训内容、创新培训模式、增强培训实效、提高培训质量,以此来打造一支师德高尚、业务优良的农村中小学骨干教师队伍。为此,《培训方案》从培训对象、培训目标、培训方式与学科、培训实践与内容、培训考核等方面作了精心策划,计划在三年时间内对186名农村中小学骨干教师进行专题培训(省厅下达北仑区区级骨干培训任务是135名),以提高教师们的师德修养、学科知识水平、课堂教学能力、课堂教学科研能力、校本研修能力和现代教育技术能力。培训项目涉及小学语文、初中科学、初中语文、中小学音体美、初中历史与社会、初中综合实践、初中数学、德育等（其中初中历史与社会、初中综合实践、中小学音、体、美、计等学科因参加培训人数少成班有困难，我们委托市师训中心培训）。

（二）认真组织策划，逐步推进各项培训

按照上级相关文件精神和区级骨干教师培训方案，北仑区教师培训中心从 2008 年上半年起根据计划陆续推出了多项培训。目前已经完成的培训共有小学语文骨干教师培训、初中科学骨干教师培训、初中语文骨干教师培训、中小学德育骨干培训。

为确保以上各项培训能顺利进行和圆满完成，精心设计培训方案，合理解决工学矛盾，并且聘请省内知名专家学者担任理论导师，区内学校的省教坛新秀、市名师、市学科骨干等教师担任实践导师，理论培训的方案特请省师干训中心专家教授把脉会诊，修改之后才予以实施，培训授课教师也委托省师干训中心聘请和落实，并且安排学员深入杭城多所知名的中小学进行教学观摩和参与教研活动等，领略了名校管理模式和名师教育智慧、课堂教学艺术。在加强理论培训同时也注重强化教育教学实践培训环节，为增强培训的针对性和实效性，北仑区教育局从全区筛选出了教育资源、师资资源都位处前列的学校作为"北仑区教师教育实践基地"。最初确定的是顾国和中学和华山小学，后因培训项目的增多和实际需求，又增加了四所学校，即长江中学、宁波联合实验中学、宁波东海实验学校、北仑区实验小学。这些学校里既有历史悠久、校园文化积淀深厚的区域老牌名校，如顾国和中学，也有办学时间不长但发展较为迅速的年轻名校，如长江中学。这些基地学校云集了众多的区级以上名师、骨干教师。如建于 1999 年的华山小学为浙江省示范性学校、浙江省现代教育技术实验学校，55 名专任教师中，区级以上名师、骨干教师、教坛新秀、优秀班主任等占 52％。在培训经费上，北仑区教育局为每个培训项目提供了较为充足的经费保障。培训费、外出考察和学习交通费全部由区教育局埋单，根据初步统计，已完成的"领雁工程"四个培训项目总计投入了 60 余万元培训经费。

在每个培训项目完成后，北仑区教师培训中都组织人员进行跟踪调查，了解学员对培训的看法和建议。由于培训内容和形式上的灵活性、针对性、有效性，同时有省内外专家的现场指导和示范，学员普遍对培训持肯定态度，认为通过培训开阔了视野增长了见识，收获很多，无论是专家的理论讲授,课堂教学观摩,还是参与实践,都有较强的针对性和实效性,对今后个人教学技能的提升、自我探究能力的培养帮助很大。很多学员通过撰写培训心得来表达自己的内心感受。如小语班的一位学员在一篇心得中深有感触地说:"'教无止境,学无止境'是培训最深的感受。专家之所以能成为专家,名师之所以能成为名师,他们都具有永不满足的精神。也许穷我一生也未必能成为教育教学的专家,但我可以从现在起就行动起来,面对课堂教学要有'我还能更好吗'这样的不断追求,潜心研究自己的课堂教学,使自己的课堂教学水平有所突破。"

北仑区教育行政部门还出台了一些在区域层面推进教师专业发展的计划,比如"十一五"教师继续教育计划、中小学骨干教师定向培养计划,成立教研协作区等。

北仑区中小学教师继续教育"十一五"规划
仑教〔2006〕57 号

"十五"期间,我区中小学教师继续教育工作取得了显著成就,培训制度建设不断加强,培训内容不断更新,培训方式不断改进,培训基地建设取得明显进展,教师培训从学历培训为主转为专业发展为主,从知识学习为主转为提升教育能力为主,从单纯的学习培训为主转为研训一体为主,培养了一批年轻骨干教师,为全面提升中小学教师队伍的整体素质作出了积极贡献,有效地保证了我区"国家级课程改革实验"的全面实施,有力地促进了我区的教育改革和发展。

但也必须看到,伴随着我区改革开放和现代化建设的新发展,我区的教育事业的发展既面临新的机遇,也遇到新的挑战。素质教育的深入推进、教育质量的全面提高和教育事业的均衡发展,必将对教师队伍的整体素质提出新的要求。建设一支高素质的教师队伍是事关我区教育事业改革发展全局的重要因素之一。教师培训在教师队伍建设中有着重要作用,面对新的形势和任务,教师培训工作必须在总结原有经验的基础上谋求新的发展。为此,为了认真做好"十一五"期间中小学教师的培训工作,根据教育部关于《中小学教师继续教育规定》和浙江省教育厅《关于实施农村中小学教师素质提升工程的通知》(浙教师〔2005〕151 号)以及《宁波市中小学教师继续教育"十一五"规划》等有关精神,结合我区中小学教师继续教育实际及教师队伍建设的要求,就北仑区中小学(含幼儿园,下同)教师"十一五"期间继续教育工作提出以下意见：

一、指导思想

坚持以邓小平理论、"三个代表"重要思想和科学发展观为指导，以全面提升中小学教师实施素质教育能力和深化教育改革为目标，以培训理念、培训内容、培训方式方法的改革创新为动力，以师德教育和"新理念、新课程、新技术"为重点，以集中培训和校本研修相结合为基本形式，坚持面向全员、突出骨干、倾斜农村、均衡发展、提高质量，通过分层次、分类别、多形式、重实效的培训，努力为建设一支具有师德高尚、业务精湛、创新力强、富有活力的高素质、专业化、可持续发展的中小学教师队伍作出应有贡献。

二、培训原则

1. 统筹规划，分类指导，开放灵活。全区中小学教师培训工作由区教育行政部门进行整体规划，统筹协调。按照省、市、区分工，我们在精心选送有关人员参加市级以上培训的同时，着重做好本区的培训工作。区教师培训中心要在全面推进中小学教师培训的基础上，根据不同类别、不同层次、不同学科的中小学教师的情况和需求，尤其是农村中小学教师的实际，分别制定针对性强又符合本区实际情况的切实可行的培训计划，实施分类指导。同时，要从教育国际化的实际与教师专业化的要求出发，加强与国内外教育培训机构的交流与合作，增强培训的开放度，努力形成开放灵活的培训体系，不断开创我区教师继续教育工作新局面。

2. 突出骨干，倾斜农村，均衡发展。在全员培训的基础上，积极创造条件，加强骨干教师培训力度。同时教育行政部门在培训政策、培训资源等方面向农村中小学教师倾斜。对山区、海岛、经济相对薄弱区域的中小学教师，区本级培训费实行免费，市级及以上培训费予以补贴。积极推进全区中小学教师培训工作的均衡化发展。

3. 按需施训，注重实效，不断创新。根据基础教育改革和发展的需要，按照不同类别、层次、学科的要求，把学习理论、研讨教案、总结经验和改进教法紧密结合起来，加强培训的针对性和实效性，提升中小学教师全面实施新课程和开展素质教育的能力和水平。要充分利用网络和现代教育技术，努力提高培训工作的现代化和信息化水平。

三、预期目标

总体目标：提高中小学教师全面贯彻党的教育方针、全面开展素质教育和实施新课程的能力和水平；为基础教育服务，适应我区基础教育改革发展需要的中小学教师培训体系得到进一步完善；具有我区特点的中小学教师培训机制得以形成。

具体目标：

1. 不断推进"名师工程"建设。到 2010 年，力争全区有 10 名左右省特级教师，20 名左右市名师（名校长），30 名左右区名师，40 名左右市学科骨干教师，200 名左右区学科骨干教师。为北仑教育更好地适应社会需求变化、获得优质发展、提前实现现代化提供有力的支撑。

2. 引领教师在专业发展上进入新的阶段。深入开展以基础教育课程改革为核心内容的全员培训，认真实施"农村中小学教师素质提升工程"。采取全员培训与骨干研训相结合，集中培训与校本研修相结合，自培与他培相结合，由"传授式培训"向"研究式培训"转变，促进教师从"适应性学习"向"创造性学习"的转化，切实提高全体中小学教师的综合素质。

3. 加强教师培训机构建设和教师队伍建设。努力创建省级示范培训机构，促进以区教师培训中心为主体的教研、教科部门培训资源的全面整合和合作，构建以教师培训中心为主体，以教师任职学校为主阵地，教科研等部门共同参与的开放、多元的可持续发展的师训机制，提高师训工作的效益和质量。充分发挥区教师培训中心组织、协调、管理职能，实施全区中小学教师继续教育工作。加强教师培训机构的教师队伍建设，建设一支适应我区中小学教师培训需要的专兼结合、相对稳定的具有较高素质的培训者队伍。

4. 进一步提高中小学教师的学历水平。到 2010 年年底，全区小学教师专科及以上、初中教师本科及以上和高中教师研究生学历（硕士学位）比例分别达到 90％、90％、10％以上，职业专业教师"双师型"比例达到 80％以上。

四、主要任务

1. 按照教育部、省、市对中小学教师在"十一五"期间继续教育的要求，制定《北仑区中小学（幼儿园）教师继续教育"十一五"规划》，保证全区中小学教师全员参加每五年一个周期的继续教育制度。做到依法施训、依法管理中小学教师队伍。

2. 制定"十一五"期间中小学教师继续教育年度计划，做到有计划、有检查、有总结，在抓落实上下功夫、见成效。教育行政部门和培训机构有专门的领导班子和具体分工负责师训工作的人员，理顺工作关系，加强区教师培训中心的建设，使之更好地履行对全区中小学教师培训工作的组织、协调、管理职能。

3. 继续加强以新课程培训为核心内容的培训工作,为基础教育的新课程改革提供必要的保障。"十一五"期间,我区义务教育段的新课程已经进入到了第二轮的实施阶段,高中新课程将于 2006 年起实施。我们要按照边总结、边提高的要求,不断深入展开新课程师资培训工作。同时,加强中小学教师师德教育、法制教育、心理健康教育、教育技术应用能力的培训,在 2006 年年底之前完成浙江省计算机应用能力三级培训及考核工作,实施班主任和教研组长全员培训,使中小学教师队伍的整体素质适应新课程改革的需要。

4. 高标准完成"农村中小学教师素质提升工程"的各项培训任务,推动农村教师培训工作不断深入。按省教育厅"统一培养目标、统一教学计划、统一教材、统一质量标准"要求对全区义务段中小学教师实施高标准全员培训,选拔推荐参加省、市级的骨干教师培训,做好区本级的骨干教师培训工作,在 2007 年年底之前完成农村中小学教师素质提升工程的培训工作。继续开展农村学校小班化教育师资培训。通过城乡学校结对、骨干教师"送教下乡"、支教、骨干教师带徒、教师定期流动等多种方式,将农村教师培训工作不断推向深入,切实提高农村相对薄弱学校的师资水平。

5. 加强骨干教师培训,形成优秀教师梯队。我们在做好选拔推荐参加国家级、省级、市级的名师、骨干教师培训的同时,着重做好本区义务段教育骨干教师的培训,五年内完成占专任教师总量15％的骨干教师培训任务,努力开设初中、小学段的各学科(大学科为主)的骨干教师培训班,适当安排国内外培训、考察等,并注重充分发挥名教师、骨干教师的示范、辐射作用。各学校要重视骨干教师的培养与培训工作,对有培养前途的中青年骨干教师要认真做好推荐、选拔工作,合理安排教育教学工作,积极鼓励他们参加各级骨干培训,并安排好培训后的教育教学实践和科研活动。

6. 建立职教专业教师实践制度,打造"双师型"教师队伍。依托高等职业技术学院对职高专业教师进行培训,有计划安排专业教师到相关企业事业单位或培训基地进行专业实习和技能训练,积极鼓励职高专业教师下企业进行挂职,提高专业教师的动手和实习实训指导能力。职教专业教师进企业或培训基地的实践时间每年 1 个月。

7. 动员和鼓励我区中小学教师参加学历水平提升进修。要进一步提高我区广大教师的学历层次,小学教师学历以专科为主,初中教师学历以本科为主,高中教师应有一定数量的教师获得硕士学位,职高专业教师大部分为

"双师型"教师。参加提高学历培训视同参加继续教育，经审核后发给相应继续教育学分。

中小学教师参加学历提高进修，原则上必须是与所从事的专业对口，教育管理专业仅允许教育行政干部、中小学校中层以上干部参加。继续实行青年教师申报高级职称必须具有相应的高学历要求。

"十一五"期间重点提升初中、高中教师的高学历水平，力争到2010年各类学校的高学历比例达到或超过全市水平。

8. 积极引导教师对教育教学工作的研究。重视学习型校园建设，让阅读成为教师的习惯。注重研究课题成果的转化运用和在教育教学工作中的指导作用。大力宣传优秀教师的先进教育理念和成功教学经验，充分发挥他们的带动、辐射作用。

9. 开展新教师培训，使新教师能尽快适应教育教学工作。新教师培训是为新任教师在试用期适应教育教学工作需要而设置的培训。培训课时不少于120学时，培训形式分为集中培训和分散自学相结合，其中集中培训时间不少于一周。新教师集中培训安排在新教师上岗前进行，以"应知"、"应会"为重点，主要内容为教师职业道德、教育形势与现状、班主任工作经验介绍、优秀教师先进事迹报告，教育行政法规、中小学教研科研介绍和教材教法研究等。通过培训，使新教师能尽快适应教育教学工作。试用期培训结束，经考核合格后，发给《中小学新教师试用期培训合格证书》。

五、主要措施

1. 提高认识，加强领导

面对新的形势，新的认识，我们一定要站在时代发展的高度，站在"科教兴区""人才强教"的高度，提高对教师培训工作重要性的认识，把中小学教师培训工作列入教育发展的规划和督导检查的重要内容。加强对"十一五"中小学教师培训工作的领导，实行教育行政部门主要领导负总责，分管领导主抓，教师培训中心具体负责的领导体制。

2. 构建继续教育新体系，完善培训网络

根据"十一五"师训目标和任务，形成以区教师培训中心为主体，以教师任职学校为主阵地，教科研等部门共同参与的开放、多元的师资培训体系。

"十一五"期间，高中教师的全员集中培训和市级骨干培训原则上由市级培训机构承担；区教师培训中心主要承担区级骨干教师培训及初中、小学、幼儿园教师培训任务。各中小学负责校本培训任务。教科研等部门积极协作、参与培训工作,使培训分工合作,有序展开。

加强教师培训的国内、国际交流,学习国内外的先进教育理念;同时有计划地邀请国内外专家来我区进行讲学。

充分发挥现代网络技术的优势,开展远程网络培训,拓宽培训渠道。

3. 继续加强培训基地建设,提高培训机构的师资队伍素质

加强教师培训机构建设,根据教育部《关于加强县级教师培训机构建设的指导意见》精神,按照小实体、多功能、大服务的原则加强教师培训机构建设,努力创建省级示范培训机构。积极促进教师培训中心与教研、科研等相关部门的资源整合与合作,优化资源配置,形成合力,努力构建新型的教师培训机构。

要适应信息化趋势,加快教育信息化进程,发挥现代远程教育手段在教师培训中的作用,建设好本区教师教育网,并与宁波教师教育网互联,逐步实现中小学教师培训及培训管理网络化。

要建立一支专兼结合、结构合理、素质优良、学术造诣较高、具有创新精神和实践能力的高素质的师训教师队伍。培训机构必须配备一定数量的专职教师,要按照"少而精、专兼结合、合理流动"的原则加强培训者队伍建设。要关注中小学教师角色的变化、教学行为的变化、素质及能力内涵的变化,进一步提高培训者思想政治觉悟和职业道德水平,提高培训者的教育理论水平、教学研究能力和创新能力;更新和拓展专业知识,优化知识结构;提高培训者自觉运用现代教育理论从事和指导培训工作的能力。组织培训者参加各类培训者培训。要根据培训需要聘请区内外优秀专兼职教师任课,兼职教师队伍应既有权威性又有相对的稳定性。

4. 进一步健全中小学教师继续教育制度,加强考核与管理

加强对培训工作的管理,完善规章制度。根据《宁波市中小学教师继续教育规定》,进一步规范中小学教师培训工作,建立中小学教师培训考核和成绩登记制度,完善中小学教师继续教育学分管理制度,建立中小学教师培训监测评估制度,形成和完善激励和制约机制,充分调动中小学教师参加培训的积极性,使接受培训成为教师的自觉行为。

在职教师全员岗位培训实行学分制,原则上每五年为一个培训周期,每位教师需完成240学分。区教师培训中心负责相关学分及培训合格证书颁发,并及时做好统计、汇总、归档等工作,逐步实现网络化管理。

中小学教师参加继续教育学习的考核成绩,作为教师晋升、聘任、续聘、

奖励的主要依据之一,对达到规定要求者,由培训机构核发培训学分及培训合格证书。没有按计划接受培训或没有达到培训规定的中小学教师,以及虽经培训但考核不合格者,必须在各培训阶段内进行补修补考。期满仍未能取得规定学分及合格证书者,新教师不得转正定级,其他教师不得评优评先及评聘高一级专业技术职务。无正当理由拒不参加继续教育的中小学教师,教育行政部门和所在学校应督促其改正,并视情节给予批评教育。

教育行政部门对中小学教师继续教育工作成绩突出的单位和个人予以表彰和奖励。

进一步完善培训工作评估检查制度。培训中心要做好各阶段的自查、总结工作,发现问题,及时纠正,接受上级部门的评估检查。并加强对各中小学的校本研修的考核检查。

5. 全面开展校本研修工作,促进教师专业发展和学校办学水平的提高

在"十五"校本培训试点工作的基础上,"十一五"全面开展校本研修工作,积极探索教中有研、以研助训、研训促教、研训结合的"研训教一体化"培训。区教师培训中心负责本区校本研修工作的具体管理、指导和评估,对各校的学年度校本研修计划进行审核。各中小学校长是校本研修的第一责任人,负责制定学校校本研修的规划和学年度培训计划。

加强对校本研修的学分管理。各校的校本研修学分由区教师培训中心负责核发。校本研修每学年度学分不超过24学分,其中省市规定的全员培训内容12学分,学校自主研训内容12学分。

教师培训机构及中小学校要加强校本研修的理论与实践研究,构建有效的校本研修模式、研训方法和管理办法,实现校本研修中的教、学、研的一体化。

6. 加强师训的科学研究,不断探索新的培训模式

中小学教师培训要以科研为先导,研究教师培训和基础教育的新需求、新情况,探索新时期中小学教师培训的规律和特点,注意对本地和外地培训工作的新进展、新情况、新问题的把握了解和研究,实现中小学教师培训的不断创新。

教师培训机构要树立开放意识,积极探索中小学教师继续教育有效方法。构建开放的可持续发展的教师教育机制,增强服务功能,提高工作质量。要根据中小学教师的需求,采取案例研究式、行动研究式、主题研讨式、互动参与式和网络化培训等多种培训模式,采用以赛促训等行之有效的方

法,提高培训工作的针对性与实用性。

　　7. 加大经费投入,保证师训经费足额到位

　　进一步完善和落实中小学教师继续教育经费制度,中小学教师继续教育经费以政府财政拨款为主,多渠道筹措,逐步建立教育行政部门、教师所在学校和教师个人共同承担的继续教育经费的保障机制。

　　加大经费投入,切实贯彻落实《浙江省人民政府关于进一步加强农村教育工作的决定》(浙政发〔2004〕47 号)文件精神,力争年度中小学教师培训经费不少于当地教职工工资总额的 3%,专款专用。

二〇〇六年四月二十七日

　　近年来,北仑区外来务工人员越来越多,新建了很多外来务工人员子弟学校,但是这些学校的教育教学质量与普通学校存在较大差距,教师素质方面也存在较大差距。教育均衡是教育现代化的一个重要指标,因此北仑区教育局在区域层面启动实施了外来务工人员子弟学校教师素质提升工程。目前,我区共有外来务工人员子女近 2 万人,除了在公立学校就读的 12000 余人外,另有 6000 余人分布在全区 8 所民办外来务工人员子女学校。提升这些学校的教师的综合素质,为外来务工人员子女提供优质教育,促进全区教育事业的均衡发展,是区政府和区教育局一直关注和研究的重点问题。为建设一支能适应教育发展和改革所需要的、具有一定素质的外来务工人员子女学校教师队伍,促进全区教育事业的可持续发展,区教育局决定实施外来务工人员子女学校素质提升工程。工程含全员培训、学科骨干教师培训、教导主任培训、校长培训、送教活动等五个子项目,分时段不断提升这些学校的教师素质。

关于在全区开展骨干教师"阳光送教"活动的通知

义务段学校:

　　为了充分发挥义务段学校骨干教师的示范和辐射作用,全面提升农村中小学教师队伍整体素质,区教育局决定组织开展区级及以上骨干教师"阳光送教"活动。

　　一、指导思想

　　以科学发展观为指导,按照为农村学校服务,为农村教师服务,为促进城乡交流、推进区域教育均衡化服务,为提高全区义务段学校教育教学质量服务的要求,围绕进一步提升中小学教师特别是农村教师的理论素养和教

学能力的目标，为我区义务段教育的改革与发展作出新贡献。

二、活动安排

1.活动对象：全区义务段学校各级各类骨干教师。具体包括：区学科骨干、区名师、市学科骨干、市名师、省特级教师。接受送教的学校为北仑区除新碶城区之外的所有义务段学校，及东城和向阳两所外来民工子弟学校。

2.活动任务：每位骨干教师在2012学年第一学期完成10课时的送教任务，时间上尽量避开期初和期末学校最为繁忙的时段。送教的具体形式可以是上课、评课、讲座等，由送教教师和接受送教的学校及教师协商确定。

3.活动流程：由区教研室统筹安排各骨干教师送教学校及时间，各骨干教师与接受送教学校及对象做好送教活动具体安排。认真履行送教任务，达成预期目标。完成送教的骨干教师，请填写好《2012年北仑区"阳光送教"行动卡》，以备骨干教师学年度考核用。

三、注意事项

1.各骨干教师所在学校要高度重视和支持"阳光送教"活动，为送教教师在工作及课务安排上提供便利，接受送教学校要确定专门人员负责此项活动，做好组织服务和后勤保障工作。区教研室要做好"阳光送教"活动的总体统筹、协调、指导、沟通、联络等工作。

2.各骨干教师务必高度重视送教活动，根据安排切实履行职责，送教任务的完成情况及效果将作为骨干教师学年度考核的重要内容。

3.建议每位骨干教师在不同学校分别上一堂课、听一节课、评一节课并作两节课的学术讲座，也鼓励骨干教师多执教，让学生和送教点的教师得益。

4.各校的送教时间初定到月，目的是为了避免同时有过多学科集中送教，给送教点和输出点学校的教学带来困难。有些送教活动与区级、协作区的教研活动整合在一起，届时将在教研信息中予以说明。有部分学科以两个或三个教师为一个送教小组，即同组教师同时送教到相关学校。

二〇一二年九月十日

"教育要发展，关键在教师。为全面提升北仑区教师队伍整体水平，提高教师学科素养，加强教师学科教学能力，加速实现北仑教育'转型、创新、提升'的目标，我们从今年起开展第二轮教师学科专业素养提升行动，时间2年。"北仑区教育局有关负责人表示："第一轮教师学科专业素养提升行动计划从2009年实施，为期两年，对全区中小学教师开展了学科专业知识、学科教学设计能力与学科命题能力及专业基本技能的测试，收到了良好的效果。"

　　第二轮教师专业素养提升行动参加对象为全区各中小学校在职教师（含在职代课教师），其中，非任课教师参照原任教学科。现为宁波市学科骨干教师、名教师（名校长）、省特级教师和 2013 年 12 月底前将退休的教师允许免测。教师专业素养提升行动实施项目主要有三项，分别是开展一次学科专业知识测试、一次观课评课活动和一次试卷评析活动。行动计划实施主要以学校为基本单位，各校根据教师培训的实际需要，邀请区内外名优教师到校进行业务培训。同时，在组织教师广泛参与校本教研训的基础上，动员广大教师通过网络自主选择中小学教师的培训菜单，有针对性地参与补偿式培训，既能提升自身的专业水平，又能完成新一轮的培训学时。

第三章　北仑区域教师专业发展"教研训一体化"模式探索

为促进新课程背景下的教师专业成长和课程改革的深入实施，北仑教育适时而进，更加着力于教研重心下移，不断优化和完善以校为本的教学研究制度，既注重行政引导，又重视草根推动，兴起了"行动研究、叙事研究、案例研究、课例评析、课堂观察、网络教研"等多元教研方式。北仑教育在构建教学、科研、培训一体化的区域教师专业发展模式上，逐步形成了"分层运作·多维融合·载体推动"教研训模式，促进了教研训层次、教研训体系和教研训载体三方面内部各要素的有机糅合，特色鲜明。

第一节　分层运作：建立层级分明的教研训实体

在北仑区域性教师继续教育模块中，教研训实施主体主要都包含教研室、教科所、教师培训机构、中小学和幼儿园、高等院校等。要充分发挥这些实体在教师专业发展中的作用，就应该切实明确其在所处层级的功能，及其对其他层级实体所产生的影响。北仑区教育局在规划区域教研训过程中，在区、校层级教研训实体的基础上，又建立了乡镇级教研训实体，从而形成了区、乡、校三级教研训网络。

一、区级研究与培训

为确保教师队伍建设的可持续发展，北仑区教育局多年来制定了一系列的指导性文件，如《北仑区中小学骨干教师管理办法》《关于加强农村学校教师队伍建设的实施意见》《北仑区 2008—2010 年中小学骨干教师定向培养计划》《关于北仑区中小学特级教师、名教师和学科骨干教师第二轮跨校带徒活动的通知》等，以此来确立全区教师后续的专业发展方向和区级层面教研训实体所肩负的重任。以上述文件为指引，北仑区教研室、教科所、师训中心立足现有条件,充分发挥全区优质师资的作用,开展全区范围的教师教育研究和培训。

北仑区 2008—2010 年中小学骨干教师定向培养计划

仓教〔2008〕20 号

各中小学、幼儿园、成人学校,区教师培训中心:

为了加快我区中小学骨干教师的培养,构建教师队伍建设的激励机制,特制定北仑区 2008—2010 年中小学骨干教师定向培养计划,希各校结合本校实际认真贯彻执行。

一、指导思想

以邓小平理论、"三个代表"重要思想和科学发展观为指导,紧密围绕我区教育发展"十一五"规划,按照竞争择优、定向培养、重点资助、动态管理的要求,采取内部培养与重点引进相结合,尽快形成一支德才兼备、数量足够的学科骨干教师队伍,发挥教育教学上的引领作用,全面提升我区教师队伍整体素质,适应区域教育事业发展的需要。

二、培养目标

通过培养,使各级培养对象在教育理念、教学理论、课堂教学能力、教育科研能力、教育教学业绩等方面分别达到更高层次的目标要求。各层次骨干教师培养目标要求分别按照《浙江省特级教师管理暂行办法》《宁波市中小学骨干教师管理暂行办法》《北仑区中小学骨干教师管理暂行办法》中规定的骨干教师相应职责确定。

三、培养计划

到 2007 年,我区已培养评选(含重点引进)了 6 名省特级教师、3 名市名校长、5 名市名教师、18 名市学科骨干教师、29 名区名教师、91 名区学科骨干教师。

2008—2010 年将再培养评选 2 名左右省特级教师、5 名左右市名教师(名校长)、15 名左右市学科骨干教师、10 名左右区名教师、100 名左右区学科骨干教师。其中区级骨干教师的培养计划是:2008 年培养评选区学科骨干教师 50 名左右;2009 年培养评选区名教师 10 名左右;2010 年培养评选区学科骨干教师 50 名左右。至 2010 年,每校都拥有一定数量的区学科骨干教师。同时,积极选送我区教师参加省市级骨干教师培养,选送对象根据省市教育行政部门要求确定。

四、培养形式、手段

1. 业务培训。采取集中培训与分散培训相结合的办法，按照骨干教师的不同层次分批进行。集中培训由区教师培训中心负责组织实施，每年重点组织一至二个学科骨干教师培训班，由区教师培训中心制订具体的培训方案，并列入当年度区教师继续教育工作；分散培训由培训者自行组织进行。业务培训突出指导性和实效性，注重方法指导和经验传授。

2. 结对带徒，拜师学艺。开展北仑区骨干教师拜师带徒活动，建立骨干教师拜师带徒工作档案。根据学科专业对口或相近的原则，由教师自行与更高层次的骨干教师结对，结对可以跨校、跨地区选择。教研室、所在学校及各级骨干教师应予以积极支持、配合，同时教育局要多提供跨区域带徒的机会。

3. 学术经验交流。由区教育局教科所负责，每年召开一至二次同层次培养对象的经验交流会，组织一次区名师以上教育论坛活动，开展一次外出考察活动。通过议问题、谈体会、获经验、找差距、寻路子等形式或方法，不断提高骨干教师培养对象的学术水平。

4. 区域流动，内培外引。一方面，区教育局采取骨干教师支教、跨校兼职等柔性流动机制，把已有的骨干教师进行区域流动，真正使优秀教师从"一校所有"转变为区域教育的"共享资源"。另一方面，要适当的有重点的引进较高层次的骨干教师，充实我区的骨干队伍。在区级骨干教师的培养和评选方面向农村学校、欠缺学科倾斜，确保区域教育的均衡发展。

五、培养管理

1. 培养对象的确定。由区教育局人事科负责，分析已有骨干教师的分布情况，并通过对个人申报、学校推荐的各类培养人选进行摸底分析，确定区级学科骨干教师以上的培养对象，培养对象的确定采取各校推荐与已有的荣誉称号等相结合，原则上是已有的市名教师、区名教师分别列为省特级教师、市名教师培养人选，区学科骨干教师、市学科骨干教师都列为区名教师培养对象，区教坛新秀列为区学科骨干教师培养对象。

2. 实行动态管理。由区教育局人事科负责，建立定期考核、科学评估、动态竞争和定向培养的管理机制，每学年对区学科骨干教师以上培养对象的培养情况进行考核和评估，并建立培养对象的业绩档案。在本培训周期内，对经考核达不到培养要求的实行淘汰制；对虽未列入培训对象，但又能脱颖而出的予以及时补充。

3. 建立骨干教师培养对象联系制度。各有关部门要及时了解和掌握骨干教师培养对象的思想、工作和生活状况,切实解决实际困难,使他们能集中精力搞好工作。

六、组织领导

区教育局成立北仑区骨干教师定向培养工作领导小组,分别由局领导及有关科室、区教师培训中心的负责人和有关教育专家组成,负责计划的组织实施、协调和评审工作。领导小组下设办公室,办公室设在局人事科,具体负责计划实施的监督、检查和总结工作。

区教育局教研室、教科所、区教师培训中心的相关人员既要承担培养骨干教师的任务,又要积极参加各级各类骨干教师的评选,率先垂范,引领全区骨干教师队伍跃上新台阶。

学校的骨干教师定向培养工作须由校长亲自负责,要根据自身发展目标制订学校骨干教师培养计划,做好乡镇街道的参谋,积极争取当地政府的关心和支持,认真组织实施,将定向培养工作落到实处,有更多的教师进入各级各类骨干教师行列。

二〇〇八年三月十日

(一)以新课程改革为切入口

以新课程改革为切入口,抓好课堂教学指导、学科培训以及学科骨干教师培训。教育局选派教研员和中小学学科骨干教师参加省、市新课程学科培训,参训人员再将培训精神和新课程理念带入中小学、带进课堂,通过课堂教学开放日、现场教学研讨会等形式,使新课改理念在中小学得以全面渗透。同时,教研室、师训中心每年寒暑假各开展一次全区规模的学科培训,邀请区内外学科名师、骨干教师上示范课、传经授典。每期培训以某种主题为主,同时兼顾其他,重在实现理论与实践的有机结合。如2007年寒假培训主题是学科素质提升、暑假培训主题是新课程标准吸收和消化,前者注重案例评析和课堂教学观摩和评议,后者侧重专家业务指导和名师教学观摩。

为更好地适应新课程改革的需要,全面提升教师的新课程素养,北仑区教育管理部门还规划建立了骨干教师培训专题库,让不同专业学科的教师能够根据自己的需要选择相关的专题培训。而且这个培训专题库还经常更新,那些由普通教师成为优秀教师的教师都可以在这个专题库中增加内容。

培训专题库中的主讲教师主要是那些优秀教师,这大大提高了教师专业发展的针对性、即时性和切身性。

表 3-1　　2008 年北仑区骨干教师培训专题库

序号	培训专家	所在校	专题名称	形式	类别	适宜对象	提纲
幼教							
1	乐志红 区学科 骨干	新蕾幼儿园	幼儿教师的职业生涯与发展	讲座	综合类	幼儿教师、新教师	1.新时期幼儿教师面临的挑战 2.幼儿教师职业生涯发展的三阶段的工作状态及表现 3.幼儿教师职业行为表现 4.新时期幼儿教师的观念、行为与发展
2	曹琼寅 区学科 骨干	新蕾幼儿园	蒙特梭利教育对传统教学的启示	讲座	综合类	幼儿教师	1.蒙特梭利的环境对传统教学的借鉴 2.蒙特梭利的"教师角色定位"对传统教学的启示 3.蒙特梭利教具的对传统教学的启示
小学							
1	李海达 市学科 骨干	九峰小学	从文本细读走向教学内容	讲座 阅读 课堂	学科类	小学语文教师	1.专题讲座:理论阐述与案例分析相结合 2.主题阅读:王崧舟——"文本细读"的相关材料;王荣生——新课标与"语文教学内容";《小学语文教师》2008 年第 3 期"文本细读"专辑 3.课堂观察
2	傅赛君 区学科 骨干	华山小学	让语文教学返璞归真	讲座	学科类	工作三年内的小学语文教师	1.语文是什么 2.审视我们的语文教学 3.语文教学的回归 4.语言学习的途径和方法
3	鲍雪芬 区学科 骨干	华山小学	小学作文教学实施的有效策略及评价建议	讲座	学科类	小学 3—6 年级语文教师	1.作文教学现状分析 2.作文教学实施的有效策略 3.作文教学的评价建议
4	翁飞霞 区名师	柴桥小学	做语文综合性学习的积极引领者	讲座	学科类	小学语文教师	1.语文综合性学习定义及其误区 2.小学语文综合性学习体系 3.小学语文综合性学习实践操作

续表

序号	培训专家	所在校	专题名称	形式	类别	适宜对象	提纲
5	王巧君区学科骨干	蔚斗小学	把握语文教学目标,提升课堂教学有效性	讲座	学科类	小学语文教师	1.现状分析 2.确立切合实际的教学目标的策略:目标的制订 3.目标的实施
6	水英区学科骨干	九峰小学	亲近母语儿童阅读课程研究	讲座主题阅读	学科类	对指导儿童阅读有兴趣的教师	1.书香教师培养 2.课程规范建设 3.书香校园软件建设 4.书香校园硬件建设 5.书香家庭建设
7	李雅芳市名师	华山小学	钻研教材与专业水平提升	讲座	学科类	小学数学教师	1.什么叫钻研教材 2.如何钻研教材 3.怎样选择数学材料 4.钻研教材与专业水平提升的关系
8	严雪霞区学科骨干	蔚斗小学	小学生良好的数学学习习惯形成因素的研究	讲座	学科类	小学数学教师	1.当前小学生学习习惯的调查 2.形成的原因分析 3.怎样培养良好的数学学习习惯
9	王锦花区学科骨干	华山小学	实验教材校本化的实施	讲座	学科类	小学数学教师	1.现行教材在实施中存在的问题 2.实验教材校本化的积极意义 3.如何使实验教材校本化
10	沈佩峰区学科骨干	九峰小学	小学数学教学注重数学文化的研究	讲座	学科类	小学数学教师	1.流淌数学文化的课堂教学研究 2.蕴含数学文化的数学活动研究 3.宣扬数学文化的环境建设研究
11	郑珊君市学科骨干	东海实验学校	小学数学教学中错误资源的利用	讲座或上课	学科类	小学数学教师	1.关键词界定 2.课前预设可能出现的错误和应对措施,使错误成为一种宝贵的资源 3.提高教师的课堂教学能力特别是临场处理能力 4.课后对学生出现的各类错误进行反思 5.形成"教学预设—出现错误—处理错误—发展提高"的数学课堂教学模型

续表

序号	培训专家	所在校	专题名称	形式	类别	适宜对象	提纲
12	虞赛红 区学科骨干	华山小学	创造性使用人教版小学数学实验教材的使用策略	讲座	学科类	小学低段数学教师	1.对比新旧教材,实验教材在设计与编排上与老教材间的区别,比较利弊 2.人教版实验教材教材体系结构的熟悉与创新 3.创造性使用教材的策略及案例分析
13	杨开靖 区学科骨干	东海实验学校	课堂教学有效性	讲座	学科类	小学英语老师	1.灵活而有创造性地使用教材 2.为教学目标准确定位 3.利用课堂教学中学生的"最近发展区" 4.巧妙处理生成与预设的辩证统一 5.注重情感投资
14	胡小芬 区学科骨干	华山小学	小学生英语读写教学策略的相关探讨	讲座	学科类	小学四、五、六年级英语教师	1.问题的提出 2.问题的归因 3.措施和行动
15	李韶 区名师	大碶小学	开放式科学教育体系的构建	讲座	学科类	小学科学教师	1.体系构建研究的起源 2.体系构建的特征 3.构建与运作
16	王仲良 区学科骨干	新碶小学	科学小论文的选题与写作、科学小发明的选题与制作	讲座	学科类	小学科学师生	1.科学小论文的选题与写作 2.科学小发明的选题与制作
17	黄志芬 市学科骨干	区实验小学	小学生信息技术"探究—发展"的多样性研究	讲座	学科类	小学信息技术教师	1.小学信息技术的困惑新解 2."探究—发展"多样性研究的实验美景 3.小学信息技术的理念导航 4.小学信息技术的探究发展策略 5.小学信息技术的"自我"超越 6."探究—发展"多样性研究的远景

续表

序号	培训专家	所在校	专题名称	形式	类别	适宜对象	提纲
18	贺蓓蕾区学科骨干	东海实验学校	新课标下理想音乐课堂的思考	讲座	学科类	小学音乐教师	1.对音乐本体的认识 2.正确理解新课程背景下知识与技能教学的策略 3.呼唤新型的师生关系 4.营造开放性、创造性、挑战性、发展性于一体的教学舞台
19	严雪霞区学科骨干	蔚斗小学	提升班主任素质,凝聚班集体力量	讲座	综合类	小学班主任	1.班集体的作用 2.怎样培养、提高班主任的素养 3.注意的事项
20	严雪霞区学科骨干	蔚斗小学	关于幼小衔接若干问题的研究	讲座	综合类	幼儿园大班家长	1.幼儿园与小学生活的不同 2.孩子入学后主要存在哪些问题? 3.我们要帮助孩子做好哪些准备?

初中

序号	培训专家	所在校	专题名称	形式	类别	适宜对象	提纲
1	赵霞区学科骨干	长江中学	语言赏析的误区	讲座	学科类	初中语文教师	1.语文教师课堂语言赏析的误区 2.语言赏析存在误区的原因分析 3.提高语言赏析的效率
2	干红姿市学科骨干	东海实验学校	在互文阅读中让文字丰厚起来	讲座	学科类	初中语文老师	1.何为互文 2.教学片断呈现 3.教学思考
3	童红霞区学科骨干	东海实验学校	巧持彩练舞蹁跹——略谈语文课件的制作和使用	讲座	学科类	青年语文教师	1.理念:课件预设(包括制作和使用)的先导 2.技术:课件制作的基石 3.有效:课件使用的诉求
4	王剑平区学科骨干	东海实验学校	作文教学中综合性学习资源的整合	讲座	学科类	本教学协作区教师	1.问题呈现 2.课例呈现 3.归因分析 4.解决之道

续表

序号	培训专家	所在校	专题名称	形式	类别	适宜对象	提纲
5	王飞君 区学科 骨干	联合实验中学	问分哪得高如许,为有效率提上来	讲座	学科类	初中语文教师	1. 集智慧,备好课 2. 明课标,观全局 3. 教方法,注总结 4. 用媒体,重实效 5. 合作学,需有效 6. 讲问题,必透彻 7. 勤改作,勤分析 8. 注意力,不分散 9. 赏美文,勤作文
6	王静波 区学科 骨干	长江中学	与老师交流有关散文业余写作的点滴认识	讲座	学科类	初中语文教师	1. 我所理解的散文概念;散文与诗歌的比较;散文与小说的比较 2. 我所认识的散文教学;散文文体重点教学内容的定位 3. 我所体会的散文业余创作
7	王建垂 区学科 骨干	东海实验学校	怎样说课	专题讲座	学科类	初中数学教师	1. 说课的分类及相应特点 2. 从评委角度谈说课——说课的误处 3. 怎么准备说课 4. 谈谈对五个问题的认识
8	董依芬 市学科 骨干	联合实验中学	数学的临界状态与分段函数	讲座	学科类	教龄3年以下初中数学教师	1. 什么叫临界状态 2. 根据临界状态进行分类 3. 数学的临界状态与分段函数 4. 实例分析 5. 思想方法的提升
9	胡淑红 区学科 骨干	长江中学	用好浙教版教材,把握好课堂效率	讲座	学科类	初中青年数学教师	1. 简单分析浙教版教材与北师大教材的区别 2. 现在课堂教学的几种模式 3. 有利于现在教材的课堂教学模式
10	张开佩 市学科 骨干	泰河学校	英语课堂教学有效性	讲座	学科类	初中英语教师	1. 英语课堂教学有效性的策略研究和分析 2. 英语课堂教学模式探讨 3. 英语课堂教学有效性的个案研究 4. 英语课堂教学的案例分析

续表

序号	培训专家	所在校	专题名称	形式	类别	适宜对象	提纲
11	王素凤区学科骨干	顾国和中学	初中英语起始阶段的优化教学策略	讲座	学科类	初中英语教师	1.教学内容的优化处理 2.教法学法的优化选择
12	鲍金芬区学科骨干	长江中学	借我一双慧眼吧——课堂观察研究与实践	讲座	学科类	初中英语教师	1.教师课堂话语现状 2.教师课堂话语低效归因分析 3.课堂观察,个案分析及课例研究
13	周敏英市学科骨干	东海实验学校	关注课堂提高效益	讲座	学科类	初中科学教师	1.课堂教学行为是低效甚至是无效的归因分析 2.建议
14	周敏英汪双亚区学科骨干	东海实验学校	科学选择题解法	讲座	学科类	初中科学教师	1.基本知识:审题与注意事项 2.解题技巧:假设法;极端法;赋值法;排除法;转换思维法;整体分析法;图像法;估算法;判断法
15	康海东区学科骨干	郭巨中学	新课程背景下初高中化学教学衔接的实践与思考	讲座	学科类	初中科学教师高中化学教师	1.衔接教学的背景 2.衔接教学的具体措施
16	王国锋区学科骨干	东海实验学校	初中科学教学与学生生活	讲座	学科类	初中科学教师	1.源于生活——捕捉生活素材 2.寓于生活——利用生活经验 3.用于生活——回归生活空间
17	郑琼区学科骨干	顾国和中学	华师大初中《科学》中的优化教学	讲座	学科类	初中科学青年教师	1.华师大《科学》六册教材中化学知识的分布与教材体系 2.在教学中如何整合化学知识,提高教学的有效性

续表

序号	培训专家	所在校	专题名称	形式	类别	适宜对象	提纲
18	张盛艳 区学科骨干	顾国和中学	不同教材的合理处理	讲座	学科类	初中科学教师	1. 教材作用、地位 2. 浙教版、华师大版教材在教学目标细化、教材内容选择、教材呈现方式等方面的各自特点和优势 3. 提出处理意见
19	刘晰剑 区学科骨干	顾国和中学	初中社会课堂教学优化策略	讲座	学科类	初中社会教师	1. 教学内容的优化处理 2. 教法学法的优化选择
20	陈桂玲 区学科骨干	梅山中学	思品课堂教学过程的设计与实施	讲座	学科类	初中思品教师	1. 新课程理念下一堂优秀思想品德课的标准 2. 思品课堂教学过程设计在课堂教学中的地位 3. 课堂教学过程的设计与实施
21	徐汉平 区学科骨干	长江中学	如何实现社会实践活动与《历史与社会》综合探究课的整合	讲座	学科类	初中历史与社会学科教师	1. 提出背景 2. 教材分析 3. 整合策略（结合教材具体说明）
22	张勤南 区学科骨干	东海实验学校	提升问题情景教学有效性	讲座	学科类	初中历史与社会教师	1. 衡量教学有效性的标准 2. 教学中材料的选择 3. 教学中问题的设计 4. 落实三维目标是归宿
23	纪威俊 区学科骨干	江南中学	《物权法》等法律与初中思品教材	讲座	学科类	初中思品与历史、社会教师	1. 《物权法》与我国基本经济制度 2. 物权的基本内容 3. 教学中应注意的几点问题
24	黄伟宏 区学科骨干	长江中学	如何评课	专题讲座	学科类	初中体育教师	1. 评教学目标 2. 评教材处理 3. 评教学程序 4. 评教学方法和手段 5. 评教师教学基本功 6. 评学法指导 7. 评能力培养 8. 评师生关系 9. 评课的技巧水平

续表

序号	培训专家	所在校	专题名称	形式	类别	适宜对象	提纲
25	史剑英区学科骨干	长江中学	让美术课堂教学焕发出生命活力	讲看说结合	学科类	美术青年教师	1.充满生命活力的课堂教学的意义 2.今日美术教学改革面临着的对手 3.传统课堂教学观的最根本的缺陷 4.课堂教学情境设置焕发生命活力
26	刘乃茹区学科骨干	长江中学	flash课件的制作	辅导	综合类	青年教师	1.课件制作的准备 2.课件制作的规划 3.制作课件的软件介绍 4.Flash软件的使用
27	王建垂区学科骨干	东海实验学校	"作业"想说"爱你不容易"	专题讲座	综合类	初中教师	1.问题的由来 2.怎样认识"作业" 3."作业"想说爱你不容易 4."作业"原来可以这么"做" 5."作业"还可以这么"做" 6.老师我想对你说
高中							
1	杨林特级教师	北仑中学	新课程背景下高中语文的阶段性评价测试	讲座	学科类	高中新教师、中学二级教师	1.语文阶段性评价测试的特点 2.必修课程评价测试的要点——试卷的拟制和例析 3.选修课程评价测试的要点——拟题和例析
2	郑剑霞区学科骨干	柴桥中学	爱上语文课的理由	讲座	学科类	高中青年语文教师	1.高中语文课堂现状 2.如何改变不尽如人意的现状
3	葛惠霞区学科骨干	北仑中学	高考语文冲刺复习如何与高三语文课本接轨	讲座	学科类	高三青年语文教师	1.专题研究的缘起 2.高考语文复习中忽略高三教材的教学现状透视 3.高三语文教材的价值以及它在语文教学中的地位 4.高考对学生语文能力的考查要求 5.高考复习中如何用好高三文本的探索

续表

序号	培训专家	所在校	专题名称	形式	类别	适宜对象	提纲
4	丁平特级教师	柴桥中学	浅谈高中数学新课程"解析几何"的思想、内容、要求与特点	讲座	学科类	高中数学教师	1.作为"方法论"的坐标思想 2.解析几何的主要内容 3.解析几何的教学要求 4.解析几何的主要特点
5	吴文尧特级教师	北仑中学	例说对教材内容的重构	讲座	学科类	高中数学教师	1.对数学教学内容的再加工是每一位数学教师的权利和义务 2.如何对数学教学内容进行"粗加工"——从宏观上把握教学内容 3.如何对数学教学内容进行"精加工"——从微观上设计教学内容
6	甘大旺特级教师	明港中学	数学教研文稿的写作指南	座谈	学科类	高中、初中数学教师	1.教研文稿的写作意义 2.教研文稿的写作基础 3.教研文稿的写作过程 4.教研文稿的应用展示
7	邬坚耀区名师	北仑中学	探索数学教学艺术 研究数学教育科学	讲座	学科类	高中数学教师	1.提高数学素质,培养数学能力 2.精心设计教学,提高教学质量 3.渗透思想方法,掌握数学精髓 4.形成教学风格、体现艺术特色
8	马洪炎区学科骨干	北仑中学	数学竞赛	讲座	学科类	高中数学教师	数学竞赛
9	张明安区学科骨干	北仑中学	数学专题讨论课的实施	讲座	学科类	高中青年数学教师	1.对数学教学中专题讨论课的由来 2.如何对数学教学实施专题讨论课 3.数学专题讨论课的优点及注意点
10	吕吉尔特级教师	北仑中学	2004—2007高考英语浙江卷分析	讲座	学科类	高三英语教师	对2004—2007年浙江省高考英语试卷进行系统全面分析,供高三教师教学参考。也可供想要进行试卷分析的教师参考

续表

序号	培训专家	所在校	专题名称	形式	类别	适宜对象	提纲
11	陈蕾 市学科骨干	北仑中学	阅读教学中的问题设计	讲座	学科类	高中青年英语教师	1. 教学现状(案例展示存在的问题) 2. 原因分析 3. 对应措施(说明:讲解中插入互动)
12	刘深安 区学科骨干	柴桥中学	物理竞赛解题的方法和技能	讲座	学科类	高中物理教师	1. 整体法 2. 隔离法 3. 微元法 4. 等效法 5. 极限法 6. 递推法 7. 对称法 8. 作图法 9. 估算法 10. 假设法 11. 图像法 12. 类比法 13. 降维法 14. 近似法
13	谢海波 区名师	北仑中学	高中地理图表教学的实践	讲座、座谈	学科类	高中地理、初中社会教师	1. 什么是地理图表?可以有哪些分类? 2. 为什么要进行地理图表教学? 3. 怎样高效进行地理图表教学? 4. 地理图表教学应注意的问题
14	罗永全 区学科骨干	北仑中学	关于课堂提问及有效性策略的思考	讲座	学科类	高中生物教师	1. 课堂提问的基本原则 2. 课堂提问的程序 3. 课堂提问的类型 4. 课堂提问的形式 5. 课堂提问的艺术 6. 课堂提问的优化设计
15	林旭朝 区学科骨干	柴桥中学	职评"说课"考试的应对策略	讲座	学科类	高中政治教师	1. 说课中易出现的问题 2. 应对说课考试的策略
16	焦文琦 区学科骨干	柴桥中学	地理问题教学中有效问题的设计和教学策略	自学或讲座	学科类	高中地理教师	1. 有效问题的内涵和外延 2. 问题教学存在的问题和原因 3. 有效问题设计策略 4. 有效问题的教学策略

续表

序号	培训专家	所在校	专题名称	形式	类别	适宜对象	提纲
17	陈伟明 区学科 骨干	北仑中学	信息学竞赛的常用算法	辅导	学科类	中小学计算机竞赛辅导教师	1.信息学竞赛概况介绍 2.信息学竞赛的知识范围介绍 3.信息学竞赛的几个算法介绍 4.信息学竞赛中的递归算法和递归算法的应用
18	戴明应 区名师	柴桥中学	新课程背景下的教师课堂教学行为	讲座	学科类	高中文科教师	1.新课程背景下的课堂教学迷思 2.让我们一起思考——课程标准与课堂教学 3.课堂教学的基本策略 4.小结——让我们了解一下课程改革中学生对学习的认识
19	李荣民 区学科 骨干	柴桥中学	创设问题场开展研究性学习	讲座	学科类	综合实践活动教师	1."问题场"（Posing Problem)概念界定 2."问题场"的创设 3."问题场"的创设策略 4."问题场"研究性学习的主题单元（Thematic Unit)构建 5."问题场"研究性学习的模式创新
20	王家聪 区学科 骨干	泰河中学	研究性学习活动辅导	讲座	学科类	高中研究性学习活动教师	1."研究性学习活动"是什么东东 2.研究专题分几种类型 3.研究性学习活动的内容 4.研究性学习活动的操作程序 5.如何撰写研究报告
21	吴文尧 特级教师	北仑中学	教师成长与论文写作	讲座	综合类	高中教师	1.我们有必要写文章 2.我们有能力写文章 3.我们有精力写文章 4.我们该怎样写文章
22	张汉伦 区学科 骨干	柴桥中学	校本培训如何落在根本上	讲座	综合类	学校教务处、教科室负责人	1.当前很多学校校本培训虽热闹但收益小 2.校本培训应扎根教学改革的土壤 3.校本培训的制度、措施 4.鼓励教师写教学反思、积累教学案例、关注教学问题

续表

序号	培训专家	所在校	专题名称	形式	类别	适宜对象	提纲
23	俞洪海区学科骨干	北仑职高	CAD论坛	讲座	学科类	机械专业教师	1.CAD技术在现代社会的广泛应用 2.企业界对CAD技术的应用情况 3.机械专业教师必须掌握CAD基础知识 4.如何在应用中提升本身的专业素养 5.如何与企业合作进行CAD技术的开发
24	董飞红市学科骨干	北仑职高	职业高中专业模块化教学及课程改革、教材改革的必要性	讲座	学科类	服装专业教师	1.以服装专业为模型的课程改革调研报告 2.分模块教学的教学计划、实训要求 3.项目式教学法的实施及对教材的要求
25	何勇区学科骨干	北仑职高	职业学校专业组建设的探究与思考	讲座	综合类	职业学校教师	1.职业学校专业组的功能与定位 2.专业组建设与学校发展的关系 3.专业组建设的有效路径与思考 4.专业组发展需考虑的多种因素

(二)以校本教研训示范性学校评比为平台

以校本教研训示范性学校评比为平台,师训有关部门组织人员深入中小学,进行实地检查和调研,指导各校的课堂教学改革、小课题研究和校本教研训。根据领导重视、制度完善、活动创新、工作成效、工作特色等权重比,评选区级校本教研训示范学校,推荐省市级别示范学校。目前北仑区共完成了两届区级校本教研训示范性学校评选,先后有25所学校(幼儿园)榜上有名,其中蔚斗小学、东海实验学校、北仑区中心幼儿园入选省校本教研训示范学校,长江中学入选市校本教研训示范学校。在组织评选过程中,相关人员还对各校的校本教研训进行了多角度的分析,针对存在的问题提出了针对性建议。完成的《北仑区校本教研训现状、问题和对策》《北仑区中小学校本教研训现状与建议》全面分析了不同阶段北仑区校本教研训的基本情况、瓶颈及欠缺,提出了优化校本教研训模式和内容的主要思路,为中小学(幼儿园)校本教研训特色的深化和延伸指明了方向。

表 3-2 北仑区校本教研训示范学校考评

一级指标	二级指标	指标内容及权重	评分标准	考评方法	自评分	初评分	复评分
(一)组织保障(14分)	1.1领导班子	有校本教研训领导小组并定期专题研究教研训工作(2分)	有成立校本教研训领导小组行文,校长为第一负责人(1分);每学期召开2次以上校本教研训专题会议,有内容,有举措,有记录(1分)	查阅资料座谈印证			
	1.2组织机构	机构健全,分工明确(2分)	加强校本教研训的过程管理和阶段考评,管理人员网络完善(1分);以书面规范形式明确各部门职责(1分)	查阅资料座谈了解			
	1.3学校规划	将校本教研训工作纳入学校重点工作(2分)	学校三年发展规划、年度工作计划中,校本教研训工作内容突出(2分)	查阅资料			
	1.4培训经费	建立校本教研训经费预算和保障机制(3分)	校本教研训经费纳入学校经费预算,每位教师平均每年不少于800元(1分);教师外出参加教研训活动能按规定报销有关费用(2分)	查阅经费使用清单座谈了解			
	1.5培训设施	设备场馆、图书资料等能满足需要(3分)	有供全校教师集中培训场所(1分);有教师阅览室(1分);图书、教学杂志等充足且更新及时(1分)	实地查看			
	1.6教师素质	教师教育教学能力高,教师有影响力(2分)	城区学校有区级以上名师、名校长(其他学校有区级以上骨干教师)每人加0.5分,最多加2分	查阅资料座谈了解			
(二)培训管理(17分)	2.1规划制定	总体规划,年度实施(4分)	有教师队伍建设规划和校本教研训3～5年规划(1分);有符合学校实际的学年度校本教研训计划和实施方案并及时上报(2分);有教师个人成长规划(1分)	查阅资料座谈了解			
	2.2制度建设	建立并完善校本教研训管理考核制度(2分)	建立并完善符合本校实际的校本教研训管理考核制度(2分)	查阅资料座谈了解			

一级指标	二级指标	指标内容及权重	评分标准	考评方法	自评分	初评分	复评分
（二）培训管理（17分）	2.3 师资培训	配备素质较高的校本教研训指导教师（4分）	教师总数80人以上的指导教师不少于10人，教师总数50人以上的指导教师不少于8人，教师总数50人以下的指导教师不少于5人（3分）。外聘指导教师占指导教师总数40％以上（1分）	查阅资料座谈了解			
	2.4 档案管理	校本教研训档案健全，专人管理（7分）	校本教研训档案齐全，各类集中学习、教研活动有档案，包括主讲教师讲课稿、考勤表、活动记录和听课记录（6分）。分类装订，查阅方便，专人负责（1分）	查阅资料			
（三）活动开展（21分）	3.1 计划实施	根据校本教研训计划开展活动（10分）	每学年每位教师参加教研不少于48课时（含集中教研训活动24课时和自学24课时）。其中全校集中教研训活动不少于12课时，学科组、备课组、年级组等集中学习不少于12课时，每少1课时扣0.5分；外聘教师（具有高级职称或区级以上骨干教师称号）上课不少于4课时，每少1课时扣0.5分	查阅资料座谈了解			
	3.2 活动形式	创新教研训形式，扎实有效开展活动（5分）	重视案例学习、课例评析和课堂观察（1分）；重视网络学习和博客叙事（1分）；重视师徒结对（1分）；重视教学小课题研究（1分）；其他创新务实做法（1分）	查阅资料座谈了解			
	3.3 研训过程	领导重视，管理严格、规范（3分）	校长参加集中校本教研训活动80％以上（1分）；校级领导联系教研学习小组并参与活动（1分）；研训活动注重主题性、系列性和实效性（1分）	查阅资料座谈了解			
	3.4 校际交流	校际交流，教研训协作（3分）	每学期校际交流活动2次（2分）；积极承担教研训协作区活动，每学期1次（1分）	查阅资料座谈了解			

续表

一级指标	二级指标	指标内容及权重	评分标准	考评方法	自评分	初评分	复评分
（四）工作成效（48分）	4.1 师德师风	师德教育,卓有成效（4分）	学校教师无违规、违纪有效投诉（2分）。学校被评为区级以上师德先进集体的,加1分;学校教师在师德评比中获区级以上优秀称号的,每人加0.5分。最多加2分	查阅资料座谈了解			
	4.2 听评开课	全体教师听课、评课、开课达到要求（8分）	每位教师每学年听课达到16节（学校中层以上领导20节）（2分）;撰写说课稿1篇（2分）;80%以上的教师上公开课1节（2分）;每人每学期写评课文章2篇（2分）	查阅资料座谈了解			
	4.3 媒体应用	用现代化教学手段进行教学（3分）	80%以上的教师会用多媒体辅助教学（2分）;50%以上的教师能制作并使用课件,每个教师积累4课时以上多媒体课件,幼儿园教师不限（1分）	随堂听课座谈了解			
	4.4 学习反思	读书心得、教学反思、教学案例（6分）	每位教师每学年读2本书（一本由学校指定）并写读书心得2篇（2分）;写教学案例1篇（2分）。每个月写教学反思1篇（2分）	查阅资料座谈了解			
	4.5 教育科研	教科研氛围浓厚,成果丰富（9分）	每个教师每学年有1篇校级及以上教育教学论文（3分）;学校每两年评选编印论文（科研成果）集（2分）。本批评选周期内在公开刊物发表论文,每篇加1分;在区级以上内部刊物发表论文或入选教研训经验汇编,每篇加0.5分。最多加4分	查阅资料			
	4.6 专业成长	建立教师专业成长档案袋（6分）	建立教师专业成长档案制度（1分）。全校教师专业成长档案内容齐全（含教师自我发展计划,读书心得,公开课教案、说课稿,听课笔记,评课文章,教学反思,自编试卷,学年度教学总结,教育教学论文或课题结题报告,获奖证书复印件等）（4分）,其内容缺一项扣0.5分。查阅方便（1分）	查阅文本或电子档案			

续表

一级指标	二级指标	指标内容及权重	评分标准	考评方法	自评分	初评分	复评分
（四）工作成效（48分）	4.7 教学质量	学校教学质量稳定或逐年提高（6分）	学生（幼儿园家长）对教师教学评价的满意度90%以上（2分）；80%~89%（1分）；79%以下不得分。教学质量稳定或逐年提高（2分）。教师教学比武在区级以上获奖，每人加0.5分，最多加2分	座谈问卷查阅资料			
	4.8 经验总结	校本教研训经验提炼和推广（6分）	年度校本教研训的工作总结，字数达到3000字以上（2分）；校本教研训特色总结，字数在1500字以上（1分）。有关校本教研训的科研成果或经验总结在报刊上公开发表或在区级以上获奖的，每篇加1分，最多加3分	查阅资料座谈了解			

（三）以教师教学实践基地建设为契机

以教师教学实践基地建设为契机，加强对各校教师教育的业务指导。在北仑区教育的统领和规划下，教研训各部门经过对全区中小学的综合考量，先后确立了华山小学等六所学校为区级教师教育实践基地，并指导各片区根据自身所在区域内学校的实际情况，分别确立了一所片区教师教育基地学校。师训相关部门通过制定管理规章、选派优秀教师进基地、定期开展教研活动和教学观摩等形式，为基地学校提供切实的帮助和指导。

二、乡镇级研究与培训

为充分挖掘全区教研训的潜能，实现全区教研训优质资源得到优势互补和最大程度的发挥，北仑区教育局根据各乡镇（街道）和各学校、幼儿园的实际情况，在乡镇（街道）的基础上，又进行了详细的划分，实现区域内学校之间教研训水平的共同提升。

（一）教研训片区

全区共有新碶片区、小港片区、大碶片区、白峰片区等四个教研训片区。

片区以区级教研训规划为指南,根据片区内教师教育资源的现状和分布情况,激发片区内学校教研训的积极性、主动性和创造性,制定了自身的教研训规章制度,推广自身特色的教研训举措。如新碶片区内义务教育段中小学、幼儿园共有14所,市、区各级名师和学科骨干30余人,但这些优秀师资散布在各个学校,且分布不均衡。整合、优化区内名师资源是该片区一直思考的问题,为此,该片区于2009年成立了新碶片区名师工作站,吸收一批有教育思想和教育理想的片区各校优秀中青年教师成为名师工作站学员,通过名师骨干结对帮带引领成长,提高学员的学科专业素养,实现片区教师队伍建设的可持续发展。

(二)教研协作区

课程改革纵深推进为教师教育教学带来诸多的不确定因素,基于校本的教研探索不断发展,校际的教研交流和合作已成为教育发展的必然趋势。为促进校际教研的交流,规范和提高校际交流协作质量,北仑区教育局于2008年成立北仑区义务段教研协作区,并设立各教研协作区学科教研大组长,具体见表3-3。

表 3-3　北仑区小学教研协作区

序号	协作学校
1	蔚斗小学、小港实验学校、小港中心学校、小港三校
2	区实验小学、大碶小学、邬隘小学、博平小学、高塘小学、泰河学校
3	东海实验学校、绍成小学、华山小学、新碶小学、淮河小学、长江小学
4	柴桥小学、柴桥实验小学、霞浦小学、九峰小学、三山学校
5	白峰小学、郭巨小学、梅山小学

表 3-4　北仑区初中教研协作区

序号	协作学校组成一	协作学校组成二
1	东海学校、泰河学校、大碶中学、灵山学校	联合实验中学、江南中学、大碶中学、灵山学校
2	长江中学、梅山中学、郭巨中学、白峰中学	国和中学、长江中学、松花江中学、泰河学校、东海实验学校
3	联合中学、江南中学、松花江中学	霞浦中学、芦渎中学、紫石中学、三山学校、梅山中学、白峰中学、郭巨中学
4	芦渎中学、霞浦中学、紫石中学、三山学校、国和中学	

备注:初中音乐、美术、信息技术、综合实践(校本课程、地方课程)等。

协作区成立后,各学科大组长结合协作区的实际情况,协调校际资源,确定教研主题,拟定相关计划,搭建活动平台,组织教研交流,助推教师成长,促进本协作区学科教学研究蓬勃发展,并深入各学校,了解教师的课堂教学情况。每学期各学科教研活动有 2 次以上,各校之间开展了多维度的紧密协作交流,同时结合协作区教科研工作实际,以课堂教学改革为重心,以促进教师成长、提高教师业务水平为目的,开展各种校本教研,举行有效的网络教学与任务驱动教学模式的探索等形式的交流互动活动。据了解,自 2008 年 3 月启动以来,北仑区 9 个教研协作区已开展活动 20 余次,全区2000 余名中小学教师从中受益。同时,协作区内互相合作,建立网上博客和FTP 资源共享形式的网络共享体,实现教案、软件等优质资源共享,推进课堂教学改革,全面提高课堂教学质量。如大碶协作区初中数学协作组根据维果茨基的"最近发展区"理论,加强教研协作平台的建设,在策划协作活动时,将"怎样更大限度地发挥这些中青年老师的才智,带动活动的开展"作为活动策划前期的思考重点。为使活动高效,多以"青年教师展示课堂,老年教师挖掘智慧、中年教师探讨问题、学校骨干展示观点"的形式开展,让人人都说起来、写起来、研究起来。

北仑现有义务教育段中小学校 43 所,外来工子女学校 11 所,义务教育段在职在编教师 2014 名。在农村学校,尤其是外来工子女学校,教师参与区级以上教研活动的机会有限,校本教研活动中,教师个体钻研和同伴互助的效果有限,容易造成同水平层次的止步不前。同时,上级教研活动针对区域层面的教研主题,不一定适合本校、本人的教研需求。为了打破这一制约教师发展的瓶颈,我们根据区域特点、同一协作区中不同学校层次的组成将全区义务教育中小学分为 9 个教研协作区,采取分片定点、轮流承办的方式开展活动。教研协作区活动的开展,形成了整体参与、少数移动、分片进行、城乡互动的教研活动模式,既保证了教研活动的全员性、互补性、连续性、时效性,实现教研重心下移,体现城乡教学互助,最大限度地实现优质教育资源的共享和利用,也给每所学校提供了一个展示的平台,给每位教师创造了一个学习的机会,从而推动全区城乡教育的均衡发展。"教研协作区给每一名普通教师,特别是为我们外来工子女学校教师创造了学习提高的机会,为城乡教师搭建了优势互补、合作交流的平台,使我们受益匪浅。希望这样的活动次数更多、水平更高、收获更多。"北仑区外来工子女学校高塘中学科学教师沈洪宾在省示范学校松花江中学参加完以"在课堂上寻找智慧"为主题的教研协作区科学教研活动后,

研协作区科学教研活动后,情不自禁地这样说。他是第一次参加区级大型教研活动,听了4节高水平的示范课,并和骨干教师、教研员面对面交流,解决了教学中的诸多困惑,感到非常高兴。

我区还积极探索教研协作区活动的内容和形式。青年教师教学研讨课、优质课评比、骨干教师示范课、名师讲座、课堂观察、互动评课等一系列活动,给了教师们充分展示自我风采的机会,九峰小学教师周赛维深有感触地说:"原先,我上学区级公开课的机会几乎没有,现在有了教研协作区,为我们普通教师搭建了一个展示的平台,还为我们提供了锻炼的机会,真是太好了。特别让我深有感触的是,上完公开课后,协作区的老师们都能畅所欲言,针对课堂教学提出了建设性的意见。不仅是我,大家都感到这样的协作区教研活动很有意义,还增进了校际交流,使区域的教研实效在互补中不断提升。"北仑区教研室主任张曙波也说:"教研协作区活动的成立丰富了区域三级教研网络,搭建了教师成长的平台,也锻炼了一批教研骨干力量,而且有费用支出低、交通方便、对日常教学影响有限等特点,受到学校和教师的普遍欢迎。"同时,该区教研协作区内还互相合作,建立网上博客和FTP资源共享形式的网络共享体,实现教案、软件等优质资源共享,推进课堂教学改革,全面提高课堂教学质量。

为保证活动效果,我区在9个教研协作区的基础上,还将同一协作区按不同学科分成21个教研协作组,每组设立一个学科教研大组长,各学科大组长要结合各协作区的实际情况,协调校际资源,确定教研主题,拟订相关计划,每学期各学科教研活动不少于2次,要保障教师参与协作区教研活动的参与面和参与效果,鼓励各校开展多维度的紧密的教研协作,交流校本教研经验,开展经常性地互动教学交流。教研大组长要深入各学校,了解教师的课堂教学情况,每学期结束要有一份协作区教研活动情况的反馈总结。为使协作区教研落到实处,该区教育局还建立了一套督导评估制度,教育局将对各协作区教研大组长进行年度考核,并根据考核情况分等第进行奖励,真正实行互动管理、互动教研、联动考核,强化城镇学校的连带责任,增强农村学校的主动跟进意识,共同促进协作区学科教学研究蓬勃发展。北仑区教育部门制定的教研协作区工作评价如表3-5所示。

表 3-5 北仑区教研协作区工作评价表

学科_____ 日期_____

评分项 (100 分)	评分细则	赋分栏					评分建议
		第 1 协 作区	第 2 协 作区	第 3 协 作区	第 4 协 作区	第 5 协 作区	
活动开展 (60 分)	每学年 3 次,20 分/次						少一次扣 20 分, 多一次加 10 分; 一次活动没有完 成相应项目,按 相应细则扣分; 最终累计得分不 超过 60 分
	活动通知 2 分/次						
	活动报道 2 分/次						
	活动资源 1 分/次						
	小计						
教研服务 (10 分)	包括活动签到、学 分登记、上课或讲 座教师认证						一次活动没有完 成或只有部分完 成扣 1~3 分
	小计						
教研引领 (10 分)	校本教研专题研 讨活动 5 分/学年						赋值必须提供相 应的研讨纪要, 无完整的研讨纪 要但证实开展过 如此的研讨赋值 3 分
	校本教研经验文 章 5 分/学年						赋值必须提供相 应的文章,无则 不赋分。只有协 作区工作总结本 项赋值 4 分
	小计						
教学示范 (10 分)	本校以外主讲报 告或示范教学 1 次/学年						无法提供讲座提 纲或教案扣 3 分;增加 1 次示 范或讲座加 5 分;累计不超过 10 分
	小计						
工作认可 (10 分)	由该协作区所在 各校教研组长赋 分后取平均分						可考虑与教研员 评分相结合
	小计						
	合计						

教研协作区开展的旨在推进教师专业发展的教研活动,使参加的教师受益匪浅。下面就是一些教师在参加活动后的感想。

在参加灵山学校举行的初一教研活动后,我受益匪浅,感受颇多。活动中贺老师和付老师给我们各上了一堂精彩的示范课,两位教师的亮点很多,都充分地运用了多媒体教学手段来辅助教学,达到教学目标。以贺老师为例,她以科学探究的教学方式贯穿了整堂课,她把教材重新整合,让学生通过合作交流、合作实验来完成教学目标,并突出了重点,还在其中渗透了爱国主义教育。如介绍了第一位记载小孔成像的学者——墨子,让学生以我们中国为骄傲。她通过一系列光源的图片加深学生的印象并会区分光源和非光源,然后通过坐在白炽灯下和坐在节能灯下感受的不同,来介绍冷光源和热光源,并穿插一些例题,使学生能更好地区分光源和非光源,以及冷光源和热光源。而在介绍光是沿直线传播时,通过日常生活中的具体实例来介绍,这样可以加深学生的印象。本堂课最精彩的部分是对小孔成像实验的设计,学生通过该实验能更好地理解光在同一种均匀的介质中是沿直线传播的,而且学生在实验过程中还会寻找实验失败的原因,思考怎么样使实验成功。在实验过程中贺老师还不断地对同学进行辅导,力求每一组都能做成功,这样既调动了学生的积极性,又更好地说明了光在同一种均匀介质中是沿直线传播的! 由于天公不作美,探究太阳经小孔成像的实验未能当堂完成,但是贺老师在课前做了大量的工作,拍摄了实验的过程及现象,使学生也掌握了这一知识点。而她设计的实验工具,两个纸片中小孔的形状也是值得我们借鉴的。总之,这是一堂值得我们学习的示范课!

我诚心地希望类似的活动能够多搞一些,这样能使我们这些徒弟在师傅的指点下,有所提高,有所成长,而且我们也能学习一些优秀教师的教学理念和教学手段,这样在以后的教学中能更好地体现新课程的教学理念!(郭巨中学阮燕娜)

两位老师同上的这节课各具特色,很多地方可以互相学习。贺老师教学环环相扣,善于创设情境,注重与学生情感交流,调动学生自主性和积极性,但还应注意某些具体环节的处理。付老师设计思路新颖,注重学生自主探究,敢于放手,但应注意课堂的调控应变能力及与学生的情感交流。(听课老师们)

两位教师对于新理念、新教材的把握是否到位,课中有什么值得研究的地方,究竟怎样研究与解决,今后如何开展教学研究,怎样确定研究主题和研究问题,这是所有参与教师都要共同思考的问题。(教研室刘老师)

俗话说:你有一种思想,我有一种思想,交换后每人有两种思想;你有一个经验,我有一个经验,交换后我们每人都多了一个经验;你有一个教训,我有一个教训,交换后我们每人就多了一个教训……"同课异构"这种教研方式,"协作区教师同上一节课"活动,让老师共同得到了提高,促进了他们的专业化成长,让我们同上一堂课,同唱一首"共同成长"之歌!(某听课老师)

(三)城乡捆绑制

鉴于区内优质教师教育资源分布的不均衡现状,为了更加全面深入地推进城乡一体化目标,促进农村教育与城镇教育同步发展,北仑区教育局于2007年8月起试行"学校捆绑式发展办学模式",力图通过强弱学校联手、以强带弱的方式,实现全区教育的均衡发展。目前通过捆绑的形式建立了长梅(长江中学、梅山中学)集团和绍梅(绍成小学、梅山小学)集团。长江中学和绍成小学都是城区学校,前者是市、区级校本教研训示范学校,后者是区级校本教研训示范性学校,区级以上名师、学科骨干教师云集。梅山中学和梅山小学都是海岛学校,师资力量薄弱,名师欠缺。将上述四所学校进行两两捆绑,一方面可以有效利用城区学校的优质资源,避免了资源的闲置和浪费;另一方面能全面挖掘优秀教师的潜能,使之在教师梯队建设方面发挥应有的作用。

当前,城乡捆绑制主要采用两种形式来促进学校之间教师的专业发展:一是两校互派青年教师专职锻炼。通常情况下是强校派遣骨干教师进入弱校,在教育教学实践中发挥示范和领头作用;弱校选派有发展潜力的青年教师进入强校,在众多优秀教师的指导下快速成长。二是两校共同组织教师听取公开课、评课,为青年教师的教育教学指点迷津。如长梅集团教研活动注重充分发挥集团师资的优势,追求$1+1>2$的教研效果,形成合力扎扎实实推进青年教师的业务成长,从而培养了海岛学校的造血功能,促进了海岛学校教师队伍的自主持续发展。

长梅集团捆绑式教研实践探索

长江中学创建于1999年秋,位于北仑新碶城区。2007学年有24个班级,共有学生1056名。教职员工88名,专任教师76名,具有本科学历教师

62 名，占专任教师的 81.6％；拥有 24 位中学高级教师，占专职教师的 31.6％；拥有省市区教坛新秀 32 名，市区名教师、骨干教师 10 名；整个教师队伍还拥有更多荣获各级各类先进称号的教师。学校曾荣获"宁波市校本教研示范学校""宁波市现代化达纲学校""宁波市课改先进集体""浙江省九年义务教育标准化学校"等一系列殊荣，社会声誉良好。

相对而言，梅山中学远在海岛，当时岛、陆大桥还未建成，进岛、出岛仅靠轮渡，交通不便，信息闭塞，在北仑区属于比较薄弱的学校。2007 学年有 8 个班级，共计 257 名学生。教职员工 34 个，专任教师 26 个，其中中学高级教师 2 名，占专任教师的 7.7％。城乡教育呈现非均衡发展态势。

捆绑学校行政管理实行两块牌子一套班子管理，两个法人学校一个法人代表（总校长）；捆绑学校师资实行双向交流，由总校长统一调配。城区学校去海岛学校支教的教师人数一般要占海岛学校教师人数的 15％～20％左右，海岛学校同样数量的教师到城区学校顶岗进修学习，时间为 2 年左右。学校充分认识到教师质量是学校教育质量提升的关键之一，因此通过各种途径、方式促进两校教师开展各种教研活动，实现农村学校教师专业素质的全面提升。

1.依托城区教研组，精心培养赴城区进修的农村学校教师

两校捆绑以来，梅山中学各学科年轻教师轮流来到城区长江中学顶岗进修学习 2 年。依托城区学校各学科教研组的力量，对这些进修学习的年轻教师进行培养，提升其专业素养。

（1）导师引领和"同学"结对并重

年轻教师的成长需要专业的引领。长江中学各学科拥有雄厚的师资力量，省、市、区各级教坛新秀和各级学科骨干共有几十名。学校指派各个教研组的这些优秀教师与梅山中学年轻教师师徒结对，有的一带一，也有多带一，通过帮、传、带的方法充分发挥学校教研组名优教师的资源优势。

此外，集团还考虑到，海岛学校年轻教师赴城区进修学习，来到一个相对陌生的集体，面对"师徒结对""专题培训"等教研组组织的强化训练，难免感到孤单和压力。所以，除了师徒结对之外，长江中学每个教研组里都给海岛教师配备了一名或多名"同学"（这些同学也几乎都是教研组里的年轻教师），与他们一起成长。两所学校的年轻教师，共同接受教研组里的教育教学实践锻炼，共同承担区、校等各级的教研活动任务，共同承担相关课题研究任务，在互帮互助、协同作战中相互促进、共同提高，而且缓解了单独作战

的压力。

结对的"同学",既是工作中的同伴,同时也是同台竞技的对手。比如,他们经常要代表各自的学校参加北仑区教坛新秀评比、青年教师比武等。比赛前,常常是整个教研组的教师齐上阵,他们摒弃狭隘的"校本主义"观念,不遗余力地对两所学校的年轻教师进行指导。这样出现的结果常常是,比赛中两所学校的选手均榜上有名。

(2)常态教学和专题培训并重

对年轻教师的专业发展,除了重视他们常态的工作状况之外,还需要进行专门的强化训练。有目标、有重点、有针对性的专题训练,往往是青年教师专业成长和发展的助推器。面对进修的农村教师以及本校教研组年轻教师的专业发展共性需求,以师傅为主要力量的城区教研组需要精心设计一系列的教研专题活动,及时帮助农村教师解答他们教育教学过程中的迷茫、困惑,解决他们所遇到的实际问题。所设计或策划的系列专题教研活动内容应分类有序安排,比如,可以按照课堂教学活动、听评课活动、课后研思活动等活动内容进行"块状"训练。同时,培训形式也应丰富多样,比如,上课可采用"课例式";交流可采用"论坛式";学习可采用"请进来走出去"的形式,等等。

(3)精心培养与大胆使用并重

对海岛来到城区进修的教师,除了精心培养之外,学校还大胆地压担子给他们。在班主任和教学任务的安排上,城区学校各科室和教研组克服城区学校优越感、排斥外校教师等狭隘思想,大胆启用农村海岛教师,做到"在使用中培养,在培养中使用"。海岛农村青年教师在城区学校担任了班主任、备课组长、学生竞赛辅导、毕业班教学等各项重要工作。

2.依托支教师资,切实培养留教海岛学校的教师

捆绑式教研,不仅让农村(海岛)学校的教师进入城区学校接受高质量的培训,而且让城区学校的优质师资力量到农村学校支教成为一种制度。两校成为捆绑办学的试点学校以后,长江中学各学科资深骨干教师定期来到海岛梅山中学支教。他们有的主持学校日常工作,有的担任各学科的教研组长或备课组长等。这些支教老师离开熟悉的工作单位,坐汽车、乘渡轮……来到偏远的海岛学校,精心移植新理念、新方法。他们就像燎原的星火,成为影响农村学校教育教学现状的有生力量。所以依托支教师资,充分发挥支教教师的优势,能够大大地提高捆绑式教研的有效性。

（1）个体工作与集体影响并重

支教老师来到梅山中学,他们的任务并不是仅仅胜任交到自己手里班级的学科教学工作,而是要带动一个教研组的教研氛围,积极影响这个教研组的教学工作。

首先,支教教师带了一批年轻的海岛教师做徒弟倾心指导。比如,长江中学英语教师顾碧君老师,收梅山中学年轻教师徐莉为徒。徐莉老师学的是计算机专业,但是海岛学校教师紧缺,于是她既做英语老师,还兼教社会科目。自从城区的师傅来到了海岛,徐莉老师日日跟在师傅后面问这问那;师傅喜欢徒弟的好学,倾囊相授。徐莉老师有时接到公开课任务,白天来不及备课,她就在下班时与师傅一起乘渡轮出岛,来到师傅的家,共同研究教材设计教案,每晚都在师傅的家里忙到晚上9点多钟。辛勤的付出终于换来了喜人的成果,在2008年区里的教坛新秀评比中,徐莉老师榜上有名。

其次,支教教师给海岛带去全新的教育教学理念,影响着教研组,甚至是整个学校。比如,长江中学语文教师邱益芬老师用文学熏陶海岛学生,成立了《宁波晚报》小记者站、"扬帆"编辑部等学生社团,填补了梅山中学这方面的空白。梅山中学胡静雅老师说:"我们原先只教课本,现在从邱老师那里学到了很多,在语文教学过程中,向学生推荐了很多文学著作进行阅读指导。"支教教师在工作实践中实施"以一带群"的策略,充分发挥了他们的骨干引领、辐射作用。

（2）业务要求与业务指导并重

课堂是教师专业发展的主阵地。集团要求海岛学校各学科教研组开好"达标课"和"优质课",对教师的业务发展明确地提出了要求。

"达标课"是每位教师上课的底线,要求基本功达标,教学理念达标。上好了"达标课",才能推荐上"优质课",参加校内展示或校外评比等活动。梅山中学有序开展这两种课型的教研活动,教师围绕着这两个课型进行有梯度的渐进式训练,努力将严谨注入每一个课堂细节的研究之中,使教学水平处于一个不断发展的提升过程。

当然,提业务要求之外,还要给予具体的业务指导。长江中学专门成立了业务指导小组,小组成员由市区名师、学科骨干以及教研组长等组成,定期进岛进行上课、听课指导。

3.依托集团,集中开展多样的研修活动

无论是依托城区教研组,还是依托支教师资,相对集团两个学校来说,都属于分散的、个体的活动。除此之外,集团还定期集中开展形式多样的校本研修活动,充分发挥"集团作战"的优势,为农村学校教师搭建专业发展的平台。

(1)教师共同论坛

每一学年的开学前夕,集团都要举行为期一周的暑期师德和业务培训活动,然后举行大型的教师论坛。长江和梅山两校教师齐聚一堂,各教研组都有教师代表上台就论坛主题发言交流。集团"论坛式"校本研修,促进教师相互学习、借鉴,相互交流、激励。

(2)同台竞技比武

每一学年的教科研周,集团都要举行两校年轻教师各种形式的竞技比武。形式内容涉及课堂教学、业务解题等多方面。同台竞技比武的主要目的是用活动增强教师自主学习的意识,并在同台技艺切磋中促进两校教师共同成长。

(3)一起外出学习

集团尽一切努力增加城区海岛两校教师外出学习机会,让他们及时更新观念,接受先进科学的教育教学理念。2007学年下半年,集团安排两校各学科年轻教师一起远赴杭州参加"新生代"竞赛活动的听课学习;2008年上半年,集团组织两校教研组长一起赴杭州参加山东杜郎口中学课堂教学现场展示会,等等。

城乡捆绑式教研活动的开展,既是对城乡教育教学质量的均衡发展所进行的有益探索,又是对农村学校教师专业发展方式或途径所作的有益探索。北仑区的实践也已证明,这种教研方式极大地增强了农村学校的教研实力,教师的专业发展意识不断增强,专业实践能力和综合素养也得到很大程度的提高。一大批农村学校教师在此过程中成长、进步,学校教育教学质量也得到大面积提高,逐步缩小了与城市学校的差距。

三、校级研究与培训

校本教研训是实现教师专业发展最经济、最有效的形式。在学校层面上组织教研训,紧密围绕学校自身发展过程中出现的现实问题,学校教师亲身参与,在反思研究问题、解决问题的过程中获得成长和进步。

（一）从制度入手,确保校本教研训的顺利、有序开展

北仑区中小学在实施校本教研训过程中,首先从管理入手,确保校本教研训的顺利、有序开展。很多学校都把校本研训纳入重点工作,并建立了以校长为第一责任人的校本研训领导小组,制定了相关的规章制度,在校本研训的目标、组织、活动、经费、责任等方面作了明确的规定。如长江小学制定的常规制度有7项,涉及校本研训活动、保障制度、教师专业发展等内容;北仑区实验小学制定的常规制度有9项,涉及青年教师发展规划、教师专业发展目标考核、教研组活动等内容。这些制度的建立和完善为确保校本研训工作的有序开展和正常运行提供了良好的前提条件和保障基础。

华山小学:建立六个制度保障教师专业发展

● 理论学习制度

为激励教师学习,学校设立专项经费(每人约50元),给各教研组订阅专业杂志,并规定每月开展一次以教研大组为单位的主题式学习活动。学科教研大组长根据所定主题安排组内1～2名学科骨干为主讲人,或聘请教研员等专家进行引领式学习培训。要求所有组员参与学习讨论、发表学习体会。2008学年的第一次大组学习活动,各组学习了《关于进一步强化中小学教师教学常规的意见》文件,并根据现实需求,补充了华山小学听课评课规范意见。本学期,我校将在一学期指导意见实施基础上分组研讨教学常规中的备课、上课、作业(辅导)三项,要求各组根据学科特点和学校实际提出建设性意见,出台具体的我校教学常规意见。

● 互动交流制度

备课组每周要组织一次集体备课活动,期中期末各开展一次学科质量分析会。教研组每月要开展一次集中听课评课活动和一次网络沙龙活动。其中,网络教研是我校教研的一个亮点。我校利用教师博客这一平台,开展教学设计与反思,困惑与解疑,以及教研组月讨论话题,组长或组员抛出教学中亟待解决的问题,引发组员甚至是全体教师参与讨论,要求每位组员必须跟帖,内容必须原创,这样通过集思广益找到问题解决的途径,达到同伴进行信息交换、经验共享、专题研讨的目的,形成有效的"对话"机制,有效解决了没有足够多时间进行集中教研的矛盾。而且这样的"实时观摩",每个教师都可以参与其中进行讨论,沙龙质量也有明显提高。比如,上学期综合

组讨论的"关于校队带训交流会"，及期末阶段数学组六月份发起的讨论话题"数学练习讲评教师应该注意什么"。对此话题不仅本组老师参与了大讨论，其他组老师也以教师或家长的身份参与其中。从某种程度上讲，就会形成一个大备课组、大教研组，从而大大提高校本研讨的效率。区教育局编辑的教师博客辑《流淌指尖的阳光》一书收录了我校教师博客13篇之多。

　　●课题研究制度

　　我们围绕新课程实验过程中的新情况、新问题、实施课题带动战略，每个教研组都要承担小课题研究，每位教师都要参与课题研究，每月都要开展一次小课题研讨活动，形成人人有课题，全员参与、协同攻关的局面，成为我校推进课程改革的一个亮点。如今，教师们基本达成问题即课题，教学即研究，成长即成果的共识。在课题研究过程中，我们指定一个年级的教师上课题汇报课，按"教学问题—教学设计—教学行动—教学总结和反思"的基本流程开展校本教研活动。参加课题实验的老师，每学期撰写一份有关课题研究的反思和一篇课题研究论文。三年来，我校教师在区级以上获奖和发表的文章有75篇，区级课题3个，现有研究课题省级1个、市级2个、区级10个。

　　●教研组长备课组长负责制度

　　教研组长是一个教研组的灵魂，是学科教研活动开展的直接开发者、策划者、组织者、协调者和管理者，是学校学科教学实践和发展的领军人物。教研组组长开展的工作水平直接反映该组的教研能力。学校依据《华山小学教研组长职责》进一步明确教研组的权利和职责，做到责、权、利统一，体现"有为才有位"。教研组是校本研训的主阵地，平时教师的教学常规工作检查主要由各教研组长把关，教导处通过抽查的形式落实教师的教学"五认真"执行情况。为落实各教研组长认真履行职责的情况，有效调动组长的工作积极性，学校在对组内教师教学常规抽查时采用组长和组内教师捆绑式的评价方式，凸显团体合力。为激发各级组长们的工作积极性，学校在工作、生活、学习考察等方面均给予教研组长相应的待遇。

　　●教学常规检查和信息反馈制度

　　每次各级管理层面组织的日常性检查、阶段性检查起到稳定教学秩序，督促教师教学行为，保证教学计划顺利实施的效果。要求每月一次进行教研组层面的常规检查，教导处组织行政人员和教研组长组成校级层面的检查组。通过听课、检查教研活动记录册、座谈会、问卷等形式进行教学常规专项调研。(1)学校坚持开展推门听课、45周岁以上教师预约听课、5年内教龄教师跟踪听课活动,把课堂教学的检查指导与教师的日常教学结合起来,通过听教师的课堂教学,查教师的备课、课前准备、学生作业,看学生学习习惯养成,测学生所学内容,写出评价意见。最后把调研情况与相关老师及时交流、反馈。调研结果纳入教师工作质量考核。(2)每月召开一次教研组长、备课组长会议,学校听取组长汇报各组自查教学常规情况,并向组长反馈普查和调研情况,总结各组的教学常规落实情况,指出存在问题和努力方向。期中、期末各检查一次各教研组、备课组的教研记录情况和课题实施的进展情况。(3)期初、期中、期末各开展一项专项调研。如低段学生作业量家长问卷、学校教学工作家长满意度问卷、技能课教师教学规范学生问卷、组织学生座谈会等。我校对检查调研到的问题一般通过办公系统小精灵软件及时与教师、教研组、备课组进行反馈,指出今后的努力方向。调研信息反馈教导处备案,作为当月校本考核参考依据和学期教学质量分析和教师评优的参考依据。这样使每一次检查、调研更富有实效,真正起到"发扬优点、克服缺点、促进提高"的作用,为促进教师教学规范指明努力的方向。

● 教研奖励惩罚制度

在教学管理中,光靠行政手段或情感手段进行管理是有限的,还要制定科学的考评细则和奖惩机制。我校在广泛征求意见的基础上制定了一套适应课改需要的常规性教研工作制度。承担校级以上公开课讲座、指导学生获奖、业务比赛获奖、论文发表获奖、指导学生文章发表都有相应的奖励。每学期都评选校级层面的优秀班主任、优秀教师、优秀教研组、优秀教研组长、优秀指导教师、优秀段室、教科研先进个人等,上学期开始又出台评选校级学科骨干教师和教学新秀的办法,教师节对第一批校骨干教师和青年优秀教师进行了表彰和奖励。同样一旦教师出现严重违反教学规范行为或没有完成应尽的职责,则按月考核条例扣发校本考核奖。本学期我校在区教研室下发的教学规范指导意见基础上,已经分块讨论制定了华山小学教学规范细则,在细则要求指引下,教导处、教研组检查、督促、落实,奖勤罚懒,这样才能调动教师的积极性,才能对教学工作起到促进作用。

新碶小学:重视制度建设,扎实推进校本教研训

校本教研训制度是学校教学研修活动的规范性实施与创新活动的产

物。这里有两层含义：一是校本教研训制度的编制是有一定的规范或规则的，即要结合学校实际，按照教师专业成长的内在的本质规律，建立一系列校本教研训制度；二是编制的过程是制度创新的过程，即要依据教师专业发展的基本原理，在校本教研训中不断创新方法或原则，进而完善制度。在实践过程中，我校不断创新完善有关制度，从而扎实推进了校本教研训工作，有力促进了教师专业的健康快速成长。

1.完善制度。制度不是一成不变的，它"以一种自我实施的方式制约着参与者的策略互动，并反过来又被他们在连续变化的环境下的实际决策不断再产生出来"。

【实例】 不断完善《教研组考核细则》等制度 教研组是学校不可或缺的最基层的教学研究组织，建立科学合理的教研组考核制度，对促进教师专业成长，营造深厚的教研组教研训氛围起着重要的引领功能。为充分发挥教研组在校本教研训中的作用，我校通过向每位教师征求意见、教研组长研讨、校务会议斟酌、议定方案、下发讨论、试行、修订等自下而上与自上而下的互动，从职业道德、教学常规、基础教研、教学科研等方面对原有的教研组考核细则不断加以完善，并认真进行考核。新的教研组考核制度的制定，既体现了义务与责任，更明确了有利于教师自身发展的方向。

2.整合制度。制度是必不可少的，但富有活力的制度应该是整体的、统筹安排的，各种制度之间又应该是相互关联、相互支持的。这就意味着"只有相互一致和相互支持的制度才是富有生命力和可维系的，否则，精心设计的制度很可能是高度不稳定的"。两年来，为保障校本教研训工作正常、有序地开展，我们积极整合有关制度，努力使各项制度形成一个相互包容、相互连接的整体。

【实例】 我校有《教研组长职责》《教研组考核制度》《名师工程实施方案》《教科研奖励条例》《教育教学奖励条例》《教师外出蹲点学习制度》《教师听评课制度》，等等。原先这些制度在内容上自成一体。但在近两年中，我校把这些制度中的相关内容进行了整合，使各项制度的相关内容达到和谐的统一，如在奖励方面，《教科研奖励条例》与《教育教学奖励条例》中的奖励制度达成一致；《名师工程实施方案》中的教师培养对象与《教师外出蹲点学习制度》中教师推荐对象的原则保持一致等。

3.创新制度。随着教育事业的发展和课程改革的深入，校本教研训制度不但需要不断完善、合理整合，更需要创新内容、途径和方法，以满足时代的要求和学校、教师、学生发展的需要。

【实例】 为加快师资队伍建设步伐,进一步提高我校教师的思想道德、业务素质、课堂教学水平和教科研能力,选送部分教师到名校蹲点,拜名师为师已是一种需要。为规范并促进此项工作的顺利开展,激励教师前进的动力,学校制定了《新碶小学关于组织教师异地蹲点培训实施方案》。方案从推荐原则、培训时间、经费、培训要求等方面进行了考虑,使这项新的制度把学校发展与教师的个人成长紧密结合。

一些学校还建立了层级式教学研究网络体系,为校本研训的正常开展和相关制度的及时落实保驾护航。如东海实验学校建立了以校长为首的校本研训工作领导小组和校内三级教学研究网络,即校长领导下的校级课题组,教科办和中小学教导处负责组织校级研究课题的实施;学科教研组长牵头的学科课题组,负责校级课题下子课题的实施;教师个体以解决教育教学实际问题为研究目标的合作互助。长江小学建立了三级交叉立体式教学研究网络,即选派骨干教师和优秀教师参加区中心教研组,与结对学校联合共建校带校教研组,分别以年级和学科为单位建立校教研组。

(二)从问题入手,形成校本教研特色

以新课程教学理念为支撑,以课程实施中的具体问题为对象,构建符合"校情""师情""生情"的研训模式和内容,旨在课程与课堂教学研究中造就学习型教师、创建学习型组织,使全体教师的整体素质获得实质性的提高,而很多学校在此方面形成了自身的特色。北仑中学倡导问题—主题—课题的"三题式"校本教研形式,营造集体备课、课题引领、成果物化的研修途径,并积极利用青年教师学堂推动教师成长。大碶中学充分发挥市名师的指导引领作用,一学期被听课70余节,名师的课堂成为校本研训的场所,这种以老带新、以新促老的常态教研,促进了全体教师共同进步的效果。顾国和中学组织开展"读书与教学"校本培训,学校提供阅读书籍和专用笔记本,要求每位老师撰写读书笔记,编印《青年教师读书心得集》,举办读书沙龙,这样,既有任务布置又有过程管理,使得校本研训落到了实处。芦渎中学以"研习稿"为载体的校本教研训,以课堂为研训阵地,同伴合作,智慧共享,促进全体教师的专业成长,现四门文化课(除社会学科)均在实施,学生反映良好。灵山学校开展系列主题论坛,引领教师研究思考和交流。泰河学校形成了年轻教师"二次跟进式"汇报课制度,针对学校年轻教师众多的校情开展了扎实而有特色的工作。长江小学确立"校本教研主题化,教研活动课题化"的研修思路,要求各教研组围绕教学中、课堂上某一层面的具体问题,以问题解决为主线,把每一次教研活动作为一个实实在在的课题来做深做透,同时以"长江论坛"为主阵地,为教师提供共同学习、互相交流的机会。淮河小学在实践中积极探索和完善"三同六步"研修模式,以同年级、同学科、同教材为基本运行载体,将整个教研活动过程分为选课、备课、说课、上课、评课、定课等六个步骤,从内容上提供了研究的问题,从形式上规范了课堂教学研究活动的程序,达到了系统设计、整体运作、全体参与、共同提高的目的。柴桥小学语文教研组开展以"图像解读"为主要形式的案例式研修活动,以第一手数据和客观理性的图标,对课堂中某一方面进行全方位信息捕捉,为教学技能研究提供现场资料,帮助青年教师迅速成长。白峰小学通过实施"三堂课"研修模式激励年轻教师迅速成长,即组内一堂课、同上一堂课、共磨一堂课,每堂课有自身的特色和目标,相互之间又体现了一种层层递进的关系,前一堂课是后一堂课的基础,后一堂课是前一堂课的提升,而年轻教师在老教师和同辈的指点和帮助下,能及时发现自身的教学特色和存在的问题。蔚斗小学的"互助合作式"研修模式在"群体预设·实践验证·交流反思"的活动程序中集众人智慧,真正实现优势互补。该模式中的"三人行小组"活动形式,安排1人课前说课,1到2人上课,1人课后点评,整个活动过程记录和评价放入博客,供全校教师评阅。各校均立足学校实际开展研修活动,追求实效,值得互相借鉴。

淮河小学
——"三同六步"研修模式

　　五年来,我校勇于创新,强化以校为本的教研制度,走"科研为先导、活动有载体、研究有重点"的教科训一体化的内涵式发展道路,痕迹为"一课同上—一课多上—一课多上同上的双重研究",在逐步尝试逐步摸索的进程中提出创建并实在地探索着"三同六步"的校本教研活动模式,把课程改革作为教研创新的增长点,推动新课改的健康发展,切实提升办学品位和办学水平。

　　1.构建载体,校本教研规范化

　　以校为本的教学研究制度需要构建有效的活动载体,"三同六步"校本教研活动模式便是这样的范式。"三同六步"校本教研活动模式是一种以课堂教学为中心，课外研究探讨为主源的教学研究活动模式。主要体现在：构建载体，校本教研规范化；分段推进，发展过程步骤化；价值重建，教研科研一体化；主体位移，教师发展内涵化。它主要包括两部分：

第一部分，横向因素构建的内容。"三同"，即同年级、同学科、同教材，它研究的对象就是课堂教学的三大要素——学生、教师、教材。要求在同一年级不同班级中施教相同的内容，上课教师两人以上，同学科教师全体参与，并作为活动的主体。

第二部分，纵向因素构成的研究程序。整个教研活动过程分为"六步"即选课、备课、说课、上课、评课、定课。要求活动起始时先选择研究的问题与策略并写出书面报告（选课）；在其指导下，上课教师设计具体方案（备课），向大家阐述方案（说课）后进行课堂教学展示（上课）；然后同一教研组的其他教师围绕选课主题思考分析所听的课，每人写出评价材料（评课）；最后由活动主要组织者整理分析，写出总结性报告（定课）向大家汇报。这样，一次"三同六步"活动就是一次专题研究，形成的资料有：一份选课报告；几份优秀教案；几份优秀说课材料；多份评课材料；一份定课报告。

由此可见，"三同六步"从内容上提供了研究的问题，从形式上规范了课堂教学研究活动的程序，系统设计、整体运作、全体参与、共同提高。

2.分段推进，发展过程步骤化

"三同六步"的"六步"是一个规范的研究程序，基于教师的研究水平和实际，可分阶段、抓重点、有步骤地扎实推进，逐步使之走向成熟。具体来说，可分以下四个阶段：

第一阶段，以"说课"为重点的初创阶段。通过"说课"，提高所有参与活动人员的教学理论水平，达到教学过程的规范性与灵活性相结合之目的。可采用说课专项训练、请名师作理论指导和现场演示，也可进行教师说课比赛后由一等奖获得者作现场演说等形式。

第二阶段，以"上课"为重点的导向阶段。这一阶段可根据教学理念制定各科课堂教学评价表，并确定某阶段课堂教学研究的重点，指导和鼓励教师大胆实践，创新教法，提倡个性化、有特色的教学。可通过"三同六步"这一载体为教师举行各种展示活动，迅速提高教师的课堂教学水平。

第三阶段，以"评课"为重点的完善阶段。可用"理论＋实践""共性＋个性"的"评课要点"，鼓励大家大胆创新，不拘一格评亮点。为使评课落到实

处,除分组评课外,还可适时举行评课现场会和评课比赛。同时提倡评课主体的多元化。(平时的听课记录应强调侧评和尾评)

第四阶段,以"重两头、带中间"为重点的提高阶段。所谓"重两头,带中间",就是要把活动的重心放在"选课"与"定课"上。同时,仍旧抓住中间的四个环节不放,逐步向教育科研迈进,提升"三同六步"的科研价值,引领更多的教师从习惯于一般的教研活动,走向更高层次的教科研活动形式。

3.价值重建,教研科研一体化

"三同六步"的"六步"中,最重要的是"选课"与"定课",因此,它与一般的教研活动在价值指向上有明显的区别,它关注的是现实问题的解决和教师的专业发展。

"选课",是整个活动的计划阶段。它如同选定研究课题,对整个过程有着指导意义。所以,"选课"有明确的研究背景与意义、具体的教学内容和预期达成的目标,它的问题注重三性:可研究性、有代表性、有连续性。

"定课",是整个活动的总结提升阶段。它如同做结题报告,要对研究的问题达成共识,使每一个参与者在理论和实践上均有收获。其基本步骤是:

(1)重新审视选课中设计的目标,作适当调整与修改,使之更合理,更贴切。

(2)将教研组成员分工,根据评课的优秀意见和建议,对教案、说课材料整理与加工,使之成为优秀的案例,构成资料基础部分,或保存,或推广,使研究更具价值。

(3)以"评课"材料为依据,针对研究的问题分析解决的途径,总结整个尝试过程中取得的效果以及存在的问题与设想等。

因此,"三同六步"立足于教学改革和教学研究,直面教学实践,解决实际问题,实现了教研与科研的完美结合。

4.主体位移,教师发展内涵化

"三同六步"的研究主体是教师,要求教师全体参与、全程参与,因此每个教师都是研究者,每个教师都在参与整个活动的过程中研究和探索更科学、更合理的教学策略和方式,并使研究成果得以在课堂中实施。同时,"三同六步"模式避免了原本教研活动研究主题不统一、随意性强的弊端,其研究内容同一、主题统一、流程规范,操作性和实效性很强。

所以,它是一项低成本高效益、提升师资水平迅速、走内涵式发展的有效载体,更是一种切合学校教师实际的教科研方式。

北仑中学
——"一题三主五环节"校本教研运行模式

所谓"一题",是从教育教学过程中存在的问题出发,以解决本校或本人教育实践中的问题为目的,发现一个"问题",作为教研组共同研究的对象。

"三主",指发挥教研组内教研组长、备课教师和特级教师、骨干教师和其他教师个体这三个层面的"主体作用"。

"五环",是具体操作的五个主要环节,即问题—设计—讨论—行动—总结:

(1)问题:由教研组长召集组内的特级教师与骨干教师针对教学现状,提出需要解决的问题。问题的切口不宜过大,要体现一旦解决,对质量提高的有效性。

(2)设计:是对问题解决的策略的设计。由教研组长收集大家对问题解决的方法意见,或自己或由一名教师,作出系统的分析整理,在每月一次(约两节课时)的教研组例会上作出专题发言,系统设计解决问题的策略和方案。

(3)讨论:针对这一策略和方案,由备课组长召集本备课组成员展开讨论,分析其可行性,然后进行集体备课,形成较明确的教学思路。

(4)行动:由备课主讲者执教,备课组(或教研组)听课观察,围绕预先设计方案中问题解决的效果,进行评课,有人主评,共同参与。

(5)总结:组内群体成员,人人就这一问题的提出至解决过程及其策略运用,并结合自己的教学案例,形成基于问题解决的教学反思。

各学校在校本教研训方面所作出的不懈努力,对提升全区教师的专业素质和技能起到了实质性的作用。许多教师在区、市、省教坛新秀和优质课评比中获得奖项,或在科研领域脱颖而出。各级各类学校有一大批已经完成或正在进行的国家级、省级、市级、区级课题,很多课题获得了各级奖项。

三级教研训层次的构建,为教师的专业发展提供了重要的保障。上述三个层次中,前一层次为后一层次提供的是指导和培训,后一层次为前一层次提供的是反馈和思考,三者处于前后衔接的统一体中,共同为教师的专业成长发挥效用。

第二节　多维融合：促进管理、角色和工作三个维度内相关要素的有机整合

教研训一体化的构建离不开关联因素的联结及其相互之间的作用力。为建立和完善教研训一体化体系，北仑区从管理、角色和工作三个维度入手，通过分析维度内关联要素的关系和相互影响度，促进要素之间的优势互补和维度内各要素的有机整合，从而使教研训体系的日臻完善。

一、教研训管理的融合与一体化

规范化的教研训管理要以一定量的、配套的管理规章和运作程序作为平台，并在此基础上，进行适时的调控、监督和保障。北仑区教育局通过实施培训的教务管理与教研的活动管理的整合，从异质同构的视角来实现教研训工作的创新。

（一）层级性和统一性中体现着联动效果

学校、教研部门（教研室、教科所）、师训机构既有自身独立的管理范围和目标，同时又是有机结合在一起的管理整体，对校本研训发挥着联动作用。具体来说，学校结合国家的教育方针和相关的政策法规以及本校的办学实际，建立相关的组织机构、严格的规章制度、科学的工作程序，规范地实施计划管理、目标管理、系统管理、民主管理和质量管理，认真落实校本研训工作目标责任制，加强校本研训的工作质量评估，减少随意性，加强规范化、计划性。教研部门（教研室、教科所）从宏观上发挥导向功能，一方面，从理论上探讨符合地区教育发展实际和发展规律的校本研训目标和基本方向，在各学校校本研训活动中能产生正面引导作用；另一方面，全面把握各校校本研训的运行情况和操作特点，并在此基础上对其进行有效整合和宏观架构，使各校的校本研训能够得到不断修正和优化。师训机构则注重实践操作和组织管理，做好全区校本研训的档案工作，为各校提供校本研训的交流机会，促进学校之间的互助合作。

(二)类别性和整体性中体现着同质和一体

北仑区校本教研训管理从类别上看,主要有教研室负责的教研活动管理和师训中心负责培训日常管理。以往,这种管理因为类别的存在而独立运作,两者之间有较长时间的彼此分割,缺乏有效沟通,以致造成了教师自身继续教育的混乱和不确定性。为此,北仑区教育局决定对教研训管理类别进行整合,实现两者的有机统一。一是以继续教育学分换发为纽带,促进培训管理和教研活动互通有无。教师参加教研室组织的教研活动后,会由教研室确认活动事宜,再将确认结果递交到师训中心,进行学分登记和换发,结果同时会记入教师个人继续教育档案。二是定期召开师干训工作联席会议。教育局通常在学期末或者学期初召开一次师干训联席会议,相关部门和单位的负责人会对前期工作进行系统总结并在会上交流,经过集体分析和讨论,对管理中存在的瑕疵进行及时修补,努力完善和健全教研训管理模式。

二、教研训角色的融合与一体化

从区级层面看,教研训角色主要包括教研员、科研员、师训教师,其中教研员具有教学研究、教学指导、课程改革和实践经验的优势,科研员具有课题策划、课题指导、课题研究的优势,师训教师具有专业知识、教学理论、课程设计和班级授课的优势。角色分工虽然具有专业化、专门化的特色和益处,但结果的单一性、分割性也是不可避免的。为提升教研训角色的实践功能,北仑区尝试通过角色的融合来优化师训队伍。

(一)加强师训各方的合作与交流

以校本示范性学校评选为平台,夯实师训角色之间的合作力度和交流频率。为激发中小学、幼儿园校(园)本研训的积极性,不断推出特色教研训的典型经验,北仑区自2007年开始着手两年一次的校本教研训示范学校的评选。评选工作由教研室、教科所、师训中心三家部门和单位负责。通过组织人员深入各校进行调研和检查,师训相关人员有了很多的合作、交流和研讨机会。针对各校校本教研训的基本成绩,发现和分析其中存在的问题,把脉后续阶段教研训的正确走向。每次评选工作都会经过初步调研、论坛汇报、集中研讨、综合评分等几个阶段,每个阶段都需要集众人之智,以便提炼和推广北仑区各校校本教研训的特色和亮点,推动各校校本教研训走出北仑,打响全市乃至全省。

(二)鼓励有关人员不断提高自身素养

鼓励相关人员不断提升自身的综合素养,着力打造集学习型、研究型、合作型、促进型于一体的师训队伍。在常规性的教师继续教育模式中,教研员、科研员、师训教师各司其职,各尽其能。但职能分离对师训工作的整体推动无疑是十分不利的。为此,北仑区教育局力图通过提升师训人员的综合素质和能力来打造符合新形势下教师教育需要的师训队伍:一是选派师训人员参加市级以上各类培训,了解和学习具备前沿性的教育教学理论和课程改革的最新进展。师训人员仅仅偏安一隅,不多多地获取区外的最新信息,是很难适应新课程背景下教师教育发展需要的。多年来,北仑区先后选派了相关人员参加全国和省新课改论坛、培训,并带回来很多有价值的信息。二是鼓励师训人员深入中小学、幼儿园进行切实指导。自进入首批国家实验区以来,北仑区通常利用寒暑假定期开展学科培训,各学科教研员将自我学习、外出培训获得的最新课改知识传授给各学科教师,同时,教研员也会选择性地参与到各学校的小课题研究中,与教师们共同学习、共同探讨,不断提升学科的教学质量。三是定期开展学科教学和校本研训调研。师训人员会将调研的材料进行深度加工和详细研究,发现其中的特色和亮点,及时对相关学校进行再次指导,不断打磨这些亮点,使之能上升到具有推广的价值。

三、教研训工作的融合与一体化

教研训工作的融合和角色的融合在本质上具备相似性,目的都是力促教研训能真正实现一体化。北仑区在开展教研训工作中,通过培训教研化和教研培训化来提高工作的统一度。

(一)培训教研化

即要求培训工作在发挥原有长处的基础上,把教研的动态课程、教学问题的解决、个性化指导等加以吸纳和内化。实现这种吸收和内化的措施有三个:

一是举办各类专题性培训时,会在培训方案中渗透教研的精髓。如农村中小学教师素质提升工程的"新课程教学设计与案例分析"专题培训中，教师们除了参加省规定的培训外，还要根据区教研室的要求，组建学习小组。日常的教学工作中，学习小组要围绕教育教学，认真反思培训的启发和自身教学中存在的难题，小组长需要收集教师关于教学设计和案例分析中的难题递交到教研组进行集中研讨，再由学校负责教师集中汇总并上报到专题培训组。在后续的集中培训中，相关教师会就普遍性的问题进行诊断和分析，为教师们破解难题提出建议和参考。

二是学科培训兼备教研特性。如前文所述，北仑区会定期举办学科培训。每期培训的学科会尽量照顾到全体教师。培训中往往不是就培训而培训，而是在培训中包含着很多的教研活动。如 2009 年暑假开展的小学数学学科培训中，教师们上午听取讲座，下午围绕数学教学评价进行群策群力，并达成了"建立促进学生全面发展的有效评价框架、建立促进教师专业发展的评价框架、建立促进学校不断发展的有效评价框架"三个共识。

三是运用适当的形式鼓励教师在培训进程中开展研究。比较典型的是博客。北仑区教育局利用教科网的资源优势，鼓励教师开通博客。在网络上，教师可以在更深层次、更广范围内进行思想、观点、学术交流，实现自身专业发展。这里以北仑区英语教师博客网为例。它自 2006 年开始构建，全区 42 所中小学以教研组或教师个人名义注册建立了 107 个博客，发表日志近 9300 篇，同时又结合英语教师 QQ 群，定期开展主题研讨，每个教师有针对性地选择一些群内研讨内容作为自己学习的内容。在教研员有序管理之下网聚全区各年段英语教师之智，教师之间分享信息、同研问题、共用成果，形成了丰富的教学资源，实现了教研工作的网络延伸，做到教学研究活动常态化，给教师开垦了肥沃的反思学习田地。2008 年秋，在北仑英语教师博客和北仑幼教博客的基础上，北仑教育博客建设全面启动，网络教研为全体北仑教师撑开了研究、成长的新天地。

（二）教研培训化

要求教研工作在坚持已有特质的前提下，把培训的课程设计、教师继续教育需求的满足、新知识和新技术的输入等加以兼容。在教研活动渗透培训理念，实现两者的完美结合，对于提升教研训层次并走向一体化优势明显。教研培训化的措施有四个：

一是教研活动的策划以培训的课程设计为参照系。培训课程设计突出的特点是专题性、系列性和内在逻辑性。北仑区教育局教研室在组织各类教研活动时,要求教研员在规划活动方案过程中以某个专题为主,同时兼顾其他。活动进展及其结果都有及时的记录和反馈。教研室会对活动记录和反馈进行审核,如果发现本次活动程序乱,主题不突出,系列性和内在逻辑性非常欠缺,就会认真分析存在欠缺的原因,避免后期活动出现类似的问题。

二是教研活动以满足教师的继续教育需求为核心。无论是培训还是教研活动,如果教师的需求感不能得到满足,自然无法引起教师参与的积极性和兴趣,培训或活动的成效就会大打折扣。为使每次教研活动都能吸引教师积极参与,教研员会事先对活动域内的教师进行事先调研,掌握教师对本次活动的兴趣度和关注度。如 2009 年度,教研室组织教研员深入中小学,调研教师的教学困惑和教育需求。对调研材料进行集中分析后,发现"教学疑难问题"是当前教师们普遍的困惑和需求,为此,教研室决定开展一次全区范围的学科教研活动,活动主题以"教学疑难问题的解决"为主。这一主题教研活动受到教师们的普遍欢迎。由于关注度高,教师们兴趣浓厚,以至于活动时间一直持续到 2010 年年初。

三是教研活动以新知识、新技术的培育为动力。新知识、新技术的培育通常是教师主题培训的职责范畴。在教研活动中灌输新知识和培养新技术无疑能及时提升教师的专业素养。北仑区教研室在组织学科教研活动时,较关注学科新知识和新技术的渗透。如"示范与创新"是小学美术教学的最新关注点,教研室于是在 2010 年 5 月组织的教研活动中,要求执教示范课的教师从创新角度设计教学过程和教学方法。参与活动的教师在说课、评课时,以课堂教学的有效性为核心,重点围绕"示范与创新"展开讨论,大家坦诚相对,各抒己见,活动成效显著。

四是鼓励教师在教研活动中开展合作式的探讨。其他教师的经验、智慧、阅历等是教师专业发展的重要资源。因此,教研室要求教师在教研活动中加强合作和研讨,共同探索更好的教学模式。教师之间在教学领域开展合作,不应仅仅局限于平常所说的"集体备课",而且要在课后反思中合作。所有参与备课的教师,还包括教研员、学校主管领导等,都需要在课后一起反思、讨论。讨论中大家开诚布公,对于教学中的问题具体分析,到底是对学生的心理生理发展规律和成长需要认识不足,还是对教学内容把握不够准确,还是教学设计不合理,教学条件不完备,等等。教师合作探讨教育教学的内在规律，探讨教材的整体结构和每个单元的内在结构，以及两者之间的内在关系，作为教师课堂教学的共用的基础性资源，教师的专业发展在团体智慧的不断滋养下实现。教师之间基于教学而进行的深入合作，将教师联合成为一个学习共同体，共同探讨自身专业发展的道路，共同走向进步。共同体内部虽存在竞争，但更多的还是合作，在情感、情绪上为教师专业发展提供了可能。

除了加强教研组内部成员之间的合作，我们还提倡、鼓励不同学科教研组之间的合作。不同学科出身的教师，由于学科的特点，往往具有不同的思维方式，不同的看待世界、看待问题的方式，甚至有不同的价值观取向。因此，我们要求不同学科的教师互相听课、评课，就共同关心的教育、教学问题一起讨论。这一方面有助于教师开阔视野；另一方面有助于教师形成开放的心态、宽大的胸怀，以及挑战自我、超越自我的精神。可以说，教师之间的合作促进了他们的反思，而反思又进一步推动了他们在更深层次上的合作，两者相辅相成。

科学而合理的教研训体系是教师培训工作顺利开展的重要支撑点。北仑区从三个维度着手，经过不断实践和研究，实现了每个维度内相关要素的有机整合，也实现了教研训有关活动有理、有序、有度、有效地开展。

关于进一步加强以校为本、研训一体教研培训制度的意见

仑教研〔2009〕4 号

各中小学、幼儿园：

自 2002 年北仑成为国家级基础教育课程改革实验区以来，为循应新课程的全面实施和深入推进，区教育局于 2003 年制发了《北仑区关于以校为本教研制度的若干意见》（仑教〔2003〕144 号），后又相继出台了《北仑区创建"品牌学科"的实施意见》（仑教〔2004〕37 号）、《关于开展"北仑区校本教研训示范学校（幼儿园）"评选活动的通知》（仑教〔2007〕69 号）、《关于进一步强化中小学教师教学工作常规的意见》（仑教〔2008〕96 号）、《关于印发北仑区中小学教师学科专业素养提升行动计划的通知》（仑教研〔2009〕1 号）等一系列政策文件，极大地促进了我区教师专业化成长，推动了学科建设和质量提升，完善了以校为本的教学研修制度和管理方式，涌现了个体化校本教研品牌。但是，校本研训质量不高、有效课堂教学研究不深、教学常规执行不到位、教学管理简单化、校际发展不平衡等问题还相当明显，已很难适应北仑

教育内涵发展、轻负高质的新要求。为此,必须进一步提高对校本研修工作重要性的认识,明确工作重点,狠抓规范落实,积极研究实践,务求取得实质性的成效。

一、进一步明确当前校本研修工作的重点

中小学校和幼儿园的校本研修要以促进教师专业成长和提高教育教学质量为核心,抓好校(园)本教研训制度建设,强化实践反思、同伴互助和专家引领。学校研修工作要结合上级研训部门的工作思路,以关注教师课堂有效教学为立足点,以关注教学问题的有效解决为生长点,以关注教学活动有效实施为着力点,以关注教研场的有效建设为共生点,形成由小而大、不断拓展的校本研修领域,使学校教研文化内涵提升,最终使学校扎实、持续、有特色地发展。

1.关注教师课堂的有效教学。各校要依据新课程的理念和要求,建立科学的课堂教学评价标准,开展有效课堂教学的要素研究和经验研讨,依托课堂观察活动开展教师个体的教学行为诊断,利用行动研究理念跟踪教师的技能发展,深入教改实验的项目研究,搭建教学展示比武的平台,让教师获得持续的专业发展力。学校要定期开展教学胜任力调研和学生对教师执教能力的反馈,了解教师个体的教学素养情况,关注教学常规执行的自觉性和到位度,立足于具体有效与无效教学行为现象的梳理,在此基础上,通过有效的校本教研训途径,使弱者补其缺、强者促其长,让每位教师达到可胜任的执教水平。

2.关注教学问题的有效解决。各校要重视教师所遇到的教学问题库的建设,激活教师在日常教学中的问题意识,促进教师对问题的深入反思和积极解决。在此基础上,鼓励教师把问题作为教研活动主题进行同伴之间的进一步研讨,并把有价值的共性的问题作为教学小课题进行行动研究。通过让教师参与教学问题的不断解决过程获得专业的成就感,提高教师的学科专业素养。

3.关注教研活动的有效实施。各校要认真学习省、市、区各级教研部门下发的教学常规制度,反思并改进完善本校的教学常规管理,让教学常规产生保障教学质量的基本力量。要重视教研活动的规范和质量,克服传统的无目标、无价值的听评课习惯,根据各学科工作实际积极开展有效的教研活动策划,注重教研计划的专题性、系列性和研究性,激发全体教师主动参与意识,形成卓尔有效的教研成果,打造星级教研组和品牌学科,并逐渐形成学科的、学校的教研模式和品牌。

4.关注教研场的有效建设。各校要充分发挥教研团队和网络在校本研修中的价值。在校内充分利用新老教师结对、专题研究团队、名师特级工作站、学校教师学堂等途径促进教师的互助与合作，加强学校和区域教育资源库建设和利用。同时，要积极推进校际教研交流和区域教研协作，并利用网络平台开展交流研讨。要切实重视小学科和综合学科的教研工作，通过校际协作方式予以加强。

二、加强对备课组、教研组工作规范的研究与实践

1.备课组是学校教研组开展学科教研活动、实施集体备课的基本单位，是落实学科管理、强化教学过程监控、实现教师专业成长、打造学科团队的核心阵地。年段同学科任课教师达三人以上一般设立备课组。

各校要通过备课组建设建立以课标、考纲研读，教材研究，教学流程设计，重点难点突破，教学策略选择，练习设计优化为重点的集体备课模式，形成有较高质量的校本教案、学案、课件及训练体系，探索备课组共同认同的有效课堂教学模式，共享集体研究成果。建立教学问题、教学障碍、教学事故及时发现、即时诊断、限时诊治的机制，为有效教学提供保障。要把集体备课的重点落实在各学科各册教材中约 15%～20% 的疑难课文，做到"三定""四统一""五步骤""六备"。

"三定"即定时间、定内容、定主讲人。

"四统一"即在年级备课组中做到教学内容相对统一，教学进度统一，教学理念统一，课堂练习统一。

"五步骤"指个人初备、集体研讨、二次备课、课堂观察和反思提升。个人初备要贯彻"以学生发展为本"的教学理念，正确处理三维目标，体现学生的主体性。设计的重点放在明晰教学目标、设计教法、学法和安排教学过程上。集体研讨时主备人系统说课，其他老师陈述自己的备课设想。备课组成员相互交流，主备人吸纳有益意见，形成通案。二次备课环节各位老师根据不同的学情和自身的教学特点，对通案作修订和完善，使教学活动更具针对性，能凸显自己的个性化风格，满足学生多样的学习需求。严禁教师照搬通案直接进入课堂。课堂观察环节备课组成员组内听课，根据具体人员选择不同观察点或集中对某一环节进行观察，共享教学智慧和学生创新火花，研究教学预设的课堂实施效果。反思提升环节通过自我回顾，反思自我的教学行为并与同行交流研讨，不断提升自己的教学能力，并将备课资源上传

共享。

"六备"：备课标和教材，明确目标；备教学内容，注重知识间的逻辑关系及知识与生活之间的联系；备教学方法和教学手段；备作业与练习；备学生学习方法培养和能力提高的策略；备德育、美育的渗透因素。

在备课组活动中，备课组长应承担学科把关责任，承担重要教学内容的研究和统审集体教案的责任，提前制订备课组工作方案，落实每次备课活动的人员分工，及时整理备课活动的资料并成册归档，指定专人保存课件、教案、讲义、试卷等有价值的材料充实资源库，以供后续年段借鉴。

要加强备课组活动的纪律性，备课组全体成员（包括学校领导）要按时出席、认真参与备课组活动，在集体备课中的表现应纳入教师考核和专业成长记录。每次活动要有关于活动主题、活动过程、活动内容及出席情况的详细记载，存入学校教学档案。

2．学校教研组是学校教学研究的基层组织，是教师学习专业理论、交流实践经验、提升专业水平的重要学科活动基地。教研工作应努力端正教育思想，探索教育规律，科学合理地提高学科教学质量，促进学生全面成长和教师自身专业发展。教研组工作要做到：

(1)根据上级教研部门的工作意见和学校教学教研工作重点，立足本学科实际，制订学期工作计划，安排学习、研讨活动，做到目标明确、重点突出、内容可行、体现校本、满足需求、有所特色。学期结束及时做好教研工作总结，实事求是，务求深入。

(2)教研活动应反对形式主义，注重工作实效，努力解决一些实际教学问题。活动要定时间、定主题，有所突破、做好记录。活动形式可以灵活多样，要促进教师学习和反思，以团队为单位的集体研讨、学习交流等每学期不少于四次。鼓励各教研组积极开展教改实验。

(3)落实学习与反思规范。团队成员要积极订阅专业报刊，每学期读一本以上教育教学专著并组织交流心得。勤于思考，不断发现教学问题。团队成员要具有教学反思意识和习惯，通过教学后记、案例、随笔等形式表达反思结果。

(4)落实专题教研规范。要积极开展以"有效教学"为重点的"教学小课题"研究。"小课题"研究与管理要切合教师工作实际，要积极开展以了解认识教学问题为目的的调查研究，以关注并转变学生为目的的个案研究，以改进教学提高效率为目的的行动研究等。研究力戒贪大求全，务求从实从细。

听课评课活动要与解决问题相结合,要有研究主题,要人人参与,深入研讨,形成具有一定学术价值的个案。

(5)落实教研档案规范。每学期结束将下列材料完整归档:①教研组计划、记录、总结;②学科教学评价资料;③教学小课题研究资料,教研活动个案;④教师专业成长规划,个人档案;教师教研工作学期小结;⑤教师教学教研成果(有价值的教学设计、教学实录、研讨初录、成果集、活动照片等);⑥其他具有研究意义的材料。

(6)加强教学流程各环节的管理和研究。要从学生学科素养培育的要求出发,抓好有关教学规范的落实与考查,以专业的态度解决教学问题。要结合学科实际,主动参与地方、学校课程的开发与实施。组织学科兴趣活动,重视特长生培养。

(7)积极承担各级各类教研活动,组织参加各类专业竞赛和学科教研资源建设,整理教学反思与教学成果结集交流。

(8)帮助青年教师做好专业成长规划,配合学校加强对青年教师的专业培训,落实带教措施,提供各种机会促使他们尽快提高实践能力。

三、重视对校本研修工作的领导和管理

1.各校必须承担起加强和改进校本研修工作的职责,把校本研修工作纳入教学常规,要为教师参与培训、教研活动和教学研究提供必要的经费和时间保证,为校本研修管理工作在年度考核中落实相应的实绩考核要素。建立和健全备课组、教研组校本过程检查考核制度,并定期进行抽查。要开展校级优秀备课组、教研组评比活动,召开备课组和教研组工作经验论坛或研讨,善于总结、提炼和推广有效的经验。

2.校长作为以校为本教研制度建设的第一责任人,应该成为校本研修的身体力行者,不断提高自己的专业水平,成为提高学校教育质量的专业带头人。要把教学研究作为学校的中心工作,整合教导处、教科室、年级组、学科教研组和备课组的力量,逐步扩大校本教研教师团队,形成校内教学、研究、研训密切结合的一体化的研修系统,促进形成具有浓厚学习与研究氛围的学校文化。要形成学校领导与备课组、教研组挂钩结对的联系制度,注重平时的参与、调研和指导。

3.要高度重视备课组长、教研组长的聘任与培养,赋予各组长考评、推优的责权,优先推荐组长参加高层次的学习与研修,在政策范围内给予组长一定的工作量补贴,为组长开展工作创设有利条件。

4.充分发挥教研训机构在指导和评估学校工作中的作用。教研室要坚持贴近学校、贴近教师、贴近课堂,不断拓展教研员联系学校制度,积极履行教学研究、指导和管理的职能,加强对教学常规、校本教研、教改实验、课程建设、质量评估等方面的实践引领,努力为完善三级教研网络起好示范。教科所要加大推进各校科室的建设,降低科研重心,聚焦教学实际,不断增强教师投入研究有价值、有意义课题的自觉性。教师培训中心要密切关注教师的实际需求,加强对各校师训工作的科学指导,联系教研、教科等部门开展对学校教研组长、教导主任和教科室主任的分期培训。同时,教研、教科、师训等部门要进一步加强协同,整合相关的工作和活动,继续推进校本教研训示范学校的评估,着力提升相对薄弱学校的研训水平,要不断创新,善于推广。要探索建立教学研究、教学指导和教学督导相结合的新机制,充分发挥教研、教科、师训等部门在发展内涵、提高质量、创建特色中的新作用。

北仑区教育局教研室

二〇〇九年十一月五日

第三节　载体推动:寻找教师专业发展的有效途径

教师专业发展需要载体,这些载体就是促进教师专业发展的有效路径。北仑区在推进教师专业发展的过程中,寻找到了一些卓有成效的路径,那就是教学反思、校本课题研究、教师之间的同侪互助,以及大学与中小学伙伴合作等。

一、教学反思

教师的专业发展更多强调的是自主发展,自主的发展需要教师有反思的能力。对我国而言,在全面进行素质教育和推进课程改革的今天,广大教师不得不经常面对一些新思想、新课程、新教育方法与手段。这些都要求教师不断更新知识结构,在情感与态度上不断调适,才能适应改革的需要。国内外有关教师反思行为的研究表明:提高教师的反思能力可以激发教师专业发展的潜能,超越过去的经验。①

　　尽管优良的外部环境和教育培训以及教研活动的开展对教师专业发展起着很重要的作用。但是,对教师的专业发展而言,教师本人的教学实践经历才是最重要的。任何实质性的发展与变革只能是一个发自内心的行动过程和结果,而不是一个强加于人的产物。研究表明,教师真正的成长不在于岗前培训,也不在于教学中的脱产学习,教师能力的显著提高是在教育教学实践中。新的教育思想,必须在教育教学改革的实践中产生,新的教育观念,也只有在教育教学实践的探索之中才能逐步确立。教师在教育教学中所需要的大部分知识和技能,如处理课堂上的突发事件的能力等都是在课堂教学实践中逐步提高的。进行教学实践活动的主要阵地无疑是课堂,课堂教学的实践是教师提升专业发展水平的主要途径。许多优秀教师的成功都是从认认真真地上好每一堂课开始的,通过对每一堂课的课堂活动设计、课堂教学组织、课后的认真反思和总结来一步一步地成长和进步。当然,这个过程也离不开专家的引领、同伴的帮助,然而更需要的是个人的努力和对课堂教学实践的反思。通过课堂教学的锻炼,教师不仅可以丰富教育教学经验,而且可以逐渐提高自己的专业能力,改进专业态度,并形成教师的教育智慧。作为研究者,教师首先需要研究自己的教育教学实践,以不断改进和优化教育行为,提升教育效果。教师研究自身教育教学实践的基本方式是反思。反思是促进实践知识理论化、理论知识实践化的重要途径。②

(一)教学反思的内涵

　　《论语·学而》中的"吾日三省吾身",老子《道德经》中的"知人者智,自知者明",都是在阐释"反思"。所谓反思是指一种思考经验问题的方式,即教师以自己的课堂教学活动为思考对象,来对自己所作出的行为、决策以及由此所产生的结果进行审视和分析的过程。反思,是一种有理性的总结,是指行为主体立足于自我以外批判地考察自己的行为及其情景的能力。布鲁克菲德曾这样批评没有反思的情形:"如果不进行批判和反思,我们生活在当今也无异于生活在过去的牢笼里。如果不进行批判和反思,就总会认为事情的对与错,是与非应当由专家说了算。于是,我们永远只能从别人那里

---

①　王栅等:《教师发展:从自在走向自为》,广西师范大学出版社 2007 年版,第 275 页。

②　王栅等:《教师发展:从自在走向自为》,广西师范大学出版社 2007 年版,第 198 页。

明白做任何事的意义,于是任何时候的教学都是在实现别人的梦想。"反思是促进教师专业发展最重要的高级思维能力。反思是使教学经验有意义化的行为,如果没有必要的对其自身教学经验的反思,则教师能从这样的经验中学到的东西在数量上和质量上都将十分有限。① 教师的发展除了必须具有教育教学所必需的知识、技能、技巧外,还必须具有对教育教学的目的、教育教学行为的社会与个人后果、教育的伦理背景以及对教育方法、课程原理等问题的探究与处理能力:具有能够提出问题,能够评价自己的教育教学行为,作出自己决策的能力。说到底,就是应该具有反思的能力,应成为一个具有自我发展的意识、承担起自我发展的责任和义务的反思型教师。反思思潮以解放理性作为其基本的价值取向,追寻的是人们对解放与权力赋予的追求,是主体在批判考察中自主的发展,它强调的反思是一种"解放之思"。这种"思"的特点恰恰在于教育者对教育前提的思考,他必须要追问教育在学生成长、实现完满人格中的价值与意义。

美国学者波斯纳提出了教师成长的规律:经验+反思=成长。他将反思分为几个层次(水平):第一层是回忆水平。一个人描述他所经验到的,通过不寻求另外的解释与企图模仿他所观察到的或以被教导的方式回忆他的经验,并以此为基础来理解情境。第二层是合理性水平。一个人努力地寻求各种经验之间的关系,通过理性原则来阐释环境,寻求其中的原因,并将他的经验汇总或提升为指导原则。第三层是反思水平。通过教师自身反思水平一步步发展,教师原有的教学观念就会得到不同程度的发展或改变。②

教学反思是指教师对复杂的教学实践及其行为背后的理论进行主动的、不断的审视、探究与分析,改进自身的教学行为,从而实现自身专业发展。对于教师来说,"教学反思"不是一种面向学生时的教学方法或策略,而是一种用来提高自己的专业素养、改进教育实践的学习方式。它指的是教师在先进的教育理论指导下,借助于行动研究,不断地对自己的教育实践进行反思,积极探索和解决教育实践中的问题,努力提升教育实践的合理性,并使自己逐渐成长为专家型教师的过程。反思课堂教学实践是促进教师专业发展的重要举措。理论的形成过程不是脱离教学经验的一种孤立行为或

---

① 皮连生:《学与教的心理学》,华东师范大学出版社 1997 年版,第 20 页。
② 邵美华:《美国师范教育中案例教学法及其启示》,《课程·教材·教法》2001 年第 8 期。

是试图强迫别人接受的伟大真理，而是一种与生活息息相关，建立在个人实践基础之上并有赖于不断阐释和不断变化的过程。理论来源于实践，来源于教师生活，来源于价值、信念和实践中深信不疑的规定，来源于围绕实践所依据的社会背景。教师的实践理论根植于教学实践，教学实践经验是教师教学生活的基石。但正如杜威所说的"当经验局限于往事，受习惯和常规支配的时候，就常常成为同理性和思考对抗的东西"①。因此，教师还必须经常对教学实践经验进行深入的反思，用新的眼光看待熟悉的事物，以开拓新的经验的视野。教师对于教学实践经验的反思亦可称为"反思性实践"，调动经验所赋予的漠然的心智考察，在同情境进行对话中展开反省思维，对问题进行反复的、严肃的、持续不断的深思，致力于解决复杂情境中产生的复杂问题。

反思，既包括对自己的教育活动的反思，也包括对他人的教育活动的反思，还包括对教育行为背后所隐含的教育理论根源进行反思。这就需要教师在实践中进行批判和重构，将一般理论转化为个人实践理论。一般来说，教师越能反思，在某种意义上说越是好老师。反思意识强的教师会经常发现自己教学中的问题，通过不断地解决问题，使自己不断地完善。反思不等于一个人坐下来苦思冥想，更不等于毫无意义的反复思考，反思是人的一种日常思维，属于人的认知活动。② 反思是教师专业发展和自我成长的核心力量，它将促进教师由外控的专业发展向内控的专业发展转变。教师要从日常教学入手，在分析教学行为中进行反思；从自我评价入手，在进行自我评价中剖析自我；实践证明，教学与研究相结合，教学与反思相结合，不仅能帮助教师在劳动中获得理性的升华和情感的愉悦，提升自己的精神境界，体会到自己存在的价值与意义，而且能促进其积极主动地寻求自己的专业发展，成为专家型教师。③

教师对教育教学行为的反思，可以通过撰写教育教学反思笔记（日志），经常有意识地发现和改进自己的日常教育教学行为，随时记录工作中的感想、体会；进行案例或课例的分析研究，促进先进理念的内化和迁移。反思

---

① 约翰·杜威：《我们怎样思维·经验与教育》，姜文闵译，人民教育出版社 2005 年版，第 256 页。

② 王枬等：《教师发展：从自在走向自为》，广西师范大学出版社 2007 年版，第 199 页。

③ 梅新林、杨天平：《教师教育实践与思考》，重庆大学出版社 2008 年版，第 199 页。

是在行动和观察之后作出的。它既是行动的结束,同时也是新行动的开始。反思是一种强有力的有价值的行为,是促使教师自我成长和专业发展的核心因素。①

(二)反思性教学实践

佐藤学(Schon Manabu)对"反思性实践者"作了精彩的概括:(1)在专业实践性认识上:"反思性实践者"是阐释看似单纯的情境与事件之内外交织的多义性与复杂性,深入探究"不确定性的世界";(2)在探究与表达中:"反思性实践者"采用"叙事样式"追求结构化之意蕴,要求对于情境做出灵活过细的处置,具体问题具体解决;(3)在与社会的关系上:"反思性实践者"以教师的"自律性"和"学识"为基础,显示出同民主主义社会——保障知性自由与个性多样性的社会协调,并且标榜这种社会的性质。② 当教师真正转变成为"反思性实践者"时,教师职业开始被视为在复杂的语脉中从事复杂问题解决的文化的社会的实践领域,教师的专业能力在于,主体的参与问题情境,同学生形成活跃的关系,并且基于反思与推敲,提炼问题,选择、判断解决策略的实践性知识。称得上"反思性实践者"的优秀教师逐渐会形成实践性思维方式:(1)即兴思考:应对时刻变化的即兴思维;(2)情境思考:对于问题情境的主体式的、感性的、深究式的参与;(3)多元思考:问题表象中的多元视点的统整;(4)语脉思考:问题表象的与解决中的背景化思考;(5)框架重建:实践过程中问题的不断建构与再建构。③

布鲁巴赫(Brubacher)等认为反思性教学实践可分为三种形式:一是"对实践的反思",即反思发生在实践之后;二是"实践中的反思",即反思发生在实践的过程中;三是"为了实践的反思",即反思发生在实践之前,为前两种反思的目的最终形成的超前性反思,进而形成实践之前的三思而后行的良好习惯。④

教师的反思离不开教育实践,反思实际上是实现实践与理解的对话,个体通过对自我行为的分析和审视,发现问题、总结经验,以促成新的实践行

---

① 李臣之:《教师做科研》,海天出版社 2010 年版,第 337 页。
② 佐藤学:《课程与教师》,钟启泉译,教育科学出版社 2003 年版,第 240—241 页。
③ 钟启泉:《教师实践性知识研究》,华东师范大学出版社 2008 年版,第 194—206 页。
④ 夏惠贤:《论教师的专业发展》,《外国教育资料》2000 年第 5 期。

为。正是在教育实践中对教育世界的不断追问,对所怀抱的理想、付诸的行动、伴随的焦虑的不断思考,对所从事的教育活动意义的不断追寻,才有了教师的成长。传统教育理论将许多教育问题概念化,因而产生了教育理论与教育实践的隔离。教师专业发展实际上就是把这些教育问题的学术研究回置到鲜活的现实之中,使理论研究返回到思想的故里。而教师在实践中对教育意义的主动探求,会改变教师在教育实践中仅仅作为执行者,甚至是消极力量、被改革的对象的角色地位,提升教师的责任感和理论思维能力,使教师对教育、学校乃至自身的发展有更进一步的理解。而这种不断加深的理解就是教师工作创新,教师获得发展的首要条件。要促成教师反思行为的产生,一方面要教师树立自主的专业发展观;另一方面要具有良好的自我反思能力。因此,教师反思能力的提高是当前教师专业发展的重要内容。反思是一个循环递增的过程,通过反思,不断地修正完善自己的教育实践行为。

阳光总在风雨后
——记我的一次教研磨课经历
大碶小学　方莉婷

在四月份,我准备了一节二年级下册的《1000 以内数的认识》,经历了 3 次教学,每一次都让我有更进一步的认识。《1000 以内数的认识》教学的是二年级下册第 68—69 页,例 1 和例 2 的内容。目的在于:

(1)让学生经历数数的过程,体验数的产生和作用;知道这些数是由几个百、几个十和几个一组成的。能说出各数位的名称,识别各数位上数字的意义。

(2)通过生动有趣的活动,经历数概念形成的过程,并能结合实际进行估计,发展学生的数感。

(3)在认识 1000 以内数的过程中,培养学生的估算意识,比较与分析能力,提高学生学习数学的兴趣和自信心。

教学重点:能认千以内的数,知道这些数是由几个百、几个十和几个一组成的,体验数的顺序。

教学难点:接近整十、整百数的数法(满十进一)。

第一次教学(过程略)

教学反思:

这是第一次试教,教学的最大感受就是因为很多同学都对这一课时的学习内容有了一定的掌握,数数的时候学生纪律较差。这要归结于我的教学设计不够理想,结合听课老师的意见,总结为以下几点:

(1)数数的形式比较单一,没有起到激发学生学习积极性的作用。建议可以学生自己数数,同桌对数,男女对数,小组比赛数等。适当增加倒着数的内容。

(2)在设计时,我让学生会写、会读 1000 以内的数之后,再让学生具体地数数,这样安排不合理。应该先会数数字再认识数字。

第二次教学(过程略)

教学反思:

这一次的教学后,各位老师向我指出了几点错误:

(1)"201"读作"二百零一"而不是"两百零一",虽然会写,但是我读错了,也没有向学生指出,这样的小细节应当在平时多加注意。

(2)板书"10　10个十　　100　10个一百　　1000)"不够规范,应该和书上一样,写成"一个一个地数,10 个一是十;一十一十地数,10 个十是一百;一百一百地数,10 个一百是一千",这是我借鉴网上的教案得来的,想来还是要以"书"为本。

(3)因为一开始还没有教学"一百二十六"写作"126",所以数数的时候,从 198 起,数到 206,要写成"一百九十八、一百九十九……"。

(4)从"一百九十八起数到二百零六"要写成"一个一个地数,一百九十八起,数到二百零六",出题要严谨。

关于这节课的教学,现总结思考如下:

(1)一节课的内容选择要适当,挖得深一些。本节课以数数和数的"读作""写作"为教学内容,数字的顺序为教学重点,各数位"满十进一"为教学难点。

(2)数学的语言要精练。这是我到现在一直都出现的不足之处。需要时刻警惕,打好腹稿再说出口。

(3)学生参与度不够。要调动学生的各方面的感官,读、听、想、写,让每一个学生都参与,这也要求能将各个教学环节设计得能引发学生探究的兴趣。

(4)练习深度不够。好的练习能让学生有兴趣做,并且能够提高、加深他们对所学知识的认识。多看一些其他老师的练习形式、方法,学习他人的经验,同时自我积极思考,找寻新的适合学生实际情况的练习。

(5)计数器的运用要及时、有效。

第三次教学(过程略)

教学反思:

这节课后,我对今后的教学和学习又有了一个新的体会,总结如下:

(1)师生之间的交流是一种艺术,作为教师,倾听学生的想法,并作出合理的反应、恰当的评价,在学生思考时,能够有效地进行引导,都需要用语言去执行,上好一堂课除了教学的设计外,教师的语言也很重要。作为数学教师,我要做到尽量减少"不必要"的语言。

(2)教学内容的设计最好以一个(或两个)为佳,且主次分明,连接顺畅,将教学内容在潜移默化中讲透,注重朴实的教学,避免繁缛花哨但无实际意义的教学环节和形式,但注重教学的趣味性基础和趣味之间的度的把握是比较难的,需要我不断去尝试、体验和思考。

(3)一节课需要激情,不仅是老师教学的激情,还有学生参与学习的激情。激情贯穿在一节课但是并不是一直那样高昂,有"风平浪静",也有"激情澎湃",这都需要教师去合理地引导。学生激情的调动和控制都需要一定的技巧,往往调动后的激情会收不住。如何设定一些限制,使激情在合理的范围内"变化",需要多积累经验和思考,在今后的听课和自己的教学上,我都要对这一方面多加留意。

(三)反思的内容

能否进行有效反思是影响教师专业发展和自我成长的关键因素。教师反思大致包括两大部分内容:一是教师对教育、教学的监控,即对教育、教学活动的内容、对象和过程进行计划、组织、评价、反馈和调节的能力;二是指教师对自身教育、教学效果的认识与评价,从而产生自我价值感及其职业意识,并对职业生涯和专业发展进行规划与设计。

反思是以思想自身为对象进行的思考,但它的源泉是人本身的实践活动。因此,反思的对象应是教师的实践活动。然而,反思并不仅仅只是针对思想内容本身,它同时还包括了对思想的"前提",即人们形成某种观念的根据和原则进行思考,只有这样才是深刻的,才能使反思者达到"澄明"的状态。因此,从反思内容上看,主要划分为两个层次:一是对教师在教育实践活动中所表现出的行为的反思;二是对产生这种行为背后的教育思想的反思,而教师对后者的反思是一种深层次的反思。教师的教育行为不仅仅包括教师的课堂教学活动,还包括教师的教学研究、参加培训与学习等各种对课堂教学有直接或间接影响的活动,而教师行为背后所隐藏的思想活动更是纷繁芜杂的,唯有从中寻出条理脉络,才能更有利于明确教师反思的内容。从教师专业发展的角度而言,教师的教学行为是教师专业外在和最直接的表现形式。通过对教师专业发展的横向与纵向分析,结合反思的内涵与特征,教师反思的内容至少应包括以下几个方面。

1. 专业知识与能力

教师的专业知识一般可分为三个部分:本体性知识、条件性知识以及教育情境知识。本体性知识指的是教师所具有的特定的学科知识,如语文、数学、英语知识等。这些知识中某些部分可以在师范院校中学习到。掌握丰富的学科知识对教师顺利完成教学工作有着重要的作用,然而多年的实践证明,教师的本体性知识与学生的成绩之间并不存在着统计上的相关性,当本体性知识达到一定程度时将不再成为影响教学的显著因素。条件性知识是教育学、心理学等教育科学知识,通常教师们会在师范院校和在职培训中掌握。但是教师们是否真正地在自己的教育实践中运用这些知识常受到人们的质疑。教育情境知识则比较复杂,它是教师在不断变化的教育环境中,由教育经验提供的应对教育事件的实践知识。它体现了教师的经验、思想、人格等方面的特征,是一种个人实践知识,具有明显的经验性成分,是教师教学经验的累积。通过教师成长的研究发现:在准备期与适应期,本体性知识所占的比重很大;而到了发展期,尤其是发展后期,三种知识各占其一;到创造期以后,本体性知识所占比重进一步缩小,而条件性知识和教育情境知识所占比重则明显加大。因此,教师对自己专业知识的反思更多地应是将条件性知识与教育情境知识相结合进行,通过反思在二者之间构建一座桥梁,促进二者之间的相互理解,从而更好地运用这两种知识,促进自己的专业发展。对专业知识的掌握并不完全等于教师教学行为的形成,还需要教师将其转化并形成专业能力。因此,教师的反思内容还应包括自己的教育教学能力。首先,教师应反思自己的能力是否真的能实现教育目的,是否能更好地促进学生的发展,即教师在明白"教什么"的时候亦能明白自己该"如何教";其次,教师应通过反思的方法在教育理论的指导下对自己现有的能力进行修正、创新,从而激活自己的思想,保持自己职业生涯的不断进步。

2. 教育信念

教师的反思,绝不仅仅将自己的反思内容局限于教学行为,而更应该去反思行为背后所隐藏的教育信念,对教育信念的反思也是教师反思的一项重要内容。教育信念是教师行为的前提,是行为的导航灯,有什么样的教育信念便会导致怎样的教育行为。换言之,教师的个人教育信念实际上恰恰是他"所采用的理论"。倘若教师认为"教师的讲解是必需的",那么这样的教师必然会在自己的工作中更多地采用讲授法;如果他认为"学生在学习中需要有参与",那么他必然会在教学中更多地尝试采用活动课、研究型学习等充分发挥学生主体性的方法。教师的教育信念若不改变,无论是新课程还是新方法,都将得不到真正的贯彻和落实。因此,教师在反思自己的教育活动时,除了多问自己"我应该怎样",还应该多问自己"为什么会这样","我这样行动的思想根源是什么,究竟是什么促使我这样",等等,对自己的教育信念进行反思。

3. 教师道德

对专业知识与能力的反思可以直接转变教师的行为,对教育信念的反思可以从深层次真正提高教师素质,促进教师发展,而除此之外,不应忘记对教师职业道德即师德的反思。职业道德是从事某一职业的人必须具备的品德,并且与这一职业的特点息息相关。教师是培养人的职业,教师的一言一行对学生的成长具有十分重要的影响,俄国教育家乌申斯基曾说过,教师的人格对于年轻的心灵来说是任何东西都不能代替的,有益于发展的阳光、教育者的人格是教育事业的一切。教师的人格最能影响学生人格的发展和形成。不仅如此,教师的职业道德对教师反思、教师发展而言亦具有相当重要的意义。有责任感的教师必定会不断地研究和探索教育学生的方法!教师具有正确的教育思想,又对学生满怀热情,就会对工作产生强烈的责任感。因此,教师在反思自己的教育技能、教育信念的同时,更有必要认真地反思一下自己的职业道德、职业情感,审视自己能否正确地对待自己的工作,是否真的具有良好的师德。

（四）反思的方法和步骤

1. 反思的方法

反思是一种科学的思维方式，善于反思者应能充分地利用多种反思方法，掌握反思的步骤，从而提高自己的反思效果。反思的方法有很多，①在学校环境中，教师的自我反思是围绕教育教学实践展开的，反思形式可以是多样的：(1)笔记法。包括写日记、周记、工作记录、教学随笔，等等。教师将自己的教学实践行为以文字的形式记录下来。(2)口述法。教师阐述自己的观点、聆听他人发言并作出评论的过程，也是一个自我反思的过程。(3)观看录像法。观看自己的教学实践录像，如公开课或教学比赛的录像是教师自我反思的有力途径。在实施课堂教学的当时，教师可能不容易觉察到自己的不足，也可能会遇到一些预料之外的难以处理好的情况。观看自己的教学录像就如同照镜子，教师亲眼观察自己的教学实践行为，回味当时的教学场景，总结经验，发现并分析不足之处，寻找解决途径，这利于教师更快的成长。一切反思行为都要把握的一点是，反思是为了改进。具备自我反思能力的习惯和能力，教师才能够更好地控制自己今天的行为，筹划未来的自我。这些方法可以帮助教师反思他们自己的行为和想法，并使其外化，从而培养其反思能力。

布鲁巴奇等人提出了四种反思的方法：(1)反思日记。在一天的教学工作结束后，要求教师写下他们的经验，并与其指导教师共同分析。(2)详细描述。教师相互观摩彼此的课，并描述他们所观察到的结果，随后与其他教师相互交流。(3)问题讨论。来自不同学校的老师聚集在一起，提出课堂上发生的问题，讨论解决的办法，最后形成的解决办法为所有的老师及其所在的学校的教师所共享。(4)行动研究。为弄明白课堂上遇到的问题的实质，探索用以改进教学的行动方案。教师以及研究者合作进行调查和实验研究，它不同于研究者由外部进行的旨在探索法则的研究，而是直接着眼于教学实践的改进。②北仑区的学校在区域教师专业发展过程中，开展了丰富多彩的富有特色的教学反思活动。

---

① 辛涛：《教师反思研究述评》，《清华大学教育研究》1998 年第 3 期。
② 于洪卿、杨晓明：《论教学经验的反思》，《丹东师专学报》1998 年第 6 期。

长来幼儿园
——"实录反思"活动

实录反思是指教师在观看自己或他人教学活动录像过程中,思考和教学观念,提高教学质量的一种教研活动,我园从去年开始在年级组一课三研基础上拍摄开课活动,用在教研活动上,教师们可以根据需要选择、定格,回顾具体的教学片段,通过再现真实的教学情境相互交流,在分享教学成就的同时,共同面对教学问题。在这个过程中,每个教师都成为参与者,为解决共同的问题出主意、想办法,积极贡献自己的经验、智慧。教师们开始从以往的关注教学,关注自己,转向关注孩子在活动中的各种行为,并开始从对幼儿关注后得到的信息中反思自己的教学行为。

新碶小学
——"博客"教学反思活动

教学反思是教师对自身教学工作的检查与评定,是教师整理教学效果与反馈信息,适时总结经验教训,找出教学中的成败和不足的重要过程,常写教学反思,对教师提高自身业务水平、优化课堂教学,有着十分重要的促进作用。在日常的教学常规管理过程中,我们非常重视这一环节,我校要求每位教师认真写好每一节课的教学反思,具体要求为:

(1)记自己一节课的成败之处,在以后的教学中不断加以实践和完善,逐步提高自身的教学水平;(2)记教学中的疏漏与失误,从主观上找原因,使之成为以后教学工作中的前车之鉴;(3)记录学生在学习过程中的困惑,这往往是一节课的难点,将解决方法记录下来,不断丰富自己的教学经验;(4)记教学中学生的独到见解,学生是学习的主体,从教材内容的实践来看,通过他们自己切身的感觉,常常会产生一些意想不到的好见解,将这些独具一格的解法记录下来,丰富自己的教学内容。并要求教师一月上交一篇自己体会最深的教学反思,并在校园网的博客或北仑博客中进行交流。现在我校的语文、数学博客排列为北仑积极博客,期中英语教研组还被评为区先进博客。反思已成为我校教师的一种习惯,它对提高教师的课堂教学能力起了积极的促进作用。

顾国和中学
——"多维反思",让教师成为反思实践者

教而不思则罔,教师在自己的平常教学中,就自己的教学片段、教学闪光点、教学中的失误及教学中的困惑积极反思,力求探索出解决的方法和途径。通过反思提高自己的教育教学能力。我校三年来采取了以下方法促进教师自我反思:

(1)对话反思:让教师个体通过与骨干教师、专家的共同研究交流,对话反思自己的教学行为,产生思维碰撞。(2)问题反思:教师个体关注教学需要,提炼问题,带着问题在教研中不断反思,并不断生成新问题、新反思。(3)自我总结反思:倡导教师定期对自己的教育教学行为进行阶段性反思,发现优点,改正缺点。(4)录像反思:对教师的课堂教学,学校信息中心进行录像,让教师以旁观者身份观看录像,反思自己的教学行为,同时教研组可以把关键环节作为案例,让全体教师品味、对比、反思。(5)检测反思:每学期的期中、期末检测后,教务处针对教师的教学、学生的学习效果进行期中调研,举行学生座谈会,进行问卷调查,学生对教师教学打分等等,把调研结果反馈给每一位执教教师,帮助执教教师实践反思。对学校期中试卷,我们设立双向细目表,要求命题的老师明确考查的知识点及分值,在学生考试过程中,所有的一线老师先要预估学生得分情况,待试卷批阅完成后统计每一题实际得分情况,计算偏差分,然后再反馈给每位老师,逐题分析失分原因,进行教学反思,再统一上交给教务处。虽然工作量明显增加,但老师们都觉得这样做对自己进行有效教学,对提高学生的学习成绩大有帮助。

2. 反思的步骤

美国学者舍恩(A. D. Schon)批判了以往技术理性人为地把知识分为理论与实践两个方面的观点。舍恩认为这种观点狭隘地把教师的工作理解为把教育专家的理论应用于实践,这是完全错误的,因为它忽视了内隐于教师教学实践中的"行动中的知识"。在舍恩看来,这些知识是在教师的行动、理解和判断过程中本能运用的,事先并没有经常仔细地考虑。在日常教学实践中,教师总是在本能地做一些事情,但从来没有清楚地意识到他们为什么要做这些事情。反思就是要使教师学会如何更好地意识到那些他们通常所不能表达的内隐的知识,并对此加以激活、评价、验证和发展,使之升华为教

育理论。据此理解,舍恩将教师在教学中的反思行为概括为包括"欣赏—行动—再欣赏"三个阶段在内的持续性、螺旋式上升的过程。①

反思作为教师专业发展的一种策略,不是简单的日常意义上的"扪心自问"或"吾日三省吾身",它是一个不断发展、不断提高的螺旋式的循环过程,它没有固定的起点和终点,每一个终点就是一个起点,每一个起点来自前一个终点。一般来说,教师反思的过程分为以下四个基本阶段:发现问题、分析问题、确立假设和验证假设。教师在教学实践中发现问题;分析所收集到的资料,以批判的眼光审视自己的思想、行为,明确问题的根源所在;然后搜寻与当前问题相关的信息,以建立解决问题的假设性方案;考虑了每种行动的效果后,开始实施解决问题的方案;在检验的过程中,教师会遇到新的问题、新的经验,当这种行动过程再次被观察和分析时,就进入了新一轮的反思循环。② 具体来说,包括以下四个阶段:

(1)反思实践。反思实践是教师反思自己的教育教学实践。反思作为教师的自我认识和实践能力,只有以自我实践中所暴露的问题为基础和前提,才是有力量的和有效果的。也就是说,反思产生于"问题"和"无知境界",教师反思的起点便是自我实践中的"问题"。问题意识包含两层含义:一是对接收到的信息的新奇与敏感;二是对遇到的情境提出疑问的思维方式。对于教师而言,就是对教育情境有新奇感并能敏感地捕捉其中的信息,进而提出问题的一种思维习惯。

(2)理性分析。理性分析是指教师依据收集到的信息和资料,以科学的理性态度和方法对教育教学的本质加以深刻的理解,并在此基础上建立起观念理性和相应技术理性的结构体系。它要求教师以批判的眼光审视和考察自己的观念、行为和习惯,进一步确认发现的问题。这一过程需要教师有谦虚的心态、足够的勇气、公正的品质、豁达的胸怀、丰富的情愫、敏锐的判断力和丰富的想象力,以及耐心、自知之明、亲切感和幽默感等。经过理性分析找到问题的真正原因是反思过程的关键,在此基础上,才能提出改进策略。

(3)改进策略。改进策略是指教师在自己的知识中搜寻与当前问题有关的信息,或通过阅读书籍、请教专家、集体研讨等方式,提出解决问题的各

---

① 卢真金:《反思性教学及其历史发展》,《全球教育展望》2001年第2期。

② 刘琼华:《教师继续教育"反思型"培训模式及策略》,《继续教育》2007年第5期。

种假设,并对假设的效果进行预测。这一过程是教师将实践中反映出来的问题上升到理论层面加以剖析的过程,通过自身实践与文本对话、与专家和同行对话,上升到实践与理论的对话层面,教师才能探询到问题的根源,进而找到解决问题的理论依据和方法,在思想中形成新的观念,建立起新的假设。教师要想完善自己的教育实践,就需要完善自己的教育思想。这是一个持续的修炼过程,任何新观念的内化一般都要经历接受、反应、评价、组织和个性化等五个由浅入深、由不稳定到稳定的阶段。

(4)实践验证。由于反思是建立在个人知识、经验和价值观念的基础之上的,这就难以保证每个教师每次反思的结果都是科学的、合理的。有时也可能出现错误的判断,因而,要确保反思有效,就需要把自己的反思成果放到教育实践中去检验。因为反思的最终指向落实在实践的改进上,只有通过实践检验证明是正确的成果才能加以推广和应用。教师建立起新的假设之后,就应着手策划新的行动计划和方案,并进入行动的实施,通过实践验证假设,当这种行动能够被观察分析时,教师就开始了新一轮的反思循环。然而,这个循环不是简单的思维过程的重复,不是对反思所得思想认识的无尽讨论,而是实践验证和行动改进。

我们不能忽视的一项重要工作——纠错教学

宁波东海实验学校 赵绍君

一、活动策划的背景

在数学教学中,我们经常会遭遇这样的困扰:有些做过几遍、讲过多次的习题,学生还是一错再错。这种"过目即忘""浮萍式"的学习方式,使数学教学成为一种"戴着镣铐的舞蹈",痛苦而疲惫。

有些学生上课听得很好,反应也不错。但当教师讲完课,布置习题让他做时,在实际的解题过程中,由于学生自身的因素(如知识、能力、心理等)和题目中故意设置的干扰因素等多种因素的共同作用,往往会使解题在某个环节受阻,思维之翼难以展开,思维活动因而停滞不前。于是老师经常能感受到部分学生"课听得懂,题不会做"。这种现象严重影响了数学教学质量的提高。

根据桑代克的"试误说",尝试与错误是学习的基本形式,学习是一种尝试错误的过程,在尝试过程中,无关的错误反应逐渐减少,而正确的反应最终逐渐增加,最终形成刺激与反应之间的联结。因而数学学习与尝试错误有着密切的联系。其实教学、练习、纠错等环节往往是学生经历尝试—错误—尝试……的思维过程。在授课过程中,如何把学生的错误转化为他们学习的有效资源呢?一要错题分析。教师应该把每一次绝大多数同学有差错的试题统计出来,综合归纳出共同存在的问题,定下几道较为典型的错例作案头分析,多问几个"为什么学生会在这道题上犯错误?"从而找出学生在思考能力上存在的缺陷和思维方法上存在的偏颇,在日常的教学中加以改正与弥补。二要错因归纳。通过错题帮助学生真正认识自己在学习阶段认知上的"病情",找到"病源",然后"开方抓药",争取做到"药到病除"。教师善于帮助学生将错误及错因进行合乎逻辑的分类,真正引导学生从"纠错"走向"究错"。

作为一名数学教师,应充分意识到错误与正确是一对矛盾体,矛盾的双方既对立又统一,如果我们很好地利用这一对矛盾,引导学生细心观察、发现错误之处,分析引起错误的原因,进而找出正确的解法,通过激活学生出现的错误,达到提高学生的悟错能力。其实研究学生常犯的错误,是教师很重要的一项工作。我们很多教师研究的课题太大、太空洞,实施的过程也往往脱离我们的日常工作,也因此往往取得不了好的成果。而错例归因,一是我们每天的工作都与学生的"错误"分不开,可研究的素材比较多;二是找到了学生的错误以及错因,我们必然会去帮助学生订正错误,引导学生少犯同样的错误,这样也必然提高我们的教学质量。

因此,"纠错教学"是我们数学教师应该做好的一项十分重要的教学工作。

二、活动的内容与实施步骤

(一)理论学习阶段(第1~2周)

任何一项实验或者研究,都必须有理论的支撑。当我们有一个想法后,还要找理论来支持我们接下去需要做的工作是有意义的。因此这项工作我们分三步走:

第一步:策划人找"理论"支撑

翻阅资料和互联网搜索,主要摘录了两个重要理论:

(1)归因理论与应用。

(2)桑代克的试误说(详见附件)。

第二步:参与人"理论学习"

(1)将活动设想告之协作区内的其他教研组,首先得到他们对这项活动的认可与支持。

（2）将所确定的支撑理论发给各教研组，并要求他们对组员进行理论培训，并布置问题思考。

（3）学习心得交流，各组员将就此所得的好想法、好经验在组内进行交流，并达成共识，确定操作方法和步骤。

（二）初步实践阶段（第3～6周）

正如数学家波利亚说的那样："人们总认为数学只是一门系统的演绎科学，但往往忽略了它形成过程的特点——又是一门实验性很强的归纳科学。"要做好"错例归因"这项工作，我们以学生的作业和单元测验为主阵地，做好以下几步工作：

（1）作好每天的作业情况分析。做好得分率较低的试题记录工作，对其认真分析，及时发现教学中的漏洞或是薄弱环节。设计了错题登记表，以每单元为一个专题。

错题登记表

序号	试题内容	得分率	题型
1		男/（　）女/（　）	
2		男/（　）女/（　）	
3		男/（　）女/（　）	
……	……	……	……

（2）做好错题归类，归因工作。设计了考试错题分析表。

考试错题分析表

错因	错题序号	备注
审题错误		
因粗心计算错误		
书写、表达不规范		
数学概念模糊		
识图能力不强		
应用能力欠缺		
时间不够		
……		

（3）同层组员探讨。这项工作应达成几项共识:一是错题是否一致;二是归因是否一致;三是制定统一的纠错措施。

（4）开设专题的纠错课。

（5）理论提升,对所授章节在教学中应注意的事项和关注的细节进行提炼,形成书面资料。

（6）同层组员再探讨。

（7）同教研组内交流。

（三）教研展示与反思总结阶段（第8周）

活动主题:错例归因或疑难突破

活动地点:东海实验学校

活动内容:

（1）泰河学校的陈国松作了《"图形与变换"的几个疑难问题的探讨与处理》报告。

（2）大碶中学的朱永利老师作了《如何找等量关系》报告。

（3）灵山学校的史珏尔老师作了《如何使学生学好"因式分解"》报告。

（4）东海学校的陈孝凯老师作了《"整式的乘除"的几个疑难问题的探讨与处理》报告。

三、活动反馈及问题

在数学学习过程中,学生经常会出现许多错误,及时纠正学生的错误是教师的重要工作之一。科学地进行纠错,不仅能让学生深刻地理解和掌握基础知识、基本技能、提高分析、解决问题的能力,而且还能培养学生思维的批判性。这项教研活动开展以来,得到了部分教师的认可与支持,也取得了一些成绩。但是也同样存在着很多问题,需要我们接下去进一步研究和解决。具体如下:

（1）思想动员不到位。由于活动组织者在开展教研活动前,没有向全科组教师明确这次教研活动的主题和意义,很多教师不理解这次活动的价值,重视不够。加上这项活动在日常工作中的强度大,烦琐复杂,很多教师应付了事,没有达到思想上的高度重视,行动上的绝对支持。

（2）区分错误的能力相对较弱。区分错误的类型是科学有效地实施纠错教学的前提。很多教师以为就是把正确的方法或正确的结论告诉大家。严重违背了这项活动设计的初衷。其实学生在数学学习过程中出现的常见错误有五种:知识性错误、方法性错误、逻辑性错误、心理性错误和过失性错误。不同的错误应采取不同的纠错方式。

(3)纠错方式单一,内容枯燥。教师们不善于剖析学生的错误,也就造成了不可能借题发挥,将其进行多角度、多层次的变换,引导学生挖掘知识错误的内涵,从而弄清知识点,揭示生长点,找准连接点,提醒注意点,以便逐渐形成对错误题型的不同形式的常规解决思路。

纠错教学是数学教学过程中一项十分重要的工作。纠错教学的科学性和有效性是我们教学质量再提高的保证。所有教师只有思想上认识,行动上支持,我们才可能把这项工作做好。因此,通过本学期这项教研活动的开展,在今后我们需要重视对纠错理论、纠错策略的研究,认真做好资料的搜集、整理工作,以便于执教时有针对性地预防错误的出现,更好地指导学生学习。

东海实验学校的纠错教学工作就充分体现了教学反思的几个步骤。先是反思教学实践中存在的困扰教师的问题,学生为什么总是在某些问题上出错;然后阅读相关理论书籍,希望能找出问题形成的机理,寻找到问题产生的根源;接着探索解决问题的策略,这种策略是全体参与教师共同发现的;最后在实践教学中运用这些策略,检验其效果。

二、校本课题研究

随着"教师即研究者"国际理念的传入和解决我国教育改革瓶颈问题的要求,教育界从上到下对中小学教师的教育科研十分重视,教育科研意识也逐步深入人心。素质教育和新课程呼唤广大中小学教师的专业发展,其核心之一乃是科研素养,这是教育改革的原创潜能,也是衡量教师成熟度高低的重要标志。"反思和研究是通向'解放'、实现教师专业自主的有效途径"[①],"教育研究成了教师作为专业人员的一种专业生活方式"[②]。苏霍姆林斯基曾说:"如果想让教师的劳动带给他们乐趣,使天天上课不至于变成一种单调乏味的义务,那你就应当引导每一位教师走上从事研究这条幸福的道路上来。"研究是教师专业发展的必由之路,也是教师成长成才的幸福之路。为此,中小学教师要积极进行研究。作为一线教师主要不是在研究

---

① 刘捷:《专业化:挑战 21 世纪的教师》,教育科学出版社 2002 年版,第 254 页。

② 叶澜、白益民、王坍、陶志琼:《教师角色与教师发展新探》,教育科学出版社 2001 年版,第 26 页。

中获得一定的科学知识,不是创造理论,而是要获得实践能力,是不断解决问题、逐步完善的过程。教师在科研中通过自己主持或参与课题,自觉学习理论,更新教育观念,对提高教师自身的素质大有裨益。校本课题研究是促进教师专业成长的重要途径之一,从选题到申报,从实践到总结,无不对教师起着重要的影响。教师研究与教师发展是密不可分的,教师要想发展提升,就必须进行研究,以科研带教研,以教研促教改。开展课题研究有利于促进教师不断学习,不断提升理论水平。教师从事课题研究活动,能增强科研意识、提升教育科研水平,是总结教学经验、形成教学智慧的重要手段。

(一)教师研究的特性

一名教师从新手到成熟再到专家,都具有研究的特征,所不同的一般只是教育科研方向、能力和水平差异而已。因此,我们所谓的研究型的教师既是目标也是过程。

教师作为研究的主体,不可能研究教育领域的方方面面,其进行研究的优势在于"教师是教室的负责人,而从实验主义者的角度来看,教室正好是检验教育理论的理想的实验室。对那些钟情于自然观察的研究者而言,教师是当之无愧的有效的实际观察者。无论从何种角度来理解教育研究,都不得不承认教师充满了丰富的研究机会"。教师做研究是一个既立足于实践又超越实践的过程。在教学实践中,总会遇到一些问题。这些问题都是进行课题研究的基础。教师做科研是以探究为基础的教学实践,实质就是把教学变成研究。所以教师遇到问题试图解决,在教学过程中为解决问题系统地做调查、展开科学的假设、有目的地收集资料,与他人一起作分析及深入讨论时,已经是在进行教育研究了。因此,理解一个课堂有助于更好地理解所有的课堂,教师所拥有的最佳研究位置和最丰富的研究机会使他们有机会长期地在各种学习和社会场所观察学生,常常对社区、学校和课堂有多年的了解,而且他们经历着关涉到他们具体角色和责任的各种教学事务。如此,这些方面均将使教师的观点有别于其他研究者的观点,同时教师研究往往能解决问题。因而更精确地说,教师的教育研究应该是教师教学研究或教师课堂研究,它主要是针对教师的日常教学生活所进行的研究,"日常教学生活"是教师课堂内外所涉及的方方面面,往往都是教师意欲弄清的一些教学问题,就是在复杂的文化、社会背景中产生的旨在实践性问题之解决的过程,是要求高层次的思考、持续不断的判断与选择的过程。由此教师教学研究的涵义就凸显出来:教师教学研究是指教师对日常教学生活的一种自觉的多样化的探究活动和过程。它突出强调教师的主动参与和全身心体验,强调对教学活动的意义、价值、运作方式等不断解读、选择和创造。

教师的研究是一种教育职业活动中的研究,其目的在于认识与解决教师教育职业活动中出现的问题,教师的研究与学术界专门的"教育科学研究"有联系又有区别,分属于教育研究中的两种目标取向。前者的首要的目的旨在通过研究直接促进实际教育问题的解决,而增加科学的知识是第二位的;后者则主要是为了增加科学知识,求得理论创新。教育科研不是为了验证某理论,而在于改进、解决教育的实际问题;不是研究别人的问题,而是研究发生在学校里的教育问题;不是研究某种理论假设,而是研究现实的教育问题;不是将教育与研究搞成两张皮,而是在教育过程中进行研究。可见,中小学老师的教育研究应结合自己的教育教学过程。一位教师注意观察学生,发现了学生课堂学习中的若干值得注意的环节。在调查的基础上他就指导学生如何改进方法,提高学习效率。他的独特的观察指导正是一个"短平快"的研究课题。这样的研究,夯实了教师教学成长的基础。[1]

教师做研究不是"为学术而研究学术",不是"为学术而研究实践",恐怕也很难谈得上是"为实践而研究学术",应当定位为"为实践而研究实践"。它可能会带来有学术价值的成果,或者为教育科学的发展积累有益的材料,但其出发点和归宿都不应当定位为做学问,即从事专业学术知识的生产。因此,教师做科研必须指向教学,是教师不断思考教学设计、提高课堂管理水平、丰富个人教育观念、寻求教育意义的过程。这也决定了教师做科研的重要特点是针对教学实践的行动和变革。教师针对教学实践问题,在进行广泛的调查研究,形成解决有关问题的思路之后,还需要将这些解决办法付诸实践,以便检验这些想法、思考是否正确,及时作出改进。教师解决教学实践问题,有步骤地进行教学变革主要有两种途径:一是教育实验研究;二是教育行动研究。教师参与教育研究,一则可以解决自己教育工作中的问题,从而改进教育教学实践;二则可以提高自身的专业能力。综上所述,教师研究的两大特性如下:[2]

一是在研究中教学。任何教师的发展都离不开所在学校,自己任教的

① 李敏:《读书反思研究——教师专业发展的基石》,《实践新课程》2009 年第 1 期。

② 柳夕浪:《教师研究的意蕴》,教育科学出版社 2007 年版,第 19 页。

学校是教师专业发展的根本场所，是教师专业成长的基地。教师在研究中教学，主要表现为教师对学科教学的研究，这就要求教师从教学设计到教学实施、教学反思各个环节都要有研究的视野、研究的状态和研究的追求。在研究性教学的要求下，教师教学设计的时间往往要实行整体备课，如"学期备课""学年备课"，备课不再限于同一科组，往往是异质的、跨学科的，备课的内容也具有教学与研究双重性，教学目标之外有研究目标，且二者合一。教学内容是研究内容的依托，也是研究内容的表现形式。而教学实施则是有观察、有测量、有记录的过程，既能促进学生的学习获得，又能积累学习的获得和典型的事件。教学反思是从研究的角度回溯教学过程，既能发现教学中值得注意的"状况"，又能升华研究感受。

二是在教学中研究。教师做科研，不严格控制在实验室进行，而是在日常的教学场所展开。不受外部专家的严格控制，而是自己"当家做主"。当教师成为研究者，教学不再是简单的知识传递过程，不再是知识的灌输和接受，也不是单纯的技能训练，教学本身变成了研究，课堂成为师生合作探究的舞台，成为共同创造知识的发展空间。在教学中研究，意味着教师的研究绝不能脱离教师之本职工作——教学，是为了教学的研究。

（二）校本课题研究与教师专业发展

校本课题研究，是指为了学校和教师的专业发展，在学校中以学校为主体组织发起并以改进学校实践，解决课堂教学实际问题为指向而开展的教学研究活动。它以学校为中心，以学校和教师为研究主体，以学校面临的各种具体问题为对象，以促进学生发展为宗旨，以与大学或教师培训机构结为伙伴关系为合作平台，以提高学校的教育教学质量、促进教师的专业发展为根本目的。它既注重切实解决实际问题，又注重概括、提升、总结经验和探索规律。因此，作为一种基于校本的学校教师发展的策略，它既不是把目的狭隘地局限于教师个人的发展，也不是统一地按照同一模式去塑造每个教师：它既不同于以高等教育机构为本的教师培训，也不同于传统意义下学校日常的教研活动，而是恰当地以学校这个教师工作和成长的基地来整合各种教学和研究的资源，组织教研活动，充分发挥教师在教研活动中的主体作用，实现整体化、系统化的教师专业发展。

校本课题研究，是21世纪学校教育改革与发展的全新的教育理念。第一，校本课题研究是以教学中实际问题的解决为目标而建立起来的一种教学研究制度。第二,校本课题研究是一种研究方式。借助于观察、行动、反思以及它们之间不断的循环来实现自身行为的改善。第三,校本课题研究是教师改善自身行为的反思性实践和专业成长的过程。在实践中开展研究,把自己的实践行为看作是一个研究的过程,实质是教师反思性的实践;同时,教师反思性的实践也促进了教师的专业成长。第四,校本课题研究是教师职业生活的基本方式和特征。它让教师在研究状态中,不断克服职业倦怠,体会到"此在"的乐趣和"当下的价值"。实践证明,借助校本课题研究,促进教师专业发展,不失为实现学校跨越式发展之良策。①

　　校本课题研究实现了教师"在教学中研究""对教学进行研究""为了教学的研究",也实现了教师从"授受型"向"研究型"的转变。在校本课题研究中,教学和研究是共生互补的。研究的环境就是教师工作之中的实际环境,教师的研究是对自身教育行动的有效性、合理性的探究并不断加以改进。校本课题研究促使教师积极反思,参与研究,将行动与研究融为一体,从事研究的人员就是要应用研究结果的人,研究结果的应用者也是研究结果的生产者。因为教师是从事具体教育、教学工作的,他们最了解需要解决的教育、教学问题,对实际工作中面临的困境或疑惑有最深切的感受,其工作性质和特点最适合在从事实际工作的过程中,将行动(教育、教学日常工作)与研究(探讨解决问题的方法)结合起来,探讨、解决日常教育、教学实践中出现的问题,使实践工作更加科学、有效。

　　由于校本课题研究的主体是由具有共同理想和远景规划的教师群体所组成的,它重视自下而上的教师自主自律的管理,凸显教师的主体性。因此,在校本课题研究的形成与展开的过程中,不仅能充分发挥教师个体学习和研究的积极性、主动性和创造性,而且能激发教师专业发展的责任感和成就感。可以说,校本课题研究是教师专业发展的动力源。

　　校本研究与教师专业发展二者之间存在着一种既互为前提又互为结果的关系。一方面,校本研究影响着教师专业发展模式的选择,专业自主发展意识的树立,更重要的是校本研究可对教师专业发展的核心——教师素质起着很大的促进作用;另一方面,校本研究又要受教师专业发展水平的制约,校本研究的主体是每一位教师,他们的专业素质和专业自主意识是校本

---

　　①　陈徐东:《倚重校本教研引领促进教师专业发展——对校本教研的探索与体会》,《中小学教师培训》2009 年第 5 期。

研究正常有效进行的必要条件。同时二者的关系还具有动态生成的性质。校本研究是一个过程,教师专业发展也是一个自身各方面素质发展的过程。在进行研究时,教师各方面的素质也会相应地发生变化。这一变化过程不是一个突发的即时的结果,在教师素质变化的同时,也会对所从事的研究产生反馈,形成一条回路。反过来,教师研究水平的提高,又会在更高层次上促进教师的专业发展。校本研究与教师专业发展就是在这种不断地促进与反馈回路的动态过程中得到提升。①

(三)以校本课题研究为载体,促进教师专业发展

课题从哪里来? 从学校中来,从教师切身的教育教学问题中来。教育局和基层学校把教师看作是"研究者",鼓励他们留心观察与思考,把每一项课题当作教师学习、提高的契机,让教师围绕自身所遇到的真实的教育教学问题开展教育研究,在校本课题研究中实现专业素质的提升。同时,依据不同教师的不同特点和优势,倡导不断创新的研究风气,形成教师独特的教学风格。每所学校,也根据自身特点和需要,确立适合本校、有本校特色且为本校服务的研究课题,往往由此方面的学科教师、骨干教师做课题组负责人。很多学校的校本研究逐渐形成自己的特色。教师在参与这种课题研究过程中,一方面可以与大家交流、反思和实践,不断修正、完善自己的教育理念,重新确立新的教育教学行为方式,提高自己的专业素养;另一方面学校的某方面的教育问题也通过很多教师参与的校本课题研究得到解决,使学校的内涵进一步得到发展。

以校本研究为载体,北仑区的学校开展了一系列富有成效的探索。如长来幼儿园开展了主题式教研活动,新碶小学开展了"小课题研究",蔚斗小学开展了从"会诊式行动研究"到"三人行"捆绑式合作研究,长江中学探索出了校本教研的三种模式。

长来幼儿园
——主题式教研活动

2006 学年我园教研训研究的主题是"一日活动的有效组织",具体内容有:晨间活动组织形式和内容、传统体育游戏与幼儿体操表演的融合、班级

---

① 连榕:《教师专业发展》,高等教育出版社 2007 年版,第 195—196 页。

物品摆放文化、过渡环节的合理安排、离园活动的多元化,等等。2007 学年教研活动的研讨主题是"基于教师需求的各项教学技能",例如:方案简析、演讲式说课、如何撰写案例、区角材料拓展和利用、如何分析教材、如何写评课稿,等等。2008 学年研讨主线为"语言领域为主的微格录像现场教研",开展了走近诗歌现场教研、早期阅读的理念培训、绕口令、故事教学的现场课例,等等。在研究过程中组长与成员之间分工合作,围绕主题式研究方向,一学期主攻一主题,在交流中解决教师教学困惑,更新教师教学观念,满足教师成长需要,提高教师自身素质,提升了幼儿园的内涵发展。

新碶小学
——"小课题研究"

开展"小课题研究"活动,可以培养教师自觉钻研意识,提升教师教育教学能力,有助于教师专业化发展,是教学研究的一个重要形式,也是教师专业发展的重要保证。两年中,我校非常重视教研组的小课题研究工作,具体做法是:(1)选好小课题的课题。小课题的研究课题应该来自于课堂,来自于教师的亲身实践,以教师自身最急于解决的真实问题、现实问题作为研究的课题,越实用越好。因此,在每学期的开始,确定小课题的研究内容已成为每个教研组的首要任务。(2)积极开展小课题的研究。在小课题研究活动中,学校要求课题组的老师结合确定的课题,有针对性地阅读相关的教育专著、专业理论书籍,夯实教师在小课题领域内的理论基础,以站在更高的层面来审视课题,促使教师实现对研究课题从感性认识到理性认识的升华。在集体研讨,相互交流中,把相关理论运用于教学实践中去解决所遇到的问题,把研究与教学实践紧密结合起来。(3)做好小课题总结工作。小课题的研究是一个由不理想到理想、由不成功到成功、由失败多到成功多、由失望到吻合的长期渐进的过程。它不仅需要教师建立一种新的教学和研究理念,也需要教师在实践中去丰富、去完善、去呈现。为了及时总结经验、展示成果、查找不足,使小课题研究工作向更深的层次发展,向更高的目标迈进,每学期我校对各教研组的小课题进行一次交流。其中我校数学组、语文组、英语组共有四篇小课题入编区《让研究成为教师的习惯》专辑。

蔚斗小学
——从"会诊式行动研究"到"三人行"捆绑式合作研究

2005年,当我们接过"浙江省校本教研示范学校"的奖牌时,我们为之欣喜:学校多年来形成的务实、协作的教研文化得以较好地传承和发扬;"会诊式行动研究"作为我校校本教研的基本方式,已取得了一定的成效,得到了专家的肯定,并有效地改进了教学行为。通过几年的实践,我们也深深地认识到"减负"的关键在提高课堂教学质量,而提升校本教研的质量是提高教学质量的有力保证,几年来,从学校到教师都在实践中摸索着前进。

2005年我们成立了课堂教学"会诊式行动研究"探究小组,将"会诊"运用到我们的校本教研活动中。"会诊"的对象是某位教师的某堂课,"会诊"的"医生"是参加校本教研的全体教师,通过教师们的集体"会诊",对教师的教学各方面把脉诊断,细数健康状况,描述病情表现,分析病情成因,提出治疗方案,进行调理治疗。

会诊式行动研究强调研究与行动结合,更强调解决问题,注重剖析自己,一位青年教师通过几次的跟踪会诊,往往能够在短时间里快速提升专业能力,尽早完成"适应、入格、升格、立格"的成长过程。

从会诊式行动研究的流程中,我们不难看出研究的前期操作是教师独立的个体,再由组内教师参与。这样的操作流程比较适合于1~5年内的青年教师,帮助其从各方面进行改进。我们在思考:如何将我们的主题研究得更深入?如何让更多的教师参与?如何将理论学习与实践相结合?如何发挥每一位老师的特长?基于我校教师良好的合作氛围,上学期起,我们推出了"三人行"捆绑式合作研究,即以教师的专业化发展的需求出发,3~4人组成教学研究小组,根据研究主题(即小课题),开展理论学习与课例研究相结合的课例评析研究。通过"群体预设—实践验证—交流反思"三个环节,打造出一支具有高专业素养、独特教学风格的教师队伍。其实施操作步骤为:

群体预设

课前,根据研究主题(小课题),选择一个课例。三人共同对文本进行解读,带着实际需要解决的问题进行教学设计。俗话说得好:"三个臭皮匠抵得上一个诸葛亮。"集三个人的智慧共同去备一堂课。课前20分钟,在专门的教学研讨室里,由一位老师向备课组老师阐述设计的意图和策略的运用,让所有教师在听课之前就进入了研究、思考的状态。

实践验证

在集体打磨的基础上,第二位老师进行教学实践,研究小组的其他老师带着解决问题的探索和思考进入课堂。通过观摩课例展示,进行反思、对照、吸纳、消化和总结,从中寻找解决问题的途径,形成新的认识,同时生成新的问题,引发更深的思考。

交流反思

课例展示完毕,组织研究组教师进行充分讨论。第三位研究小组成员为中心发言人,对课堂教学现象进行分析,总结所感、所悟和所得,并提出在听课中发现的新问题和在课堂教学实际中仍然存在的困惑,引发其他研究组的教师继续深入研究。三天之内,研究小组的成员将研究案例发于校园博客网,组内其他教师以跟帖的方式展开交流。

教学研究小组的组合,考虑老师们的年龄结构,尽量发挥不同年龄阶段教师的特长。如今天展示的品德组研究小组,有青年教师陈老师,有校骨干教师张老师,还有资深教师赵老师。

"三人行"捆绑式合作团队的组成,加强了教师之间的交流与对话、沟通、协调与合作,共同分享经验与成功,也让不同年龄结构、不同认知水平、拥有不同理念的老师共同得到提高。同会诊式行动研究相比,"三人行"捆绑式合作研究更强调教研活动的深入和协作。

我们逐步把"三人行"捆绑式研究和会诊式研究两种教研方式结合起来,就像今天的展示,其他老师从不同的角度进行评议,有评教学目标的达成度的,也有对教师教学语言的评价等。我们希望通过教研活动,让所有的老师目标明确地"动"起来,将问题剖析得更深入,让每一位老师在每次活动中均有所得。

长江中学
——促进教师专业成长的校本教研训模式

一、把准脉搏　有效提炼

2002年秋,北仑区率先投身新课程改革,成为我省基础教育改革的先行者。北仑区长江中学把这次课改作为学校发展的新机遇,新课改一开始,就坚持全面改革与重点突破相结合的方法,从教师培训入手,把教师观念的转换、教学方法的改进等综合素养的提升视为实施新课改实践的关键。学校在没有经验可循的情况下逐步摸索,积极探索,走自我发展的道路。比如,教研组按时组织上公开课,并通过评课等活动不断完善提高教师课堂教学水平;教务处定期召开全校课改会议交流课改中的问题和认识以提高教师新课改的理论水平……如此,立足于学校的教研训工作在新课改的背景下如火如荼开展起来。但也不可否认,前期的教研训工作难免零敲碎打,流于浅表层面,各教研组又各自为政……

那么校本教研训工作如何有计划地实施才能取得最佳成效呢?为了更进一步提高教研活动的效益,全面促进教师的专业成长,长江中学在踏实开展校本教研训实践的基础上尝试模式的归纳与规范。比如,建立在上课评课的教研活动基础上,提炼"课例式"模式,以期通过对具体的教学环节和片段的深入反思、分析,不断的改进和完善,使教师的课堂教学水平从肤浅走向深刻,从技术走向艺术。又如,建立在定期召开课改会议的实践基础上,提炼"论坛式"模式,以期搭建一个让教师形成交流认识、形成观点的平台,通过这个平台使教师把一些不准确、模糊、肤浅的表述和思考变得较准确、较清晰和较深刻,从而实现跨越式的成长。再如,在新一轮的基础教育课程改革中,面对传统的教学体系受到极大的挑战时,教师在全新的教学实践中不时地遇到困惑不解,甚至不知所措;怎样能够解决这一现状呢?我校提炼"问题式"模式,尝试探索问题研究的路径,以期把这些实践中的难题变成宝贵的研究资源……这样,具有我校特色的行之有效的校本教研结构——长江中学"1—3—7"校本教研训结构——便脱颖而出。

长江中学"1—3—7"校本教研训结构,就是围绕一个目标、三大模式、七项举措进行校本教研训。一个目标即实现教师的专业成长;三大模式即课例式、问题式、论坛式校本教研模式,这是校本教研结构的三大支柱,三者层层递进,环环相扣,托起学校校本教研的"大厦",其中以课例式为基础,问题式、论坛式为提升,而且以论坛式为交流平台;七项举措即骨干示范、师徒结对、教学主题活动、主题培训、校际联动、承担各级教研活动、校本课程研发。它们以三大模式为中心,是三大模式的补充。

二、三大模式　有效研修

1.课例式校本教研训:五思七环,说课、评课、上课一体化

课堂是实施新课改的主阵地,提高课堂教学水平是实现教师专业成长的主要途径。课例式校本教研训的基本流程是:确立课题和基本方案、教师说课—教研组对方案进行讨论促进个人反思—教师第一次上课进行录音录像—备课组进行讨论协同反思,教师个人反思修正教学方案—教师第二次

上课进行录音录像—教研组协同反思,教师撰写教学课例、深化反思—教研组形成评课综述报告。

这种教研方式源于我校科学组,他们采用这样教研方式,组内培养了多名教坛新秀和学科骨干,学校对此进行改进和规范:首先发给教师教学改进计划表,诊断教学优劣,制定详细的改进计划;然后通过上述教研流程实施,经过不断反思改进,重新诊断自己的优劣;如此循环,从而不断提高自我。然后学校把这种教研流程与课堂改进计划相结合的课例模式在全校范围内推广。

我们提出模式可以变通的,主要提倡多次开课,多次反思,个人反思与组内教师协同反思相结合,使全组范围内不同层次和水平的教师都尽可能地参与其中,共同发展,快速提高。比如我校语文教研组曾开展过这样的一次课例式校本教研活动。步骤如下:(1)执教教师确定教学内容《说"屏"》(说明文),备课说课时,执教教师认为学习这篇小品文在新课改的背景下尤其不能忽视体悟作者对屏的情感,这个创新认识获得了大家一致的认可。(2)公开课。(3)组织评议,组里对该课堂侧重"感受对屏的情感"、轻"说明文知识"的教材处理都觉得不妥,因为此说明文教学似乎有散文教学之嫌。于是再进行讨论研究,最后一致认为:虽然新课改淡化文体知识的学习,但是文体的特征还是应该在课堂上有所体现的;说明文的教学总得让学生在学习之后了解一些文体知识和说明事物的相关知识。(4)第二次组织上课听课。(5)组里组织研讨,否定执教教师在改进第一次的不足时有些矫枉过正了,以至于完全采用了老一套说明文的教学方式。课堂内容机械而繁杂,这正是新课改的大忌。针对这个现象,组里进行了较为长久的对话研究,促进执教者再一次的反思和修改。(6)第三次组织上课听课。(7)再次综合评议,以帮助大家比较清晰地认识新课改背景下说明文课堂教学教材处理的"火候"把握。

可见,课例式模式把教师的教学研究融入备课、说课、上课、听课、评课的全过程,不仅仅着眼于改进这几节课,更是以解决课堂教学问题的方式来发展教师的课改能力。正是得益于这样扎实有效的校本教研训,我校教师专业水平快速成长。

2.问题式校本教研训:问题提炼、课题统帅、行动研究

教师在学校、课堂具体的教育教学实践中不时会遇到很多的问题、疑难和困惑,解决这些问题,可以帮助教师转变观念,提高教学实践能力,促进教

师的专业成长。

在每学期初，我们组织教师通过"实践反思"，梳理在教学实践中遇到的各种疑难问题，形成教师校本教研的"问题菜单"，交教研组长统一整理，提炼几个有典型性的问题作为教研主题供大家探讨，我们往往会将讨论的结果应用到教学实践中去检验，如果遇到障碍反思分析，适时调整和改善，最后对这个问题形成系统的思考。当然一些问题是在教育教学中随时产生的，我们也随时争辩讨论，及时解决问题。

在校本教研提出的问题中，有的很有研究价值，我们就把它上升为课题，在行动中进行研究。比如，我校初二英语备课组在日常的教学工作中，总是感觉批改英语作文最辛苦却又难以见效；而学生也觉得用英语写作文难，一半以上的学生缺少英语写作兴趣。当这一个困惑以问题菜单的形式被摆在备课组活动的议程上，一场探讨新的、优秀且实用的英语写作教学方法的行为研究便开始了。

他们以备课组活动为平台，以"小课题"研究为形式，就中学生英语写作教学中的困惑，经过英语写作练习簿到英语写作档案袋等不同的解决问题的方式的实践后，最后把目光锁定在了 BLOG。

BLOG 拥有易掌握、便于交流、知识管理、超链接、协作学习等优势，很适合初中学生的实际情况。我校英语备课组贺素波等老师在北仑英语教师博客群上（http://english.youngtree.net/）带领学生建立了班级博客："期盼2008"；并在栏目上分成资源荟萃、写作天地、学法指导、范文欣赏、荣誉在线等几大类。这样，将 BLOG 应用于初中学生英文写作教学，一方面便于学生互相交流和合作意识的提高，激活学生多向思维方式和自主学习意识，并形成良好的英文写作习惯；另一方面也便于学生与老师的交流、沟通。并探讨作文评改的新模式，减轻教师的压力。

我校英语备课组的这个小课题以《WEBLOG 在初中英语写作教学中的应用研究》为题的成果报告，在北仑区 2007 年教师暑期业务培训会上作讲座交流，并被收编在宁波出版社出版的《让教研成为老师的习惯》一书中。

近几年来，如上例这样"问题即课题"的研究意识在我校蔚然成风，教师们把疑难变成研究资源，在课题引领下展开积极的行动研究。他们购买并阅读与主题有关的书籍，收集并学习与主题有关的理论、案例资料，然后通过举行专题探讨课、沙龙研讨会等方法来研究问题并尝试解决问题。组内教师思想统一，步伐一致，精诚合作，形成合力，使校本教研训有计划、有内容、有步骤、有实效、有成果。

3.论坛式校本教研训:确定主题、酝酿准备、论坛交流

在各组校本教研训积极开展过程中有经验、有成果,当然也难免有问题、困惑,于是学校给全校教师搭建交流讨论的平台。论坛每次就一个教学热点问题或教师在教学中遇到的共同问题展开全校性的讨论。

一般的程序:校本教研领导小组商讨确定论坛主题和形式──→由专人拟定通知提前发放──→教师酝酿准备一段时间──→召开全校课改实验会议论坛──→收集论坛材料──→汇编成册。我们教师的很多发表和获奖的文章是来自课改实验会议的论坛稿。有的教师说,课改实验会议督促我们不得不去反思、总结,这是一种压力同时也是一种动力。

我校自课改以来,组织了19次课改实验会议,每次会议确定一个主题,如"我的教育教学故事""我的专业成长""自主、合作、创新教学探讨""创新教学""师有特色、生有特长""小课题中期总结交流"等等,教师论坛后,学校校本教研训领导小组成员作相关总结或传播最前沿的教育教学理论,2007学年起每一次课改实验会议之后还安排一个学科骨干举行讲座以发挥优秀教师的引领作用。论坛模式提供了教师展开交流讨论的平台,他们由此引发思考,开阔思路,寻找更多的教学策略、教学方法,并指导教学实践。我们把每一期教师论坛稿收集起来,迄今为止已有厚厚19本,共计500多篇,并选取部分的论坛稿汇编成《课改论丛(1)》,把课改以来在各级评比获奖或者刊物上发表的文章汇编成《课改论丛(2)》。

近年来,北仑区区级教研活动还以解决学科疑难问题为目标,覆盖了所有学科,形成了系列化、专题化、个性化和小课题化的特点。以校本课题为支撑,以"主题教研活动"的形式为主要解决策略,全面提升教师专业素养,逐步形成了自身的特色。

表3-6　近年来北仑区各学科聚焦的系列疑难问题及主题教研活动

学科	疑难问题	时间
小学语文	"各年段教学目标的比较"主题教研活动	2007.04
	打造精品课堂系列活动之"拼音、识字教学研讨活动"	2008.09
	打造精品课堂系列活动之"中段习作教学目标、序列的探索"	2009.03
	打造精品课堂系列活动之"高段语文教学专题研讨"	2009.10

续表

学科	疑难问题	时间
小学数学	"有效课堂教学探讨"为主题的系列教研活动: "教学材料使用的有效性"的主题研讨活动、"课堂观察"活动展示、 "数学课堂教学的理性方向"研讨会、"如何上好解决问题的课"	2007至今
	学数学"概念课"课堂教学研讨活动	2009.03
	"课时教学目标在课堂教学中落实的研究"为主题	2009.10
	研讨主题:关注学生的认知起点的课堂教学研究	2010.11
中小学英语	小学英语(校本)教研团队建设	2008.04
	"会诊式"教学研究,完善英语教研制度	2008.04
	专题研讨:小学语音教学在词汇教学课中的渗透与落实	2010.01
	北仑区小学英语教师语音达标测试活动	2010.05
	"树立语篇意识,促进语篇教学"区小学英语语篇专题活动	2010.10
	教育部远程资源小学英语的开发工作(课题)	2010.03
小学科学	小学科学教师系列化创新实验比赛	2007至今
	小学科学实践基地建设形成特色化 如柴桥实验中草药园、馨兰苑、科普阅览室等科学实践基地、九峰: 科学小作坊	
	区小学科学"疑难问题解决"生命科学内容系列教研活动	2009
	"研读教材"小学科学教研活动:如何细腻深刻地研析教材、创造性 地理解教材和从儿童的视角研读教材几方面	2010.11
中小学体育	系列活动主题:体育教师说课研讨活动	2009
	系列活动主题:体育教学中教师有效示范的探究	2010.06
	系列活动主题:体育教师基本功训练	2010
	教研主题:体育游戏在体育教学中的运用	2010.11
	体育课堂教学同课异构教研活动(分小学、初中和高中三段)	2010
	主题:"合理有效的课堂调控"	2011.01
	特色学校指导:武术、乒乓、跆拳道(大碶小学)	
	载体支持:北仑区田径运动会、北仑区中小学体育节	
	"体艺2+1":明港中学"阳光体育"	

续表

学科	疑难问题	时间
中小学音乐美术	主题为"小学低段的欣赏教学与歌唱教学"的研讨活动	2008
	主题为"关注艺术要素"的区初中音乐、美术教研活动	2008
	主题教研活动:课堂中音乐要素的有效渗透	
	北仑区中小学艺术节音乐、美术教师基本功比赛	2008
	海伦音乐教育奖学(育)金	2008
	"欣赏教学"有效策略系列研讨活动	2009
	合唱特色:教工合唱团、浙江省中小学生合唱节、北仑区中小学优秀合唱团专场音乐会;音乐教师赴温州考察学习合唱教学等	2007至今
中小学地方课程和综合实践	典型:淮河小学"阳光城"	
	综合实践活动课题协作组	
	北仑区综合实践课题实验学校	
	校本课程和综合实践活动课程开发与实施先进学校评比	2009
	区综合实践活动教研策划和课堂展示活动	2010.12
	德育主题综合实践活动展评	2010
义务段信息技术	科技特色鲜明:机器人、无线电测向、三模	
	协作区活动	
	沪东信息技术教育奖学(育)金	
初中语文	主题:青年教师与我共成长	2010.12
	"如何引导学生深入研读文本"的课堂观察	2010.12
	北仑区初中语文骨干教师培训班	
	老沈茶座	2009至今
初中数学	主题:多角度审视课堂教学,提升数学课堂价值	2008
	主题:"抓常规促有效"	2009
	初中数学"新生代"教师教学业务评比活动	2009
	教研主题:关注课堂试卷分析的有效性	2010.11
初中科学	人员培训系列(青年教师培养系列、师徒结对、骨干带徒等)	
	课堂教学研究系列(教法研究、课堂观察、课型研究、研习稿研讨、说课等)	
	命题与试题评价系列(命题比赛、试题评价及相关培训、全员考核及命题团体建设等)	2007至今
	实验研究系列(以科技节为载体,面向学生及教师)	2008至今
	课题化的研究(初高中地理、生物、化学的衔接)	2008至今
	网络教研系列:初中科学博客建设月、初中科学学科资源库建设、北仑区初中科学QQ群及网络教学团体建设	2007至今

续表

学科	疑难问题	时间
初中社会思品	提升教师素质,提高教学质量专题研修活动	2008
	"提升复习课有效性"主题研讨活动	2008.11
	"依标施教"教学研讨	2009
	初中社会思品"说课、评课"主题研修活动	2010.09

三、教师之间的同侪互助

20世纪70年代,教育工作者一直认为教师专业发展就是通过教师参与一连串的校内外培训或研习活动,以学者、专家理论为主体来协助教师改进教学过程,只要教师认真参加,不断改进培训内容,并且有足够的资金保证,那么这些培训必然会促进教师教学行为的改变和教学效果的改善。[①] 但事实并非如此,实验表明,教师在接受培训后,能将新知识转化到教学中的比例不足20%。于是,研究者开始将问题转向思考教师如何学习和如何将掌握的技能运用到实践中。虽然教师的专业发展要受到教师个人的、社会的、学校的以及文化的等多个层面的、多种因素的交互影响,但是每个因素在其专业发展的不同阶段又有不同的作用和效果。总的来说,"关键情境、自我意识与主观追求以及外界教师教育的支持是教师专业发展的主要动力源泉"。教师之间的同侪互助就是这样一个关键情境,"独学而无友,则孤陋而寡闻",教师要想有效地解决自身的教学困境,必须首先要能清晰地表达出自己所面临的问题,然后与同伴教师进行平等的对话和讨论,以最终解决教师的问题,促进教师的专业发展。而教师之间的不断地沟通与行动的过程实际上就是同伴指导实践的过程,此过程基于教师同伴之间的合作,目的在于利用同伴之间的相互帮助实现教师个人的素质提升。它强调教师之间真正的合作,利用群体的智慧促进个体教师的专业发展。

鼓励教师进行同侪学习主要是基于以下原因的考虑:第一,教师学习探讨的主要是一些与日常教学实践密切相关的议题,如果教师与负责评估其教学表现的那些职位比自己高的资深教师或学科主任等行政人员进行讨论,难免

---

① 杨超、夏惠贤:《同伴互助——教师自我培训的新模式》,《外国中小学教育》2005年第5期。

会承受一定的心理压力。相反,同侪间的交流则会显得比较自然和坦诚。第二,教师觉得同侪提出的意见,更切合实际,效果也好,因为大家身处相似的教学情境,面对的问题、困难有很多相似的地方,比较容易相互提点。第三,对教师而言,与一些与自己比较熟悉的人沟通显得更自然和舒服,大家有较多的共同语言,容易找到共同关注的议题。固有的学校运作方式和传统讲座式的在职教师培训模式都没有基于教师相互合作、彼此交流的空间和机会,所以,推动教师的专业发展有必要从建构校内同侪学习的氛围入手。

(一)同侪互助的内涵、特征

1. 同侪互助的内涵

乔伊斯和肖沃斯(Joyce & Showers)发现,"在先前的培训后再进行指导,将比单纯的培训能更好地进行知识的转化"。于是提出"同伴互助(peer coaching,又译同侪互助或同事指导)"的概念。所谓同侪互助,主要是指教师与同行之间相互帮助,促进专业发展。这里的同侪不仅包括同一个学科专业的教师组成的正式群体,比如各个学科的教研组,也包括不同学科专业的教师间组成的非正式群体,比如一个学校的甚至是不同学校中关系比较密切的朋友之间在专业发展方面互相帮助。[①] 教师之间的同侪互助强调教师之间的合作关系,教师群体之间和谐的氛围,教师群体之间所共享的信念、共同的理解。同侪互助将对教师群体的发展和教师个体的发展都产生积极作用。

综合来看,同侪互助这一概念至少具有以下三个内涵:

(1)同侪互助是两个或两个以上教师自愿结合的伙伴关系。同侪互助是教师与教师之间的平等互助关系,强调教师同事之间相互扶持的专业伙伴。强调教师合作双方地位的平等性,双方合作关系的互助性,两者之间不存在主次之分。

(2)同侪互助的最大意义在于改善教学。同侪互助价值诉求在于同伴之间的协作,发现教学中存在的问题,针对问题提出解决方案或改进措施,改善教师的教学。这种协作的方式是多种多样的,可以通过共同阅读与讨论、示范教学,特别是有系统的课堂观察与反馈来进行。教师观察的目的是

---

① 王枬等:《教师发展:从自在走向自为》,广西师范大学出版社 2007 年版,第 197—199 页。

从他的同事身上学习,在观察过程中由教师同事提供不断地鼓励、协助与教学反馈,以此学习别人的优点,协助教师成长。

(3)同侪互助意味着教师角色和地位的转变。同侪互助不再将教师视为不足者,而是将其视为具备一定专业能力、可以向伙伴教师提供专业建议的专家。长期以来,教师大多扮演被培训、被教导的角色。同事互助强调"教师是最了解教学活动的人",每个教师都有帮助支持同伴发展的潜力,足以担当彼此指导的工作。当然,同侪互助也要求教师本身具备主动参与、持续反思、乐于分享的素质。

2. 同侪互助的特征

(1)同侪互助以实践中的教师为主体。与传统的教师培养和培训模式不同,教师同侪互助更强调这样一个基本理念——教师同侪是教师发展的最重要的资源之一,教师有能力成为教师教育者。从表面形式上看,教师同侪互助就是实践中的教师采用结对或组成学习小组,开展多种演技学习活动,通过相互支持获得专业发展。在形成方式上,教师组合可以是同一学科教师的组合,也可以是不同学科教师的组合。

(2)同侪互助的实质在于教师之间的合作。教师同侪互助最主要的关注点在于参与各方在地位平等基础上的相互支持、共同进步。教师同侪互助所强调的是参与者之间的对话。研究表明通过教师同侪互助,许多参与者感到更为自信,不仅因为其同侪的支持性特征,而且因为其为同侪提供帮助与支持的能力。

(3)同侪互助以研究为基础。在教师同侪互助中,无论是哪种活动,都必须基于教师个体的研究和合作研究。比如在最常见的课堂观察中,作为被观察者的教师的教学活动是以其个人探究和合作探究为基础的,作为观察者的教师同样需要对相关主题、被观察教师的特征、教学活动的长处与不足进行探究。只有在这种探究的基础上,观察者才能提供适当的反馈,提供适合于被观察者发展的帮助与支持。而作为被观察者的教师立足于改善教学行动也同样需要对自己的教学活动进行深入的反思研究。[①]

---

① 左林华:《美国中小学教师专业发展策略之教师同伴互助研究》,2008 年西南大学硕士学位论文。

(二)北仑区域层面对教师同侪互助的支持

教师同侪互助的成功与否与行政部门的支持有很大的关系,因此它的实施必须有来自行政力量的支持。如果给予教师同侪互助足够的空间和时间,提供硬件和软件的全力支持等,将对教师个体和团队的专业发展有很大的推动作用。北仑区教育部门在区域层面进行了一些整体规划。

1. 进行教师培训,提供技术上的支持

教师同侪互助活动需要相应的培训。培训的内容大致包括:(1)认知方面,帮助教师正确认识同侪互助的定位和价值取向,某些同侪互助的相关纲领性方针和它的具体表现形式及操作流程,比如同侪互助的基本原理,包括同侪互助概念及理念,同侪互助的优点及其作用,等等。(2)技术方面,为教师指导活动提供具体的行动方法,比如活动前指导教师如何选择合作伙伴,建立合作关系;实施中如何确立合作目标,如何进行课堂观察、交流及反馈,等等。(3)理论方面,为教师互助活动提供理论层面的指引。比如学习有关教师专业发展理论,学习理论、教师的反思性研究等。(4)实践方面,加深教师对同侪互助的体悟。比如实施并分析某次同侪互助活动的方案等。(5)同侪互助活动中的相关注意事项。比如互助活动中应注意相互之间的信任和平等互助关系;指导者的身份界定;指导不涉及对合作伙伴的评价,等等。

2. 建立交流平台,提供服务性支持

建立交流平台,提供服务型支持,是同侪互助活动顺利开展的有力保障。交流的内容主要体现在这样几个方面:(1)认知层面。教师提出同侪互助活动中遇到的问题和困惑,并且描述他们所理解和希望的同侪互助活动的状态,探讨成功的同伴指导的基准等等,从而扫除教师的心理障碍和疑惑,帮助教师正确理解同侪互助。(2)理论层面。学校组织教师参观已实行教师同侪互助活动项目的学校,分发教师同侪互助活动的资料,邀请有相关经验的教师来校讲座等形式来开展。(3)实践层面。了解教师自身所关心的问题,关注教师在同侪互助活动中的感受,相互之间是否彼此信任等,是否坚持了所预设的目标;是否经常进行专业化的讨论;是否对自己的教学有所收获等。

(三)学校内和学校间的同侪互助

教师到哪里去寻找同侪? 从空间来说,既包括学校内部,也包括学校之外。教师可以在学校内外寻找自己的专业同侪,更可以到校外去寻找,因为北仑区教育部门在全区域内实现了交流互通,整个地区的教师专业发展是一体的,学校之间的渠道通畅的。

1. 学校内的同侪互助

课堂现场中的听、评课活动。这是一种最为常见且行之有效的学校内同侪互助方式。教务处统一安排时间(每个组半天),教研组有计划地组织开展观摩活动。组内成员互相听课,临床诊断,对教师的课堂教学现场进行跟进。执教老师教、说、议、再教,听课老师听、评、议、再听。这样既能达到资源共享,也是一种运用理论分析实践,提高教育理论修养和自身实际教学水平的良好机会。在浙江省名师教学峰会上进行教学展示的张慧凯老师、在市青年教师初中科学课堂展示课中荣获一等奖的余勇老师、在市青年教师数学优质课上获一等奖的杨艳老师、在市科学教坛新秀获一等奖的魏慧老师、在区青年教师数学优质课比赛中获一等奖的张尔波老师、成功考入特级教师带徒的郑佳春和魏慧老师,正是通过这样的同侪互助,经常一起研修课堂教学问题,成为学科教学方面的佼佼者。

青年教师在同侪互助中成长更快。北仑区鼓励学校采用"师徒结对"的形式,实施"青蓝工程",加快对年轻教师的培养。在学校内部,青年教师整天与年长的教师、有经验的教师在一起工作,一起学习,一起讨论所遇到的问题,一起交流学习学科专业理论知识的心得。青年教师把在经验交流中的所得运用于课堂现场教学活动中,对自己的教学行为进行优化和提高,很多人迅速成长起来,甚至超过了"师傅"。

2. 学校间的同侪互助

学校与学校之间的交流,互通有无,可以有效地达到师资、设备、信息等各方面资源的共享,并相得益彰。北仑区在区域层面开展的教研协作区,其实也就是在学校之间建立比较普遍、系统的联系,让相同专业学科教师能够突破学校的范围限制,在区域内与其他同伴教师通力合作,优势互补。学校间的同侪互助,对那些小学科,教师人数相对较少的学科来说,显得更为重要。因为一个学校内部这些学科专业教师人数少,很难像其他大学科那样经常组织教研训活动。

信息技术学科就是这样一个小学科,但是这些教师也能够借助教研协作区的优势,有声有色地开展各种合作,有力地促进了自身的专业发展。

(1)资源开发合作。信息技术课程资源丰富多彩,但真正被教师所应用的并不多。许多信技教师为别的学科开发教学资源而费心费力着,对自己学科的课堂投入不足。因此,合作开发教学资源、谋求共享是很有必要的。像白峰中学教师开发的对号入座系统,东海实验学校教师开发的考试系统,精心设计的课件都使得课堂更加精彩。

(2)教学设计合作。教学设计通常称教案。课前准备是否充分,教学设计是否合理、到位,对课堂教学成败起着决定性的作用。教学设计对于传统学科教师并非难事,但对于信息技术教师也存在着一定困难。因为信息技术教师比较注重专业性的知识,往往把教学设计成一份操作说明书。进行教学设计合作,可以充分发挥协作区内优秀教师的教学智慧,各合作者在熟悉和吃透《课程标准》,把握教材的内容和体系的基础上,分工负责设计不同类型的课堂教学模式与结构,集合众人的智慧汇编而成的教案集,各个教师可以根据自身情况,对教学设计择优而录,并加以个性化的处理。

(3)操作技能合作。操作性是信息技术课程的一大特色,同时信息技术的发展是迅速的,面对很多新的知识,如各种新设备的维护使用,多种软件的更新,网络化的发展,他们不断学习。操作指导合作,就是要请有特长的专业教师,为教师培训这方面知识、能力与技能。像 2010 年 5 月 28 日的联合协作区活动中他们邀请了协作区内众多有特长的教师为大家培训了这方面的知识技能,为暑假里的教师基本技能测试做好了准备。

(4)学业评价合作。对学生学业评价一直是各学科教学的一大难点,如何评价学生的信息素养,如何检测学生的信息技术的学业水平,是中小学教学评价中所面临的一个全新的课题。显然,一个学校的教师单枪匹马是行不通的,必须进行学业评价的合作,借助自身的技术优势,合作开发软件,有效地对学生的信息技术技能进行评价与考试,这是信息技术老师下一步继续面临的合作议题。

(5)教学研究合作。在信息技术教学中,存在诸多困难与问题,都需要教师去面对、克服和解决,即教师需要教学与研究。协作区间进行教学研究合作,使教学研究面广、点深,也提高了对教学的指导的有效性。协作区的一位老师曾在教学研究中遇到很多的困惑,和东海的老师一沟通,就由他们在技术层面上得到了解决。老师们根据各自的能力和需要,从不同方面进行研究,资源与成果共享,最后合作撰写的论文在市区获得了二等奖。这种教学研究合作,如果能够坚持下去,那么,诸多困难与问题便会一个接着一个被克服和解决。

　　总之,教学需要创新,创新必须研究,研究依靠团队的合作,以最大化促进教师的教学和专业水平的提升。协作区教研活动中,我们就是这样共同交流着,合作着,感悟着,成长着。

　　这些都得益于北仑区在区域层面放开,有计划地建立学校之间的专业合作,让更多的教师能够与其他学校的教师建立同侪互助关系。

四、大学与中小学的伙伴合作

(一)大学与中小学伙伴合作的内涵

　　大学和中小学组成学习共同体(或建立教师专业发展学校),建立合作伙伴关系,已成为国际教育领域的一个基本做法,在当今中国也已开始盛行。近年来,随着基础教育改革的日益深入,对教师专业化的要求越来越高,我国师范院校或大学的教育学院越来越多地投身于教师的继续教育和终身学习过程。部分中小学教师的在职教育选择了大学与中小学的合作研究,尤其是师范大学与中小学的合作。

　　大学和中小学组成学习共同体,建立合作伙伴关系,是基础性、系统性的教育变革策略的一部分,也被认为是教师发展和教师学习的重要的情境因素和活动因素。巴奥特(Biott)在对学校和大学之间合作关系进行研究的基础上,指出双方的合作通常存在着两种模式:(1)执行模式,即所谓专家模式,采用策略是施予、教授、示范和实施。(2)发展模式,即互相合作模式,采用策略是提问、咨询、讨论和发展。前一种模式,事实上仍然承袭了传统"教师中心"的培训风格,大学的学术力量仍以外在于基础学校的权威、施予者的身份出现,相应的教师教育者和学习者的关系就是一种告知与被告知、主动要求与被动执行的关系。对于这种教师教育仅由大学来实施的做法,人们给予了持续的猛烈抨击。而后一种模式,则是在双方平等的基础上寻求合作以共同解决问题。在这种方式中,大学的研究人员并不是以既定的方案要求教师贯彻执行,而是通过提问、咨询、讨论等策略,与学校教师紧密合作,共同发展切实可行的方案。

　　中小学和大学作为两个性质完全不同的机构,如何实现二者的优势互补、通力合作仍然困难重重。随着近些年来关于公立学校与大学合作的成功经验介绍和理论研究成果日渐增多,为实现学校和大学的合作提供了诸多借鉴。其中,林达·德林·汉蒙德(Linda Darling Hammond)在整合凡·

沃特(Vande Water)和彼得·圣吉(Peter Senge)以及一些成功的专业发展学校实践经验的基础上,阐述了大学与中小学成功合作的基本特征:(1)对各自利益的关注与共同目标;(2)相互信任与相互尊重;(3)共同决策;(4)重点突出;(5)管理程序化;(6)高层领导的责任;(7)财政支持;(8)长期责任;(9)动力特性;(10)信息分享与沟通。①

通过伙伴关系的建设,大学专家与中小学教师之间的关系发生了根本的变革,大学专家往日的知识霸权地位已荡然无存,其角色开始由"立法者"向"阐释者"转变。这种专家与教师之间关系的重新生成,最终构成新的"专业知识情境",在大学与中小学形成的新的"共享故事",即双方均意识到并承认由于各自生活环境的不同,其各自建立起来的关于教育教学的知识也不尽相同,但无高下优劣之分,而形成相互补足之势。②

大学与中小学伙伴合作关系得以长期、稳定、有效运作所不可忽视的前提条件是:(1)基于相互理解的高度信任;(2)信息共享,互相尊重,形成研究共同体,成员间的"沟通"基于平等的"对话";(3)民主决策,以免形成科层关系和特权;(4)有明确的共同目标,所有参与方(包括个人和组织)俱能获益;(5)彼此之间较大的差异,成为促进双方发生变革的刺激力量;(6)良好的行政架构和便于管理的议程;(7)外在支持,尤其是双方高层领导的热情帮助;(8)灵活的、经常性的评估。

(二)大学与中小学伙伴合作的特点

1. 因需培训

这种方式的计划是由高等学校继续教育机构与中小学联合制定的,适合基层学校和教师的实际需求,具有主题鲜明、小而精的特色。它在帮助中小学教师解决具体而实际的问题方面,具有明显的长处。在实际运作中,高等院校首先选派各科课程与教学论专家、教师到各地中小学进行实地调研,了解当地情况,然后根据需要组织开发继续教育项目,供广大基层学校和教师按需选择。基层学校和教师可以按照自身需要,自主选择全部或部分内容学习,这样就避免了通常由继续教育机构单方面制定继续教育方案而造

---

① 丁刚:《全球背景下的教师专业发展创新计划——新理念及其变革实践》,北京师范大学出版社 2009 年版,第 12—17 页。

② 卢乃桂:《中国教师专业发展与变迁》,教育科学出版社 2009 年版,第 238—243 页。

成的脱离实际的弊端。

2. 自主性强

这种方式是高等院校与地方教育行政部门的一种有序合作。高等院校通过与地方教育主管部门协商、磨合，根据地方的实际情况制定灵活高效的管理办法，既合作又分工，即实行由高等院校与地方教育行政部门共同管理的体制。双方职责清楚，分工明晰，基本可以确保继续教育工作有序进行。在此基础上根据各地方特色或专业特点，在地方教育行政部门直接参与管理下，或者由指定继续教育点进行管理，灵活机动地处理合作过程中的各种具体问题。

3. 富有弹性

这种方式的教育目标是因人制宜，有针对性地关注教师个体的发展，使教师的教学水平和研究水平得到切实提高。虽然我们的目标很明确，但是由于每个学员个体差异很大，所以为实现既定的继续教育目标，还需要有灵活机动的继续教育方案。为此，在制订继续教育计划时，采用"双主持人制"不失为一种好的办法，即每学科由高等院校与教育行政部门各选出一名学科主持人，共同负责专业继续教育方案的制订、执行。继续教育活动都围绕着学校和教师的实际情况展开，并且双方随时沟通、协商，及时调整和完善继续教育方案和进程，使继续教育效果最大化。

4. 场所灵活

这种方式以送教上门为主要方式。为了切实解决工学矛盾及继续教育经费等问题，大学与中小学伙伴合作一般采用高校选派教师上门继续教育，但并不固定到一个地方，而是轮流到参与继续教育的学员所在中小学开展继续教育活动。我们深知，教师的专业化成长是一个多阶段的连续过程，许多教师的专业技能大都是在教学过程中逐步养成的。研究表明，中学优秀教师各种能力形成时间的分布，平均为大学前占 21.95%，大学期间占 12.74%，工作期间占 65.31%。如果没有扎实、牢固的小学、中学的教学实践训练，要培养一名优秀的教师是不可能的。因此，大学与中小学伙伴合作的教育场所并不是仅仅由继续教育机构或高校简单地搬到了地方，而是根据需要适时变更。为使继续教育学员接受大学校园文化的熏陶及充分利用高校现代化的优质资源，应有选择地在高校开展一些继续教育活动，以"走出去"与"请进来"的互动方式，为高校与中小学之间架起沟通的桥梁。

（三）大学与中小学伙伴合作和教师专业发展

大学与中小学伙伴合作是以解决中小学教师教学过程中出现的实际问题为目的，以中小学教师对自身教育教学活动的反思为主要手段，通过继续教育者与受训者双向互动的方式来促进中小学教师的专业成长。广大中小学教师在长期的教学实践中积累了大量的经验，但专业发展仅仅依靠个人的教学经验是不够的。必须在教学经验积累的基础上，在先进的教育教学理论的引领下，提高教育教学水平和研究能力，从而促进由"经验型教师"向"研究型教师"转变。

大学与中小学是伙伴合作关系，大学教授与中小学教师虽然各自角色不同，在教育研究和教育实践上各有专长，但是，双方是相互合作和共同追求解决方案的伙伴。两者之间的合作，不再是将大学教授作为权威，将中小学教师作为实施大学教授理论或方案的工具，只是局限于教育研究或成果的实验推广，而是强调两者的平等合作，共同致力于教育问题的解决。大学和中小学的伙伴合作关系强调双方共同参与教育改革和学校各方面发展，强调通过专业的支持，建立学校、老师和学生的自我反省和完善能力，强调校内成员的专业发展，并促进学校内各成员的共识，建立一套自信、自主和富于开创性的学校新文化。大学与中小学合作进行教师培训，双方都作为培训主体参与其中，高校因其高水平的师资队伍，优质的教育资源，先进的校园文化，在教师培训中产生的内涵超过了知识传授本身，是一种深层的文化浸润。中小学与大学的合作，可以使教师专业发展获得更多的外部资源支持，尤其是智力支持。中小学与大学联合主要是利用一线教师丰富的实践经验和大学教师扎实的理论经验，两者的结合在一定程度上弥补了教育研究中理论与实践相脱节的缺陷。教学的研究原本就是"实践性研究"，其主体是教师，但是教师的教学研究需要庞大的周边领域的基础研究，以便为教学中产生的复杂问题的解决提供启示。因此大学教授所进行的教育、教学理论研究可以说是把教师用"实践话语"所提出的问题转化成适合自己专业领域的理论研究，是用"理论话语"表述出来的实践研究。

（四）北仑区教育局与浙江大学教育学院在教师专业发展方面的合作

2009年1月，为了促进学校内涵式发展，实现教师专业素质的全面提升,北仑区教育局与浙江大学教育学院展开全面合作。借助浙江大学的学术资源,提高北仑区的教师队伍整体质量,是双方合作的重要内容之一。

柴桥中学、大碶中学、江南教育集团、新蕾幼教集团正式挂牌为"教育部浙江大学基础教育课程研究中心实验学校"。根据该4所课程研究中心实验学校的特点,双方明确了指导方向和重点。其中柴桥中学侧重与新高考方案相结合、与学生选择的高考方向的不同特点相结合,进行针对性的指导研究,提高学校的高考质量和学校持续发展能力。大碶中学侧重与义务教育段课程改革实验相结合,突出农村初中学校特色品牌建设、校本课程开发、学生综合素质评价、校本研训与校园文化等方面,进行课程开发和课题研究指导。江南教育集团侧重与义务教育段课程改革实验相结合,突出农村小学特色品牌建设、校本课程开发、学生综合素质评价、校本研训与校园文化等方面,进行课程开发和课题研究指导。新蕾幼教集团侧重幼儿教育课程改革实验,课程开发研究,政策运行机制构建,园本研究和特色培育指导。同时确定泰河学校、江南中学、三山学校、松花江中学、郭巨中学、灵山学校、霞浦中学和白峰中学为浙江大学教育学院的指导学校。这些学校将以"提质量、促发展、建特色、树品牌"为建设思路,率先积极实施"以科学规划为指导、以教师队伍建设为核心、以教育科研为动力、以文化打造为抓手"的策略,通过浙江大学教育学院"专家智囊团"的蹲点调研、"入户"指导、课题合作、专题培训等,务求在学校科学规划、校园文化打造、管理制度完善、运行机制构建、教师队伍建设、校本课程开发、特色品牌创建、教育质量提升、确立课题研究等方面取得成果。

浙江大学教育学院与北仑区教育局、教研室合作,联合北仑区的中小学,分批、分阶段地组织了相关培训活动,其中有校级领导干部研修班、名优教师和高学历教师研修班、学校教学管理人员研修班、中学文科骨干教师研修班、职业教育教师研修班、幼儿园骨干教师研修班,等等。培训班采取多种形式,尤其注重中小学实践中发生着的真实问题,与中小学教师共同商讨、研究实际问题的事理及解决之道。在研修班中,专家讲座只是一个部分,更主要的是专家、教授与中小学教师一起展开对某些课例或个案的探讨。广大教师在研修活动中提出自己的困惑、问题,其他老师一起讨论,专家、教授也一起参加讨论。很多教师反映,这种研修方式,使他们与大学专业研究者的距离一下子拉近了很多,他们从中可以获得很多以前所没有学到的东西。

浙江大学教育学院的教授们还定期走入北仑区中小学校园,进入课堂听课、评课,一方面帮助教师们提高教育教学技能,提升专业素养,另一方面还一起做课题,而不仅仅是指导课题。

2009年11月,浙江大学教育学院教授、浙江省中小学教师与教育行政干部培训中心常务副主任、浙江省中小学名校长工作站主任刘力来到柴桥实验小学,为学校各方面办学工作作悉心指导。他对学校"以兰育人"的教育模式表示了充分的肯定,并对学校的理念定位、学校特色、管理方式和教师培训等方面的工作提出了自己独到的意见与建议。他还表示,农村学校有自己特有的韵味,今后发展潜力是无限的。

2010年5月,浙江大学教育学院教授、中国职业教育学会学术委员会委员吴雪萍带着3个硕士研究生,来到小港成人学校和白峰镇社区教育中心指导社区教育课题研究工作。吴教授在听取了学校的汇报后,认为白峰镇的社区教育工作在网络建设、总台山文化等特色项目打造等方面很有特色,科研工作已有一定的基础。建议下步社区教育科研可在"促进农民素养提升的农村社区教育研究"大课题下,就社区教育的重点、亮点、特色进行多项子课题的立项申报与研究,进一步开展社区教育的联动、互动等方面的研究。

2011年11月,浙江大学教育学院课程与教学研究所常务副所长张文军博士一行来到霞浦小学,指导该校国家级课题"依托社区少先队平台开展融合教育的实践与研究"。张博士听取了该校校长结合自己学校的校本性、区域性和发展性,围绕校园文化建设的内涵所开展的"融合教育"的汇报;倾听了课题组负责人关于课题研究情况的汇报,了解了课题组其他成员根据学校学生的实际情况,特别是班级内如何围绕校园文化开展融合教育后,对霞浦小学的教育科研工作坚持脚踏实地的做法和形成的特色表示赞赏。张博士指出,要以主导课题为龙头,紧紧围绕"校园文化",通过科学、系统的研究与管理,促进学校全面发展,大力提升办学质量。她还说,课题研究一定要脚踏实地,始终与教育教学实际紧密联系,凸显教研与科研的结合,资料积累规范丰富;课题研究与新课程改革紧密联系,着眼于学生的发展和教师素质的提升;研究注重连续性,特别注意课题的后续性研究和推广性研究。

2011年下半年,浙江大学课程与教学研究所刘徽博士与北仑区柴桥中学的老师们合作开展了"课例研究",共建"智慧型课堂"。课例研究一般都有"成立课例研究小组""明确课例研究问题""进行课堂教学设计""实施课堂观察""进行课后反思""形成课例研究报告"几个步骤，围绕"智慧型课堂"的创建，他们设计了"课例研究：共建智慧型课堂"的方案。课例研究小组的成员既有大学研究人员、各学科教师，也有教研员，研究的整个过程都是在协商讨论中不断生成的，汇集了各方的智慧。他们采取"一人多轮的方式"，即由一位老师上三次课，每次课后，都有三个环节即"观察与发现""问题诊断""改进建议"。刘徽博士与教师们一起以"课堂教学"为研究对象，对课堂教学进行观察、诊断，并提出针对性建议。研究的过程，也是一个行动的过程，不断改进实践的过程。柴桥中学的教师在与大学教师的合作中，深切体会到研究的乐趣、反思的快乐，感受到自己的专业成长与进步。

第四章　走向现代化的北仑区域教师专业发展

北仑区的教师专业发展在走向现代化的过程中,取得了很多成就,形成了自己的一些特色,但是仍有一些问题需要引起我们的重视。本章我们将阐述这些问题,并对区域教师专业发展的下一步工作进行前瞻。

第一节　北仑区域教师专业发展过程中的问题反思

北仑区教师专业发展在走向现代化的过程中,出现了一些问题,需要我们正视并加以反思。这些问题是前进中的问题,是发展中的问题,只有不断改革,继续区域教育整体发展的策略和思路,才能逐一破解。

一、不同学科教师专业发展还不够均衡

学科的地位往往决定了学科教师的专业地位,而学科教师的专业地位直接决定了他们能否在学校获得足够的资源,以及获得什么样的支持。教师专业发展需要经常开展相关教研活动,需要很多教师在一起听课、评课、互相交流,但是有些学科教师相对较少,比如音、体、美、技术、综合实践及小学的思品等学科,他们一起开展教研活动的机会就很少;相反,另一些学科,比如语文、数学等主要文化学科的教师,则经常有机会开展这种教研活动。"小"学科教师难以获得深入专业支持。这样出现的一个现象就是,"大"学科教师更容易在专业上获得优先发展,比如成为优秀教师、骨干教师。

学科教研不均的一个原因在于同学科教师数量的限制,在这种情况下,校本教研开展得比较正常的往往集中在语文、数学等主要文化学科上,而音、体、美、技术、综合实践等学科则相对较少。比如不少农村初中综合组的构成往往学科众多,难以发挥跨学科的优势;有些普高的音、美、信息和通用技术学科,教师年龄接近、业务水平接近,而日常事务工作繁多,教师专业发

展有明显的缺陷。学科教研不均的另一个原因在于教研骨干力量的强弱。学校领导和骨干师资的力量决定着校本教研训的基本质量,他们认识到位、视野开阔,往往能够在校本教研训中发挥示范引领作用,并且不断带出校本教研的新生力量;在一些骨干师资相对缺乏的学校和小学校,校本教研训的常态开展情况值得我们深思。

二、教师专业发展过程中工学矛盾还比较突出

教师培训中,工学矛盾突出一直是无法解决的问题。我们所完成的各类培训项目同样没有排除这个问题的负面影响。因为参与培训的学员多为学校的骨干力量,而农村中小学本来师资力量就比较薄弱,一旦这些骨干教师外出一段时间,势必严重干扰学校正常的教育教学工作。调研中,很多农村中小学领导就反映,选派骨干教师参与培训对学校发展来说是非常有利的,但这些教师外出学习相当长一段时间常常令他们深感头痛,毕竟学科的教育教学是一种持续性行为,长期性缺岗而又不能找到合适人选进行替补,必然打乱学校的正常教学秩序。

很多教师希望有机会外出参加一些高质量的培训,提高自己的专业素养,但往往由于脱不开身而主动放弃,或者一些教师虽然参加地市乃至全国的培训或研修,但是学校里面自己的教育教学工作并不能完全放手,因为确实没有足够的教师来承担其工作任务。这样,学校管理者有意见,学生家长们同样也会有意见。即使一些学校管理者十分支持教师外出参加培训,但是一旦涉及具体的教育教学工作,他们也经常只能"忍痛割爱"了。对于参加培训学习的教师而言,他们也无法投入充足的精力,因为没有教师来完全承担本该由他们承担的教育教学任务,他们还不得不时刻准备着回到学校处理相关问题,承担相关教学任务。

在实际调查中,我们也访谈了一些教师,他们很多人认为,自己每天忙于日常事务,总有干不完的事,处理不完的问题,而很少有时间能够静下心来阅读一些经典书籍,思考研究教育教学过程中遇到的相关问题,外出培训也总是不能安宁,经常会接到学校方面的电话。就是参加学校之间的协作区教研活动,很多教师也感到教学任务重,抽不出时间去参加。协作区活动是一项连续性很强的教研活动,跨度大,时间长,耗时费力,不少非执教老师工作繁忙,没有主动参加活动整个过程听课。而一些执教的教师则"单兵作战",虎头蛇尾,经常疲于奔命。

三、相关部门之间的配合有待进一步加强，教研训还存在一些形式化倾向

教研训一体化是促进教师专业发展、提高教师培训质量的重要举措。积极探索和逐步形成以提高中小学教师整体素质为目标，以相关部门和机构共同参与，多形式、分层次进行的，科学管理、讲求实效、符合区域教育发展实际的教师培养模式，是教研训一体的重要目标之一。北仑区尝试着进行教研训一体化探索，但实践推行中也遇到了一些问题。比如北仑区在浙江省教育厅领导下实施的"领雁工程"，既关系到农村中小学教师队伍整体提升，又关系到区域性教育均衡发展。尽管北仑实施区级骨干教师培训中都能按照计划完成每个培训项目，但其中存在的问题又非个别部门或机构所能解决的。而各个培训项目的推进过程中，很多环节需要教研室的支持和配合，但鉴于教研室本身事务繁重，往往很难全身心兼顾到区级教师专业发展工程的运作，从而使项目部分环节完成的质量受到一定的影响。此外，关于教师专业发展的项目计划很多，区教研室主要作为一个指导教师专业发展的业务部门，在实施计划时经常感到人手不够，同时也感到职能权限上不够。

教研训一体化的实施首先必须建立在对校本教研训（教研训）较为深入的理解基础上，大多数学校由于对开展校本教研理念准备不足，培训不到位，在全面实施过程中，实践与理论脱节，仅凭经验和较肤浅的认识做校本教研训。由于缺乏理论支撑，校本教研往往停留在浅层次的听课、评课、经验总结方面，缺乏对某个问题的持续关注和研究。如"同课异构""一人同课多轮"等常见的行动研究形式，如果不指向教学中具体问题的解决，犹如没有灵魂的躯壳，就连形式也显得苍白无力。同时，各校普遍缺乏对教研骨干的扎实培训，学校管理部门缺乏有效的指导和管理，各级教研组长没有发挥"教研策划指导"的功能，或者以完成上级教研任务为目的，或者满足于听评课等形式而无法创新，缺乏教研的实效达成。在与一些学校的教师座谈中我们发现，教研组长对校本教研训的内涵谈不出什么，对教研活动也缺乏创新和实效；因此要加强教师们对校本教研训内涵的辅导，着力开展对教研组长、备课组长等教研骨干的业务培训，专题性开展校级教研学习，让每个教师看到校本教研给自身成长带来的益处，提高教师们参与教研的幸福感和成就感。

第二节　北仑区域教师专业发展的未来道路探索

一、区域教师专业发展的评价体系建设

为促进教师专业发展，北仑区教育行政管理部门实施教研训一体化的模式，也出台了很多相关政策、制度，但是却少有在区域层面关于教师专业发展评价指标方面的政策或制度。北仑区教育管理部门一些教育文件虽然要求或鼓励教师成为骨干教师、优秀教师，也有一些比较笼统的标准，但是对教师专业发展的具体评价指标却没有涉及。这应该是我们今后努力的重要目标之一。

这种教师专业发展的评价体系应该是综合化的评价体系。教师专业发展有多种指标，应根据教师专业素质结构，结合北仑区的教育实际进行明晰化。我们建议从教师专业知识、专业能力、专业精神与专业伦理等几个维度考虑，然后在每个维度内再细分若干具体项目，在具体项目内部再细分出不同的具体指标。确立每个维度在教师专业发展中的权重比分，再具体对每个项目和指标赋以分值。总分 100 分，每个分数段确立不同层次。评价指标体系的综合化，有助于教师的整体发展、可持续发展。新的教师专业发展评价体系，注重教师的专业发展过程，因此我们希望采取"档案袋"的形式，将教师专业发展过程中的点点滴滴囊括其中。

教师专业发展评价体系的建立，还应考虑不同类型学校和不同阶段学校教师的特点，比如学前教育阶段教师、职业学校教师专业发展要求和评价体系应不同于普通中小学教师专业发展评价体系。

区域教师专业发展评价体系的建立将是一个比较长的过程，需要尽可能吸收教师参加，保证这种评价指标体系的科学性、全面性。同时，在实施评价时，应坚持教师自我评价与团队评价相结合，尤其是要将教师所在的团队发展也纳入评价体系，既评价个体，也评价团队——团队开展的活动以及研修氛围等。

教师专业发展的评价指标体系的确立，是对本区教师专业发展现状的质量监控，了解不同学校和范围内教师资源的均衡问题，可以帮助我们更有针对性地开展专项活动。同时，不同学校的管理者也可以及时了解本校教

师专业发展的优势和缺陷,在教师培养方面有的放矢。

二、大力培养名家名师,发挥其骨干带头作用

学校教育事业的可持续发展离不开挖掘各年龄段教师的潜能,发挥他们各自的优势,形成老中青结合的教师梯队。在北仑区过去的教研训一体化模式探索和实施中我们发现,各校存在的一个普遍困惑就是,教师的成长,尤其是青年教师的专业发展,缺少名师引领。从北仑区走出来的名师还不够多,能够在全市、全省乃至全国有很大影响力的名师比较少。这一方面使其他教师的专业发展缺少带头人、引路者,另一方面也使北仑区教育在全市、全省乃至全国的影响力难以达到一定的高度。

名师是一个学校的名片,更是一个地区教育的名片。名师培养成为北仑教育今后努力的重点目标之一。目前北仑区在和浙江大学教育学院合作,着力培养北仑教育的名师群体,这是一个重要途径。此外还需要考虑借助省内外学术和专业力量,比如让本地区的教师走出去,加入其他地区的名师工作室,在名师的带领下早日成为名师。同时,在本地区也要选择一批有潜质的骨干教师,为他们积极创造条件,让他们自己组建"工作室""实践坊"等,进行自由而独立的探索。

名师的培养尤其离不开教育教学的实践。这些骨干教师除了要加强自身专业学习之外,还需要经常走出学校、走出地区,去上公开课、作讲座,听课、评课,在与其他地区学校教师的交流中提高自己的知名度。名师的成长非一日之功。北仑区教育管理部门应做好各项配套服务工作,在一定时间之后,定会培育出北仑自己的有影响的名师群体。

三、注重个性化教师专业发展

在已经实施的教师专业发展过程中,北仑区主要偏重全体教师,虽然有时也会考虑到不同学科教师群体,但是在不同学科群体内部的教师专业发展需求的差异考虑得还不够。比如不同教龄、不同职称、不同学历教师,甚至不同性别、个性特征的教师,他们的专业发展需求是不一样的。这也是我们今后需要加以认真考虑的问题。而且随着教师年龄、教龄的增长,其专业发展需求也是不断变化的,我们应该随时调整培养计划和方案。在统一化的基础上进一步建立个性化的教师专业发展模式,应该是未来教师专业发展的趋势和潮流。

我们应首先进行不同教师群体的专业发展需求调查，比如初任教师（1～4年教龄）、有经验教师（5～10年教龄）和成熟教师（10年以上教龄）。每个阶段的教师专业发展有着很大的差异性，我们应该根据各阶段教师专业发展的特点采取有针对性的发展策略，如果始终采取统一化的培养策略，难免会出现一些教师消极、怠慢的情况。

我们一般对初任教师群体的培训比较多，也比较系统，实践也证明效果不错，这些教师很快就能适应工作，成为有经验的教师甚至优秀教师。但是对于一些有经验的教师，特别是有一定教龄的中年教师，关注的就相对较少，我们认为他们基本上已经定型，进一步提升的空间不大。这些教师已经评上中级、高级职称，自己也缺乏进一步前进的动力，甚至产生职业倦怠。对于这部分教师，我们更应该加强专业引领，为他们多提供深层次的理论指导，帮助他们对习以为常的教育教学惯习进行重新反思，提升实践智慧，逐渐形成自己的教育教学风格，成为研究型教师。

对于一些教龄在10年以上的教师群体，他们已具有很丰富的教育教学经验，甚至一些也形成了独特的教育教学风格，在本学校乃至本地区也小有名气。这些教师容易裹足不前，缺少进一步前进的动力。然而，若认为这一部分教师已经成熟、定型，也小有名气，无需更多的教师专业发展，则是错误的。这些教师其实应该是我们打造名师队伍最重要的组成部分。为了帮助他们专业发展更进一步，一方面可以让他们成为初任教师的职业导师，在"教学相长"中获得进一步前进的资源和动力；另一方面北仑区教育行政管理部门应吸收他们参与学校、地区的科研课题，比如市级课题、省级课题，乃至国家级课题，让他们边学习、边实践、边研究，不断超越自我，逐渐成为学者型教师。

北仑区中心幼儿园、九峰幼儿园等单位在这方面已经开始了一些探索，即采用"分层研修"方式，促进教师不同层级、类别的教师群体的专业发展。今后，北仑全区应该在此基础上进一步规划，深入推广实施他们的经验。

九峰幼儿园对教师进行分层培训，提高教师专业水平和能力。针对不同层次的教师开展不同层次的研讨、培训、学习活动。根据不同教龄、经验与发展需要，将教师分为新教师组、经验型教师组、骨干教师组三个组别开展活动。

新教师作为幼儿园的新生力量，他们有热情、有一定的理论知识，但缺乏实际教育经验。对他们，教研组主要以"规范、掌握基本技能"为目标，如组织教师开展专题培训"如何与家长沟通交流,做好家长工作","班级常规管理的基本方法与策略"等,这些都是新教师在教育工作中有困难而又急切需要解决的,教研组邀请经验型、骨干型教师代表为他们传递经验,一方面帮助新教师解决实际问题,另一方面也为经验型教师、骨干教师提供锻炼的机会。

经验型教师具有3年以上教龄,已形成了基本的教育教学风格,教育经验比较丰富,这类教师是幼儿园中人数最多的一组,对于这类教师教研组主要以"提高、形成个性风格"为目标帮助他们发展。

骨干教师是幼儿园教育教研的中坚力量,一般承担了保教助理等职务,这些教师是教师中的领头者,自身业务相对较强。这些教师的发展将会起到引领全体教师的作用,因此,教研组对这些教师提出"高效、引领教师发展"为目标的高要求。除承担一定的职务外,要求这些教师带领其他教师开展业务学习、引领教师开展集体备课、检查督促段内教师。

四、建立共同愿景,促进教师团队的发展

促进教师团队发展的关键是如何建立共同愿景,让所有团队内部所有教师在此愿景的引导下,互相合作、相互支持,充分发挥作为团队重要成员的主人翁精神。

教师职业的特殊价值和意义,往往容易给教师带来巨大的精神压力,让教师找不到自己独特的个性与魅力,看不到美好的前景。建立共同愿景,是教师群体成为专业团队的一条必由之路。共同愿景是指组织成员所共同怀有的关于未来的意愿或景象。它不同于过去所说的团体目标,它不仅包括目标,更多的是包含了长远而美好的前景,不仅含有认知的成分,还含有丰富的情感的成分。共同愿景凝聚了所有成员的生动丰富的意愿,因此能产生一种巨大的感召力,使得团队具有巨大的凝聚力。就一个学校而言,要建立一个真正的共同愿景,要做好以下三个方面的工作:一是共同为学校绘制一幅蓝图。关于学校发展的美好蓝图,指向重点应是师生的发展和学校的发展。这个蓝图,不是校长在办公室勾画出来的,而是管理者通过沟通、分享和倾听,让教师和自己分享彼此的思考,共同绘制这幅生动丰富的具有感召力的蓝图。只有这样,教师对学校规划的态度才会由"冷漠""勉强遵从"到"投入",才能激发出教师对于学校发展的崇高的使命感。二是帮助教师搞好专业发展规划。个人愿景是建立共同愿景的基础,个人只有不断自我

超越，建立自己的个人愿景，共同愿景才会在组织中形成。帮助教师个体进行专业发展设计，充分尊重每一个教师的个人特长和意愿，校长不能生硬地将个人想法强加给教师，强迫他人发展，所能做的只有分享和引领，作为教师的伙伴给教师帮助。三是共同制定专业团队的阶段目标。一个学校有不同类型的团队，管理者必须以伙伴角色，与某个教师专业团队（如教研组或年级组）平等沟通与分享，根据个人愿景和共同愿景制定专业团队的阶段目标，让教师专业团队的共同愿景变得更加清晰起来。在成员为之努力的同时，团队教师对教育行为的价值判断和奉行的行为准则逐步形成，这就是团队价值观。在团队价值观基础上，学校价值观形成，它是学校文化的核心。根植于团队成员的共同价值观和理想信念，内化于教师精神之中，外显于团队教师的工作心理状态和士气之中，便形成了团队精神，这种精神力量推动着整个团队朝着共同愿景迈进。

五、进一步加强制度设计与区域合作，发挥各方的积极作用

虽然北仑区已经有了一些关于教研训一体化推进的政策、制度，但是在区域层面还是很不够的，有关各方尚缺乏统一而规范的制度约束，在合作过程中执行不到位。"区域合作中的制度安排能为各个部门之间的合作、解决合作中的各种问题，以及发展各种协调行为主题的关系提供保障。"①因此必须进一步加强这方面的制度安排和设计，促进各部门更好地合作，形成有助于教师专业发展的合力。具体来说，这些制度主要包括以下内容：

一是资源合理配置制度。区域层面的教研训一体化，涉及各个学校教育资源均衡问题。在区域内的人力、物力、财力、环境等资源应得到合理、均衡而有效地配置，方能促进整个地区不同学校教师专业发展的顺利进行。区域内每所学校可能具有各自的特点和优势，制度安排应考虑如何更好地发挥其优势，互相合作，弥补各自不足，产生更好的效果。制度还应考虑如何通过一些多样化的合作形式，比如项目合作，为学校之间的交流创设一个更好的平台。我们还应进一步完善科研协作区，建立教研互访机制，搭建教师支教平台，选派教研骨干到薄弱学校发挥引领作用。

二是社会支持网络制度。当代中国基础教育的改革频繁发生，改革越来越具有综合性、复杂性，仅仅依靠某一部门或力量来实现教育改革的理想

---

① 方卫华：《制度的多样性与制度分析的层次》，《甘肃社会科学》2005 年第 1 期。

目标是不可能的,而十分需要社会各方力量的广泛参与和支持。比如学校课程改革,就涉及课程方案设计与制定、教材编写、教师培训、社会宣传、家长工作等诸多领域,绝非学校教育行政部门或教师所能独自完成。为了更好地获取社会支持,应考虑逐步建立社会支持网络制度。这种制度应合理规范学校教育、教育改革与社会的关系,让社会各方面的力量群策群力、共同作用于学校教育改革和教师专业发展。广大教师也有更多的学习机会,在社会各方力量的有效支持和监督之下,进一步提高自身的教学水平。

六、建立专业支持团队,引领教师专业发展

专业支持团队是区域合作推进教研训一体化的重要保障。专业支持团队能提高人们对于合作的意识,加速组织的学习,为实践提供指导和方法上的支持。专业支持团队既可能对教师个体的专业发展,也可能对学校、区域整个教育的发展提供智力支持。

以往指导带领教师个人专业发展的往往是个别教师,也就是"一对一"的师徒制,这种方式对教师个人的发展作用虽然很大,但也受制于"师傅"教师个人。如何考虑让"徒弟"教师获得更多也更为充分的养料,增加更多的选择性,就是专业支持团队建设的主要任务。北仑区在教研训一体化模式探索和实施中出现了一些优秀教师、骨干教师,但是有些学校尚缺乏这类教师,那么就必须整合全区的优秀教师资源,组成专业支持团队,将分散的、甚至处于自发无序状态的专业引领资源整合起来。当然,专业支持团队中还可以吸收教研员、高校的教育研究者。专业支持团队在教师专业发展中扮演着引领者、指导者的重要角色,他们以专业人士的眼光来考察教师的行动,来制定教师专业发展的标准,为教师专业发展提供理论和先进经验。专业支持团队定期开展活动,比如到区域内各所学校上课、听课和评课,指导学校教师教育教学研究。专业支持团队内部成员在履行责任过程中也会向其他教师学习,包括被指导教师,不断挑战自己,自身因此也在不断进步。

专业支持团队的建设,将进一步加强教师专业发展的自主权,在专业层面真正提高教师的专业化水平。

附录　北仑区域教师专业发展
研究报告及活动案例

北仑区校本研训调查和思考

北仑区教师培训中心课题组[*]

　　校本研训是以教师为研究主体，通过解决教育教学中的实际问题，促进教师专业成长和提高教育质量的实践性研究活动。随着新课程改革的纵深推进，校本研训活动的开展及其制度创建也进入全面探索阶段。为了解北仑区中小学校本研训实施的现状，促进学校的全面发展和教师的专业发展，北仑区师训中心从 2007 年 4 月开始，进行了为期半年的校本研训调查，以便通过总结校本研训的成就和存在的问题，为该项工作的今后发展方向提供必要的佐证材料，并在此基础上凸现需待探讨的相关主题。

一

　　本次调查的主要目的是通过总结现状、发现问题，以加强教、研、训的针对性和实效性，启示各校一切从本校实际出发，分析解决学校教育、教学、科研和师资队伍建设中存在的重点、难点、热点问题，在教师培训过程中有计划、有措施、有过程记录、有反馈总结，并形成书面文字记录，一步一个脚印地工作，以此形成本校的特色，以此关注教师的专业成长，关注学校的整体发展，促进学校校本研训工作的可持续发展。

　　调查采用问卷调查法和访谈法。问卷调查以全区各中小学、幼儿园校级领导、师训站站长、教师为调查对象。学校领导为定向调查，共发放问卷 108 份，回收 108 份，其中校级领导 78 份，师训站站长 34 份；教师为抽样调查，共发放问卷 220 份，回收 211 份。问卷设计内容分为校本研训管理、培训形式、研训内

---

　　*　课题组成员：徐建龙、王琪丰、唐晓明、孙博仙、贺红军。

容、研训评价、研训实效等几个方面。为能较为全面地反映我区校本研训的发展情况,我们分别在城区、农村、海岛三大区域选择抽样调查样本,并根据学校、教师的整体数量,按照 5∶3∶2 的比例分配城区、农村、海岛的样本容量。同时,我们还走访了 26 所中小学、幼儿园,通过座谈会的方式就校本研训的管理、制度建设、组织形式、工作成效和特色等问题和各校的领导、教师进行了详细的交流。

通过上述两种调查途径获取第一手资料后,我们运用类别分析法,对问卷和相关材料进行整理和归别,初步掌握了我区校本研训当前的发展状况。

(一)校本研训管理

校本研训的质量很大程度上和管理的体制有密切的关系。从我们走访的学校得知,各校都把校本研训纳入学校的重点工作,并建立了以校长为第一责任人的校本研训领导小组,制定了相关的规章制度,在校本研训的目标、组织、活动、经费、责任等方面作了明确的规定。如长江小学制定的常规制度有 7 项,涉及校本研训活动、保障制度、教师专业发展等内容;北仑区实验小学制定的常规制度有 9 项,涉及青年教师发展规划、教师专业发展目标考核、教研组活动等内容。这些制度的建立和完善为确保校本研训工作的有序开展和正常运行提供了良好的前提条件和保障基础。

一些学校还建立了层级式教学研究网络体系,为校本研训的正常开展和相关制度的及时落实保驾护航。如东海实验学校建立了以校长为首的校本研训工作领导小组和校内三级教学研究网络,即校长领导下的校级课题组,教科办和中小学教导处负责组织校级研究课题的实施;学科教研组长牵头的学科课题组,负责校级课题下子课题的实施;教师个体以解决教育教学实际问题为研究目标的合作互助。长江小学建立了三级交叉立体式教学研究网络,即选派骨干教师和优秀教师参加区中心教研组,与结对学校联合共建校带校教研组,分别以年级和学科为单位建立校教研组。

从调查问卷中我们也发现,从整体上看,我区各级各类学校在校本研训管理方面都比较到位。在回答关于校本研训"考勤制度""工作制度"和"奖励制度"等三项内容时,校级领导中有 14 位、教师中有 63 位确定本校建立了该三项制度,占被调查总数的 27%;回答建立其中一项制度的,校级领导中依次有 9 人、32 人和 4 人,教师中依次有 37 人、68 人和 18 人,分别占被调查总数的 16%、35%、8%;另有 14% 的被调查者确认本校有其中二项制度。这说明,被调查的每所学校都建立了相应的校本研训体制,只是在体制的完备性上存在一定的差异。在回答关于"校本研训活动管理"时，所有问卷中有 7 人认为是走形式，占全部被调查人数的 2%；其他被调查者当中，38%认为"有着重研究的问题"，32%认为"有活动过程详细记录"，25%认为"有活动情况反馈"，3%认为有"成果展示交流"。关于教研组的工作，92.8%的被调查者认为教研组"有研训目标和计划"，6.2%认为"研训目标和计划不明确"，1%认为"没有研训目标和计划"。这些数据说明，全区的校本研训管理已经在较为正常的轨道上运行。无论是在规划上，在制度保障上，还是在活动过程的管理上，能基本按照计划的程序进行操作。

（二）校本研训模式和内容

校本研训以促进教师的专业发展为目的，以新课程教学理念为支撑，以课程实施中的具体问题为对象，在课程与课堂教学研究中造就学习型教师、创建学习型组织，使全体教师的整体素质获得实质性的提高，为此，构建符合"校情""师情""生情"研训模式和内容是我区很多学校努力奋斗的目标，并在此方面形成了自身的特色。

新碶小学多年来积极探索"反思式"研训模式，通过教师个体反思、教研组集体反思、专家引领反思、校际活动反思、课题研究反思、学生评价反思、教师培训反思等形式，使全体教师都能依据教学实际情况，选择适合个人发展需求的反思形式，增强教师的研究意识，并在全校营造出良好的研训氛围。小港中心学校通过建立和完善网络资源库，开发了研训博客"江南人家"，创全区教育博客群的先例。教师可以在个人博客和教研组博客中进行教学反思、相互学习、研讨交流。"江南人家"不仅有本校教师建立的博客，而且辐射周边地区，目前博客总数达 617 个，日志总数 5000 余篇。淮河小学遵循"科研为先导、活动有载体、研究有重点"的原则，创建并探索"三同六步"研训模式，以同年级、同学科、同教材作为研究各要素的横向载体，纵向上贯穿选课、备课、说课、上课、评课、定课等六个环节，从形式上规范了课题教学研究活动的程序，达到了系统设计、整体运作、全体参与、共同提高的效果。蔚斗小学的"会诊式教学行动研究"研训模式以课例为载体，通过确定诊疗课例—寻找病状、集体会诊阶段—分析病情、归因分析阶段—寻找药方、再次执教阶段—验证药方、二次会诊阶段—分析药方、反思研讨提高—治愈疾病等几个步骤，实现行动和研究的有机结合。东海实验学校定期开展"扬帆""起航"杯教学展示活动，围绕"切实提高课题教学的实效性，从而凸显轻负担、高质量的教学策略"指导思想，在全校范围内掀起教学研讨之风。

顾国和中学每学期举行一次"教科研周",通过开展中青年教师说课比赛、选编教师优秀论文集、专家专题讲座等活动,促成全校教师关注课堂教学设计的有效达成、关注课堂中有效教学行为的培养、关注课堂教学知识的有效延伸,同时学校还为青年教师制定了3~5年的个人成长计划,指导青年教师创建读书博客,引领青年教师不断提高个体的综合素质。宁波联合实验中学从2002年开始实施"一周一议""教育教学问题记录表"制度,要求各教研组定期将教育教学实践中的相关问题进行汇总和反思。长江中学"1←→3←→7"研训结构围绕"实现教师专业成长"的主目标,以课例式、问题式、论坛式三大研训模式为平台,实施骨干示范、师徒结对、教学主题活动、主题培训、校际联动、承担各级教研活动、校本课程研发等七大举措,实现研训目标、过程和内容的有机结合和学校人力资源的有效整合。北仑中学鉴于教师个体间的教育经验与教育环境的差异导致的教研效果和质量的参差不齐而构建的"一题三主五环节"研训运行模式,以某研究主题为核心,充分发挥教研组长和备课组长、特级教师和骨干教师、教师个体等三类主体的参与功能,紧扣"问题—设计—讨论—行动—总结"五个环节,使研究的主题从提出到解决的过程始终凸现着群体的智慧,并最终实现教师个体素质和整体水平的同步提升。明港中学的"朝霞计划"注重青年教师的培养,通过设计教师个人成长计划、创办《教研通讯》的形式,引导青年教师自觉提升个人素质。

我区各校研训模式和内容的特色不一而足。上述亮点仅仅是部分地反映了我区校本研训在模式构建和内容规划方面的基本特点。而从各校提交的材料来看,所有学校在构建研训模式、制定研训内容时都在不断追求"人无我有,人有我优"的目标,并非常注重三个方面的要素:立足学校实际,立足内在需求,立足整体驱动。

问卷调查中,教师们对培训模式和内容的反映也有一致的地方。在回答"你认为所在教研组的教研活动和课题研究之间的关系"时,70%的被调查者回答"联系密切",29%的被调查者回答"联系一般",1%的被调查者回答"没有联系"。在回答符合个人需求的研训形式时,25%的人认为"应以自我反思为主",9%的人认为"应以同伴互助为主",11%的人认为"应以专业引领为主",55%的人认为三者同等重要。说明大部分教师比较认同学校组织的研训形式和内容,并普遍能在"自我反思—同伴互助—专业引领"的培养方式上找到归属感。

(三)教师对校本研训的评价

校本研训的实施对象是奋斗在教学第一线的广大教师,他们对校本研训认可度的高低会直接影响校本研训的实施价值和开展意义。被调查学校基本有固定的评价措施,以确保研训的质量。问卷调查中,只有不到1％的被调查者认为本校没有相应的评价制度。这说明绝大多数学校都有相应的校本评价机制。九峰小学为了督促校本研训的正常进程,制定了《课堂教学评价》《教研组考核条例》《校本培训考核评价制度》等评价规章。区实验小学的《教师专业发展目标考核条例》以"面向全员、突出骨干、均衡发展"为原则,以"新理念、新课程、新技术和师德教育"为重点,对教师的专业成长提出了明确的要求。可以说,我区各学校校本研训管理到位、形式和内容适宜、评价合理,教师普遍对此有较大的认同度。例如,在回答"你对学校的校本研训结果评价的满意度"时,"很满意"的为33％,"满意"的为43％,"基本满意"的为24％,不满意的为0％。

同时,大部分教师对合理而有效的评价制度提出了非常中肯的意见。13％被调查者认为应该"采用学分登记管理制度,并以此作为年度考核的基本条件之一",14％的被调查者认为"教师参加教研和校本培训的过程和结果应和奖惩、职务评聘等挂钩",8％的被调查者认为"获得各类奖项的教师在职称、晋升、进修等方面享有优先权",33％的被调查者认为"通过教研成果展示和表彰会激励教师不断自觉提高自身的各项素质",31％的被调查者认为上述四项同等重要,还有被调查者认为"评价需有针对性和持续性,应有利于教师的个人发展"。

该项内容的调查说明,教师在当前校本研训评价的合理性上存在较高的认同度,但其中完善和提高的空间依然较大。这种空间究竟有多大,还需要相关研究人员作进一步的调查和探究。

(四)校本研训成效

由于各个学校在校本研训方面所作出的不懈努力,我区目前的校本研训成效比较明显。调查中我们了解到,40％的教师认为校本研训在提高个人素质方面"有较强的实效性",56％的教师认为有"一定的效果",只有不到4％的教师认为"没有明显的效果"。尽管提高的程度不一样,但从这一数据可以看出,大多数学校的校本研训成绩可观。综合分析的话,我们发现各校校本研训的成效体现在两个方面。

1. 教师的专业素质和技能获得实质性的提升

《中国教育改革和发展纲要》中指出:"振兴民族的希望在教育,振兴教育的希望在教师。建设一支具有良好政治业务素质、结构合理、相对稳定的教师队伍,是教育改革和发展的根本大计。"校本研训的主要目的之一就是注重教师队伍建设,不断提高教师的专业水平和教学技能。我区大部分学校这方面的工作质量有了实质性的提高,许多教师在区、市、省教坛新秀和优质课评比中获得奖项。就我们走访的 26 所学校统计,近三年来,这些学校在各级教坛新秀评比中获奖的情况是:区级 137 人次,市级 35 人次,省级 4 人次;在各级优质课评比中获奖的情况是:区级 53 人次,市级 8 人次,省级 3 人次。其中东海实验学校获得的各级各类奖项人次为最多,宁波联合实验中学有 1 人在全国数学优质课评比中获得二等奖。尽管通过数字我们还不能完全肯定教师队伍专业化水平的程度,但至少会从一定的层面透视我区校本研训所产生的成效。

2. 增强了科研氛围,提高了教师的科研能力

教师的成长既离不开专业技能的提高,也离不开科研能力的提高。随着我区校本研训活动的纵深发展,很多学校都以此作为提升教师科研能力的平台,尽可能地创造各种条件为教师的科研提供优质的服务,一大批教师在科研领域脱颖而出。近三年来,我区各级各类学校有一大批已经完成或正在进行的国家级、省级、市级、区级课题,很多课题获得了各级奖项。绍成小学 1 项国家级课题立项,北仑区中心幼儿园 1 项课题获全国家庭教育学会二等奖。此外,教师踊跃撰写论文、案例,并在区级以上刊物发表或获区级以上奖项,其中柴桥小学有 4 篇论文获全国二等奖,白峰小学有 2 篇论文获中国教育学会优秀成果三等奖。

二

调查结果显示我区校本研训的现状是比较好的:管理制度正在不断完善,教师对校本研训的认同度较高,校本研训成效喜人,尤其是各个学校在探索符合实际的研训模式和内容方面可谓百花齐放。但从调查中我们发现,我区的校本研训仍然存在一些不容忽视的亟待解决的问题。

(一)校本研训管理的规范化较弱

良好的管理体制体现在是否具备规范化方面。校本研训的规范化就是将体现校本研训目标、内容、活动形式、质量要求、评价标准的管理体制、程序、方法等,用制度和条例的形式确定下来,以指导和管理校本研训工作。这些制度和条例主要来自于实践,在实施过程中又可以依据实际情况进行修正和补充,以增加其科学性和可操作性,逐渐增强校本研训管理工作的规范性。

尽管我区大部分学校都针对校本研训制定了相应的管理规章,但学校内部校本研训管理的规范化和区域内校本研训整体管理的规范化方面还存在欠缺,校本研训的组织形式和内容没有照顾到全体教师的实际需求,学校在引导教师

对校本研训核心精神的理解上还存在较大的差距。在我们问卷调查中，针对回答"自己最需要的校本研训内容"时，21％的教师认为是"有针对性的师德教育、提高从教的使命感和责任心"，18％的教师认为是"新理念支配下的教学方法"，8％的教师认为是"教学技能"，5％的教师认为是"拓宽学科专业相关知识"，11％的教师认为是"在理论和实践结合上升"，29％的教师认为上述五个方面都需要，剩下39％的教师回答的是其中2～4项内容最需要。由此可见，由于教师个人在培训需求上存在非常大的差异，而学校和相关负责部门却未能提供因人而异的学习内容，这在一定程度上制约了大部分教师的研究行为。虽然在实际操作中存在众口难调的困境，但如何最大限度地满足全体教师的学习需求，尽量规避因过于重视骨干教师的培养而在激发全体教师的活力和潜能上的失位是实现管理规范化中的主要难题。

（二）校本研训的相关管理部门在指导中发挥的作用不是很强

调查中发现，教师在"对个人的专业成长最有作用"的看法上存在较大的分歧：10％的教师认为是"师训机构"，11％的教师认为是"教研部门"，3％的教师认为是"专题报告"，14％的教师认为是"校本研训"，17％的教师认为是"同行交流"，3％的教师认为是"网络"，剩下42％的教师认定上述1～6种不等的选项。说明学校、师训部门、教研部门的被认可度都不尽如人意，这是相关部门在指导上存在着疏漏还是管理不到位值得我们进一步研究。

（三）校本研训发展参差不齐，区域间、学校间差异较大

衡量地区教师专业化发展程度高低的一个主要指标是校本研训水平。虽然我区校本研训整体情况比较乐观，但区域间、学校间的校本研训开展情况和活动效果非常不平衡。相比较而言，差异体现在两个层面：第一，城区好于农村，农村好于海岛。就研训目标和计划而言，城区2.6％的教师认为所在教研组研训目标和计划不明确，农村教师回答该项的比例是8.8％，而海岛教师达到17.8％；就学校研训活动组织情况而言，城区0.8％的教师认为是走形式，农村的比例是8.5％，海岛的比例是15.1％；就校本研训的作用而言，城区64％的教师认为"作用很大"，农村的比例是45％，海岛的比例是25％；就校本研训对个人素质的提升而言，城区2.6％的教师认为没有效果，农村的比例是5.2％，海岛的比例是12.8％。说明各个区域的校本研训管理、内容、形式等都需要提高，而海岛地区学校应在这些方面作出更大的努力。第二，小学好于幼儿园，幼儿园好于中学。以城区学校为例。在回答"你认为参加过的校本研训对自己的教

学和班级管理是否有作用"时,小学有75％的教师认为"作用很大",幼儿园教师回答此项问题的比例是64％,而中学是57％。造成这种差异的原因和青少年儿童的身心发展规律有关还是校本研训运行方面的失位需要我们作进一步的思索。

影响校本研训水平的因素是多方面的,其中既有主观原因(如领导的重视,教师的积极性和主动性,制度的健全),也有客观原因(如经费的保障,优质资源的缺位)。落实到具体的区域和学校来分析其中的原因是相关部门今后努力的方向。

(四)校本研训的实效性有待提高

校本研训的首要目的是促进教师的专业发展,打造出擅长教学和科研的教师队伍,所以校本研训是否具有实效性,广大的教师最有发言权。问卷调查显示:不到39％的教师认为校本研训对提高个人素质"有较强的实效性",还有6％的教师认为"没有明显的效果"。说明我们在努力提高校本研训的实效性上还有较大的上升空间,因为如果校本研训不能对大多数教师产生实效,那么提高教师整体的专业发展水平将只是空谈。

校本研训的实效性之所以无法得到绝大多数教师的认可,其原因是多方面的。我们在对全区师训站站长的调查中得知:38％的被调查者认为是"形式单一,缺乏兴趣化";17％的被调查者认为是"内容太深奥或太肤浅"。对教师的调查中,关于"提高实效性的关键"问题,14％的教师认为需要"完善教研活动模式",39％的教师认为应该"教学研一体化",20％的教师认为应该"以问题为出发点展开研究",另有38％的教师认为上述三点都很关键,还有的教师建议"应以教师的发展规划统筹组织"。究竟从何种角度去提高研训的实效性,使全体教师都能从中受惠,也是促进今后校本研训可持续发展的关键问题。

三

根据上述分析,我们认为,要提高我区校本研训的质量,必须充分发挥各个部门的作用,在管理、组织、评价、总结等方面经过从理论到实践、再从实践到理论的循环递进,不断优化校本研训的管理方式、活动模式和评价机制,真正提高全区教师的综合素质和能力。

(一)规范管理,发挥学校、教研部门(教研室、教科所)、师训机构的联动效应

规范化的校本研训管理要以一定量的、配套的管理规章和运作程序作为平

台,并在此基础上,进行适时的调控、监督和保障。这之中,学校、教研部门(教研室、教科所)、师训机构既有自身独立的管理范围和目标,同时又是有机结合在一起的管理整体,对校本研训发挥着联动作用。具体来说,学校需要结合国家的教育方针和相关的政策法规以及本校的办学实际,建立相关的组织机构、严格的规章制度、科学的工作程序,规范地实施计划管理、目标管理、系统管理、民主管理和质量管理,认真落实校本研训工作目标责任制,加强校本研训的工作质量评估,减少随意性,加强规范化、计划性。教研部门(教研室、教科所)需要从宏观上发挥导向功能,一方面要从理论上探讨符合地区教育发展实际和发展规律的校本研训目标和基本方向,在各学校校本研训活动中能产生正面引导作用;另一方面能全面把握各校校本研训的运行情况和操作特点,并在此基础上能对之进行有效糅合和宏观架构,使各校的校本研训能够得到不断修正和优化。师训机构则要注重实践操作和组织管理,做好全区校本研训的档案工作,为各校提供校本研训的交流机会,促进学校之间的互助合作。

(二)均衡实施,实现区域间、学校间的校本研训层次的同步提升

如前文所述,区域间、学校间校本研训的差距主要和经费保障、优质资源补给、领导重视等主客观因素有关。要弥补这种差距,实现全区各级各类学校校本研训的均衡发展,首先,要在经费保障上能够确保所有学校能正常开展各类校本研训活动。对于义务段学校要按照生均、师均两项指标内容划拨一定额度的活动经费,非义务段学校则可以酌情考虑。其次,所有学校都应能受惠于优质教育资源。从目前聘请专家指导、选派教师外出进修和参观等活动的频率上看,城区学校高于农村、海岛学校。尽管我们没有对活动频率作过具体的统计,但从走访的学校了解到,城区有多所学校举办过专家学术讲座,选派过教师外出培训,而农村和海岛的个别学校除了选派教师参加师训机构举办的专家讲座外,校内没有举办过类似的活动。这对于偏远地区的教师来说,由于他们接受先进理念教育的机会较少,在专业提升的节奏上要慢得多,从而影响全区教师整体的专业发展水平。所以,在聘请专家、教师外出学习方面需要相关管理部门来进行均衡。调查中也了解到,教师在关于聘请专家、外出学习方面的反响区域间存在的差异较小。关于是否需要"每学期至少有一次专家与教师专题对话活动",城区教师有 67% 回答需要,农村和海岛教师回答的比例分别是 50% 和 51%;在回答是否需要"每学期至少一次教师读书报告会或专家学术讲座"时,城区、农村、海岛被调查教师作出肯定回答的比例分别是 35%、33%、17%;关于是否需要"每学期能有一次外派参加学习培训"的机会,城区、农村、海岛教

师回答的比例非常接近,城区 50％教师、农村 57％教师、海岛 52％教师希望能有外出培训的机会。这说明教师都迫切希望能和专家作面对面的交流,希望能去教育发展先行地区或学校参观、取经,而不希望专家坐在讲台进行理论上的指导。为何出现这样的情况还有待我们作进一步的分析。最后,学校领导,尤其是校本研训层次较低的学校领导,应该加强对校本研训的重视程度,将校本研训作为日常管理中的重要工作来抓,引领全体教师树立终身教育理念,尽量通过各种途径不断提高自身的素质和专业技能,以适应新时期教育发展的需求。

(三)以人为本,尽可能满足全体教师的内在需求

以人为本就是把"人"作为学校管理活动的核心和学校最主要的资源,充分利用学校现有的人力资源,不断开发教师的潜能,不断实现学校总体目标和学校成员个人目标。随着现代学校中"人"的地位的提高,教师应成为管理活动主体服务对象,管理活动成功的标志不仅要看原有的学校教育目标是否实现,还要看教师个人的目标是否实现。只有将学校目标与教师个人目标有效地结合,才能增强学校的凝聚力,才能充分发挥教师的主动性、积极性和创造性,才能使学校获得长久的发展。以人的不断解放和全面发展为学校管理目标的观念,恰恰是人本管理理念的实质内容。因而,无论是学校,还是相关的管理部门,都应该从教师的发展需求出发,量体裁衣,使每个教师都有符合个人实际需求的专业成长计划,尽可能地使每个教师的潜能得到最大限度的发掘。在现代学校发展的影响要素之中,人的因素更为关键。学校应帮助教师进行职业生涯开发与设计,注重教师个人的发展和多样化能力的培养。学校应该引导教师深入理解校本研训的精神实质,让教师研究基于学校和自己教学中的问题,加强自我反思的力度,积极开展与同伴的对话和互助,自觉学习理论,不断提升自身的素养和科研能力。

提升全区校本研训水平需要思考和探索的问题还有很多,如可持续发展问题,评估体系的合理性和科学性问题,因地制宜问题等。本文仅仅是就调查情况进行了一些表层分析,更深层次的探讨是我们今后主要的任务。当然,无论校本研训如何管理、如何运行、如何评价,最基本的指导思路还是要以教师所在学校为阵地,以教师在教育教学中的实际问题为培训内容,以促进教师综合素质提高和学校发展为目的,坚持"从学校中来,到学校中去"的基本思路,把学校的成长与教师个人的专业成长有机结合起来,使校本研训能真正做到"服务于学校的发展、服务于教师个人的发展"。

教研协作区

——一种基于校际合作理念的教研实践体

北仑区教育局教研室　刘信态

一、教研协作区的成立

当前,教师的专业发展已经成为教育界关注的热点,而新一轮的教师培训也正如火如荼地展开。国家中长期教育规划与纲要,更是对教师专业成长提出了新的要求。作为北仑区教育局,重新审视常规教研机制,创设新的教师专业发展平台,已经迫在眉睫。

我区传统的教研平台主要有两个:一是由北仑区教研室组织的区级层面的各学科教研活动,特点是参加人数多,涉及学校多,以集体培训为主;缺点是易形成自上而下、"胡子眉毛一把抓"的情形,也很难兼顾众多的骨干教师和青年教师,缺少给教师更多的展示与教学交流的机会。二是以学校教研组为基石的校本教研活动。校本教研活动存在着诸多的有利因素,但也受学校自身条件的制约,存在诸多的不利因素,如有些学校的相关学科缺少学科引领者,有些学校教研组人数少而形不成研讨氛围等。

从均衡教育资源,共享区域教育资源的角度出发,按照地域特点,构建基于校际合作理念的教研协作区,可以形成新的教研机制,搭建新的教研平台,给教师提供更多的教学交流与展示的平台,有利于教师的专业成长,也合乎北仑城乡校级教研师资不均衡的实际。

为此,北仑区教育局教研室以传统的就近原则为基础,积极配合强校弱校异质组合、城乡兼顾的原则,自2008年3月在义务段组建涉及所有学科的教研协作区。并选聘学科骨干教师及名师作为协作区大组长,建立了较为全面的学科教研协作体系。为保障这一新生的教研平台,区教研室还制定了相关的考核与评价机制,同时强调教研员的参与引领作用,从而促进了教研协作区的良好运行。

二、协作机制的构建

(一)划分片区

全区小学共设 5 个教研协作区,主要根据学校所在的地域来划分,协作区内学校控制在 3～6 所;初中按学科不同设 3～4 个教研协作区,在地域就近的基础上充分考虑了同一协作区中不同学校层次的组成,把一些校本教研实力较强的学校推到校级教研的组织示范位置。

(二)确定协作区大组长

协作区大组长的选聘标准是区学科骨干(或教坛新秀等多项荣誉获得者)以上、教学经验丰富、对区域教研工作有一定热情的教师;也包括一部分经验丰富的学校教研组长。区教研室对协作区大组长提出了明确的要求,各学科大组长要结合各协作区的实际情况,协调校际资源,确定教研主题,拟订相关计划,搭建互动平台,组织教研交流,培植教师成长,促进本协作区学科教学研究蓬勃发展。各校要积极支持和重视协作区教学研究活动并为活动的开展提供支持,各校教研组长要积极配合支持大组长的工作。

对教研协作区活动,区教研室要求每学期各学科教研活动不少于两次,建议承办学校在协作区内轮流,倡导给每一位教师有开课展示的机会,保障教师参与协作区教研活动的参与面和参与效果;鼓励各校开展多维度的紧密的教研协作,交流校本教研经验,开展经常性地互动教学交流;教研大组长要安排一定的时间深入各学校,了解教师的课堂教学情况;每学期结束要有一份协作区教研活动情况的反馈总结。

教育局将对各协作区教研大组长进行年度考核,并根据考核情况分等第进行奖励,对不胜任的大组长进行必要的调整。

(三)建立工作规范与考核机制

提供平台,首先是建立工作规范。为此,北仑区教研室制定了教研协作区工作要求、评价与考核机制。

考核的具体要求包括"组织活动、区域引领"两方面。"组织活动"包括教研策划(学期有计划、活动有策划、博客有信息)、过程(活动有通知、主题有创新、过程有成效、会中有点评、会间有互动、会后有总结)、效果(网络有资源、博客有感想、教师有收获）等具体考核细化指标；区域引领包括带徒上课、讲座等。通过协作区组长自评、互评、教研员评分等。通过上述两项内容，最终考核协作区组长的具体工作实绩，并进行适时的评价。区教育局在师训经费中专项列支，用于教研协作区组长的工作奖励。

三、北仑区教研协作区工作历程

（一）教研协作区工作历程

2008年至今，小学50个协作区，初中36个协作区开展了内容丰富、策划精致的各项教研活动，累计进行相关的校际教研活动近千次，参与人次、开课节次均达到了几千次；专家讲座及专业指导人数、专业也数量较多。协作区发表通知、反思、总结等博文数量众多。不少协作区还创新教研机制，提倡参与式培训，使协作区活动有序有效地开展起来。上述数据也说明，教研协作区在区域教研活动中，已经占有了一席之地，并在教师专业成长、学术交流中发挥了重要的作用。

为了引导教研协作区的正常开展，加强协作区组长的教研策划能力，共享教研智慧，区教研室还设置了协作区组长论坛等多个交流平台，这体现了区教研室对于协作区健康运作的关注，也体现了对协作区组长的专业发展与组织协调能力的关注。在交流培训的基础上，区教研部门还加强了对协作区组长的考核与评价。总体看来，每学年进行的考核机制对于推进协作区组长的工作，起到了积极的作用。

（二）教研协作区的成果汇总

经过几年的努力，北仑区各学科中出现了众多优秀的教研协作区，协作区的教研活动也逐渐走向实效和理性。教研活动围绕相关主题展开，并逐渐形成了鲜明的特色。

1. 协作区重视主题教研活动策划

协作区教研活动特点：（1）围绕青年教师的课堂教学进行研讨，往往采用同课异构的方式，结合骨干教师带徒等展开；（2）围绕学科疑难问题展开教学研讨；（3）利用协作区学校自身资源开展针对性的研讨活动（如顾国和中学利用科普园进行协作区活动、利用协作区名师开展讲座活动等）。

2008年至2009年要求每个协作区组织三个教研活动，各学科协作区组织的活动,受北仑区教研室的引领,主题是"课堂观察";2009 年至 2010 年,要求每个协作区一学年组织二个教研活动,主要围绕着学科疑难问题展开;2010 年至 2011 年,主要围绕着"有效教学"展开。因此,协作区学科教研活动形式多样,同时主题明确,呈现了丰富多彩,"百家争鸣"的局面。

2. 关注教学引领、促进青年教师成长

在区域活动中,骨干教师、名师借助平台,上引领课,或者作学科教学讲座,从而发挥了名师骨干的区域引领作用;而青年教师则利用这一平台,更多地展示自己,从而促进了自身的专业成长。

通过健全考核机制,我区的协作区教研活动基本规范已经确立,并且已经成为我区教师专业成长的重要平台,成为区域教研活动的重要补充。而协作区组长队伍,也成为我区教师专业发展、教学专业引领的重要力量。协作区教研活动呈现健康的发展势态,并被广大教师所接受,对当前的北仑教师专业发展,形成了一定的影响,可以说,达到了设置协作区的预期目的。

四、北仑区教研协作区存在的问题和今后的发展方向

由于教研协作区的人为区域划分、协作区组长的自身教研素养、各学科教研员及协作区内学校对协作区功能的认识与定位问题等诸多因素,我区的教研协作区的发展,也存在着诸多的问题。例如协作区大组长的教研业务水平问题,协作教研形式与质量的提升问题,协作活动的参与深度和问题解决质量等,有待在今后的工作中继续规范和扶持。

综上所述,通过几年的实践,教研协作区这种基于校际合作理念的教研实践体,已经成为北仑区学科教研活动的重要平台,也成为我区教师专业成长的重要平台。协作区活动的影响已经彰显。当然,在协作区发展过程中,也产生了诸多的问题,这对持续健康地发展协作区活动,带来了负面的影响。取得成效固然可喜,但产生的问题更需要我们进一步去研究总结。我们期待通过规范制度、强化学科领导,进一步深入协作区活动的全过程,我区的教研协作区必然能够健康发展,成为校际教研不可或缺的实践载体。

协作区教师同上一节课:校际教研活动案例
宁波东海实验学校　　王国锋

为提高课例研究的实效性,充分发挥城区学校学科带头人、骨干教师的专

业引领作用，促进校本教研活动健康发展，使我区教师快速成长，进一步提高教育教学质量，按照区教育局校本教研工作指导意见，坚持开展"协作区教师同上一节课"活动，积极邀请城区"手拉手"结对学校的骨干教师送教下乡，开展观摩研讨、对话交流活动。

一、具体做法

（一）集体备课

根据本协作区的实际情况，建立"协作区互动"集体备课制度。尝试让教师以课前集体备课的方式提高教学设计的科学性；课后以集体评价的方式发现自己的教学收获弥补教学遗憾，在实践中不断提高自己的专业水平，并且在备课的内容上和形式上不断完善，这样使我们更加直面自己的教学。

1. 安排形式

（1）固定时间、地点、内容、人员：以学科年级组为单位，根据学校校本教研计划固定时间，针对"协作区教师同上一节课"的授课内容进行集体备课。

（2）做到有备而来：集体备课时，主要讨论上课内容、重点、难点、注意点及学生容易出错的地方、教学策略等等，做到有备而来，踊跃发言。不管是经验丰富的老教师还是刚刚步入教坛的新教师，都要自觉把个体放到群体中去，集思广益，使个人素质得到充分的展现与提高。

（3）教研组长针对备课内容设计若干问题，有选择性地向所在成员提问，督促其他成员补充发言，做到个个参与，人人发言。

（4）结合本班实际修改预案：确定参加与城区教师同上一节课的同志在集体备课后，回到学校要根据本班具体情况，对预案进行取舍、调整、修改、补充，力求体现一种共性和个性完美的结合。

2. 实施步骤

（1）各级负责人做好每次备课的组织和协调工作，并收集好每次活动的资料（签到簿、教案、评课发言、计划、总结、反思、案例等），学期结束一并上交协作区负责教师。

（2）集体备课基本程序是：分校钻研—集体备课—形成预案—研讨交流—实际教学—课后反思。

（3）中心发言人在集体备课前要深入钻研教材和《课标》，反复阅读教学参考书及有关资料。集体备课时详细介绍本课教学目的，三维教学要求，突出重点和突破难点的方法,教学策略的设想等。组内其他成员各抒己见,充分讨论,统一认识。

(4)结合"协作区教师同上一节课"活动,每学期确定一个研究主题,实行"跟进式研究"。基本程序是:确定专题—集体备课—一度教学—重构教案—二度教学—反思研讨—提炼经验。

(二)课堂交流

真正的教学设计还需要执教者在集体备课的基础上来一次归纳、提升和再创造,这样才能更好地体现自己的教学个性,更好地适应自己学生的学情。

各校要与结对子学校制定"协作区教师同上一节课"活动方案。在"教学设计"形成之后,要先确定好上课教师。听课教师认真地对每一位教师课堂教学过程进行记录,观察教师在课堂中对教材的把握与处理,观察课堂中学生对教学设计的接受程度。最后,从教材简析、教学目标、教学重难点、教学用具、教学方法、学生学法、教学过程中不确定性因素等多个方面,对课堂实效进行比较,形成书面性评价,做好活动后记录。

(三)课后研讨

在课堂交流之后,组织协作区相关教师进行"课后研讨"。

(1)上课教师就所上的课从教材、教法、课堂中遇到的问题谈自己的感受。

(2)参与教师要共同思考两位教师对于新理念、新教材的把握是否到位,课中有什么值得研究的地方,究竟怎样研究与解决,今后如何开展教学研究,怎样确定研究主题和研究问题。听课教师针对这两节课向上课教师进行提问、质疑,并根据课堂交流中形成的书面性评价对每个上课教师进行评课。

(3)主持人要把教师提出比较多的、疑难的、分歧大的问题拿出来,组织教师相互辩论、互摆事实,在争论中寻找解决的最佳方法。通过"协作区教师同上一节课"教学研讨,找出我们教师教学的不足,让每位教师得到适合自己的课堂教学的最佳方案,为教师成长提供有力的借鉴。

在此平台上,广大教师就如何落实新课程新理念,如何解决自身面临的实际教学问题,大家在交流中要共享优势资源;在互动中,既欣赏又质疑,形成思维碰撞,加强相互间的研讨和动态合作,从而产生新的教学思想,形成更有效的教学策略。

(四)再次上课

在"课后研讨"的基础上,对每一次集体备课教案进行修改完善,形成二次教学设计,再选择本协作区其他的教师进行二次上课。及时有效地把实践总结再应用于实践,实行"跟进式研究"。

二、寻求突破

开展"协作区教师同上一节课"活动,力求对各校校本教研活动有所发展。

(1)让所有年级的教师都有机会学习、钻研新课程教材。

(2)教师由原来的集中起来备课转变成了集体备一节课,从而达到教师之间的合作与交流;听课教师不再是听课前没有接触过教材,对教学过程、教学方法一无所知,没有评价的依据。集体备课给他们一个评价的尺度,使教师更有话可说。

(3)每人一节研讨课没有可比性,他们所上的课没有其他教师与之比较,衡量不出课堂的优劣。与协作区教师同上一节课,让教师之间有了竞赛,互相取长补短。

(4)以前教师在说、上、评过后,教学活动也就结束了,没再提高的过程,通过"二次上课"改变这一切,实现"量变"到"质变"的飞跃。

三、几点要求

(1)充分准备:"协作区教师同一上节课"课堂教学研究需要对新教材、新课标、新理念有充分的认识。因此要求每位教师认真开展理念学习,认真做好业务笔记,要求每位教师定期上网查询资料,更新观念,扩大视野。

(2)建立档案:建立"协作区教师同上一节课"档案,将研究的过程资料留存。

(3)及时反馈改进:为了吸取经验,总结教训,活动结束后学校要进行认真总结反思,上课教师与听课教师要在反思中提出新的问题,找到新的研究方向。参加活动的教师,一是写好教学反思,寻找研究的起点。教师要成为研究者,就必须先学会自我反思。我们不但备好课、上好课,而且还必须写出每课的教学反思,形成自己独立的思考和创造性见解,不断更新观念,改善教学行为,总结、积累经验,最终形成教育理论。二是写教学一得、教学案例、教育日记、教育机智一例等,增强研究意识。

"山海经"协作区的"山海经"

协作区大组长　王剑平

东海、大碶、泰河、灵山、岷山,我们把它简称为初中语文"山海经"协作区。

一、"山海经"的快乐在于氛围营造

小时候夏夜,村口大樟树下总是最热闹,那是村里人讲"山海经"、摆龙门阵的绿色低碳高级会所。协作区来源于教研组,但又没有教研组过多的限制,所以协作区老师的成长发展更在于学习的氛围,而非制度,我们协作区相对集中了一批市区名师、骨干,这些老师的指导引领对老师们的专业成长是有一定帮助的。尤其是沈丽萍老师和童红霞老师,每次课堂教学展示活动后,都能针对普遍问题进行精辟的分析,并提出切实可行的方案。这些老师不仅教学能力强,而且谦逊热心,指导青年教师不遗余力,充分发挥了引领带头作用。这些教师好比是善讲"山海经"的人,更好比我们村口的那棵大樟树,在大树的作用下,这里水清了,草绿了,花儿开了。

不仅如此,我们还邀请别的协作区名师骨干一起摆龙门阵。2009 年 12 月,我们借助区初中语文骨干培训机会,请长江、国和、联合协作区的赵霞、李海燕、王飞君三位故事大王齐聚东海,煮茶论诗歌,这些优秀教师的引领,让老师们能够有超越本校资源的学习机会。

"不是槌的打击,乃是水的载歌载舞,使鹅卵石臻于完美。"或许正是这样的学习氛围,让老师们多了一份学习的内驱力。

二、"山海经"的有效在于主题引领

协作区一次活动,通常半天,话题太多,势必杂乱。每一次活动围绕一个明确主题就清晰多了。

协作区教研活动安排

时间	活动主题
2009 年 12 月 2 日	1. 诗歌教学内容的确定和展开。
2010 年 1 月 12 日	1. 教研组活动如何有效展开。 2. 文言文教学有效性。
2010 年 3 月 15 日	1. 研讨解决教学中的疑难问题之一:写人文章教学。 2. 优质课选拔。

常态的活动是根据活动主题,安排课堂观察和教学论坛。如,第一次诗歌两种形态安排上冰心的散文诗《荷叶母亲》和郭沫若的诗歌《天上的街市》,四位老师围绕诗歌教学内容的确定和展开主题,结合两堂课点评,同时,宕开一笔,谈诗这种文学形态的教学抓手。

再如第二次活动。协作区老师尤其教研组长多次提出想了解我们东海语文组的教研活动是怎样开展的。2010 年 1 月 12 日,北仑区中小学校本研修推进工作会议在我校举行,我们中学语文组现场展示了常态的教研活动全过程。活动围绕一个大的研讨主题:"文言文教学的有效性",由青年教师李晓波执教《愚公移山》,其他教师分两个观察点进行课堂观察研究:"文言文教学中的文言并举策略""文言文教学中的现代元素",课堂结束后,两个观察小组现场点评,然后,徐静丹和王炯两位老师围绕这两个观察点进行教学讨论。围绕主题而进行的课堂教学研究、课堂观察以及教学沙龙是我校语文组经常采用的教研活动形式,我们毫无保留地把平时的教研训方法充分展现出来,并邀请协作区学校的教研组长和老师一起参与,共同学习。

三、"山海经"的精彩在于争相登台

一个人的故事会再生动也会听腻,众人参与方显"山海经"精彩。协作区不同于区级教研活动,能够为更多的青年教师提供上公开课的机会,而且因为范围相对较小,老师也不会太过怯场,能够循序渐进地锻炼自己,很多优秀的年轻教师就是在协作区活动中反响较好,所以增添了自信。这一学年中,很多青年教师都借助这个平台上了公开课,现统计如下。

协作区教师公开课安排

上课时间	上课教师	上课内容
2009.12.02	李晓波	《荷叶母亲》
2009.12.02	徐静丹	《天上的街市》
2009.12.07	冯海阳	《华南虎》
2009.12.07	李　欣	《马》
2010.01.12	李晓波	《愚公移山》
2010.03.15	马艳敏	《列夫·托尔斯泰》
2010.03.15	高　辉	《闻一多先生的说和做》
2010.03.15	冯海阳	《音乐巨人贝多芬》
2010.03.15	沈富良	《福楼拜家的星期天》

年轻老师通过优质课选拔、汇报课、展示课等形式,互相切磋,如琢如磨,锻炼自我,课堂驾驭能力得到了提升。

"小草呀,你的足步虽小,但是你拥有你足下的土地。"或许正是这样的锻炼

平台,让老师们多了一份成长的自信。

四、"山海经"的特点还在随时插播

其实协作区的作用不仅仅停留于一学期所举办的一两次活动,更重要的是在于平时的互通有无,互帮互助。

学生竞赛你们怎么搞,打个电话互相询问;区里要举行一次青年教师说课比赛了,没有经验,两校合作。5月,应泰河学校的邀请,我和陈健、郑秋艳老师一起到泰河参加了说课培训活动,由郑秋艳和朱燕飞根据我们所处题目15分钟准备后现场说课,然后,我们从说课审题、说课内容、说课形式以及非语言因素等全面进行了说课指导,泰河学校的全体语文老师都参与了学习,大家都觉得颇有收获。更令人高兴的是,在5月27日举行的区级现场说课比赛中,郑秋艳和朱燕飞两位老师分别获得了第一、二名的好成绩,让人颇为振奋。

不知不觉间,又一年的"山海经"讲完了,而大家在听讲的过程中悄悄成长了。回顾过去的2009学年,我们协作区参加了区教研室组织教师成长三大竞赛,优质课、说课比赛和论文、案例写作评比,都取得了不错的成绩,其中优质课比赛两位青年教师分获一、二等奖;说课比赛,我们协作区参赛的所有选手都获了奖,一、二等奖五名获奖者,我们占了三位,且一等奖的两位都是我们协作区的青年教师;论文写作获奖的五十几篇文章中,我们协作区就占了二十几篇。我想我们"山海经协作区"的"山海经"还会继续讲下去。

借"他山之石",攻"校本教研"之玉
——基于学科骨干教师引领下的校本教研活动形式的探索

北仑区教研室　蔡君英

现状点击:同伴互助缺"首席"

校本教研对于教师专业成长有着重要的促进作用,这一点毋庸置疑。但校本教研的效果是受诸多因素的制约的。比如,参与者的参与度、教研主题的关注度、核心价值理念的准确度、后续跟进的自觉度等。客观地观照我区各个小学的校本教研活动,存在着应付较多、形式单一、主题不明、观点分散等弊端。特别是那些边缘的农村学校,校本教研更容易流于形式。分析其主要原因,其中之一是缺乏权威的有效引领。我区原有小学语文学科骨干教师12名,集中分布在8所学校,也就是全区25所中心小学中,17所是没有区级学科骨干教师

的,大家在同一水平线上,缺少平等中的首席,最终不能形成一个正确的核心理念,活动后依旧我行我素,更没有后续的行为跟进与反思,效果也就微乎其微。也就是说,学校教师的专业水平制约着校本教研的质量,要切实提升学校校本教研的品质,尤其需要专业权威的引领。本校没有权威,不妨引进外校骨干,借"他山之石",来攻"校本教研"之玉。

形式例举:骨干引领提"品质"

有了这样一个全区通盘、骨干借用的校本教研活动设想后,北仑区教研室由小学语文学科牵头尝试。每学期选定一个薄弱学校,教研员带领若干名区级学科骨干参加该校的校本教研活动。通过几次实践,总结了如下几种形式。

(1)滞后参与模式:集体备课—骨干修改—试教评议

这是在白峰小学举行的一次教研活动形式,先由学校各个年级选定一个教学内容,通过集体备课,初步形成教学方案。然后,我们选定某一天,邀请了12位骨干教师同时前往白峰小学,每个年级指派2位骨干,对前期形成的教学方案进行研讨、论证,整整花了一个上午的时间。下午,教研组选派一位教师执教,然后,再进行评课研讨。

这种模式的优点是以该校集体备课的教案为研究的基点,能真实反映学校教师的整体实力,准确把握教师存在的普遍性的问题,加强了研讨的针对性。但是,骨干教师教学思想的渗透由于时间的限制而具有一定的局限性,对教师的课堂教学行为无法进行二次跟进,因此,活动的实效性会有所影响。

(2)过程指导模式:共同备课—试教改进—再教再议

为了进一步发挥骨干教师的引领作用,在策划大碶小学的校本教研活动时,区教研员事先给该校的每位执教老师找了2位指导老师,共同参与备课,然后试教,改进。最后是集中一天的汇报课,导师们共同见证磨课的过程,享受磨课的成果。

这种模式,充分发挥了骨干教师的作用,在磨课中共同思索、共同进步,实践、反思、改进、提炼。指导过程的充分展开,让教师在经历中成熟,在过程中成长。

(3)示范对比模式:各自备课—同课异教(同案异教)—对比评议

课堂示范是发挥骨干教师作用的最好形式。在灵山学校的那次活动中,指定的教学内容分别由该校老师和骨干教师各自备课,试教,然后一起展示,作比较评议。

还有一种示范模式是在霞浦小学的那一次,骨干教师与该校的一名年轻教师共同备课,形成同一个教案,再分别执教,进而作进一步的比较评议。这种方式尤其能够促动年轻老师的神经,同样的教案,不同的效果,引人深思,促人奋进。

收获启示：细水长流贵"坚持"

立足区域、共享优资、均衡发展，这种教研活动形式的优点具体体现在：

(1)骨干的介入，营造了良好的校本教研氛围，提升了校本教研的品位。

(2)骨干的指导，激发了学校年轻教师的钻研热情，增强了他们自信心。

(3)骨干的示范，引领了教学的潮流，冲击了教师的内心，引发了深层次的思考。

但是，仅靠一次这样的有效教研，要想改变很多是不可能的。因此，要让这种活动细水长流，真正改变一所学校、一位老师，建议建立长效机制，由行政介入，赋予骨干教师指导学校校本教研的职责，让骨干教师真正发挥引领作用，让薄弱学校借"他山之石"，攻"校本教研"之玉。

骨干引领，携手共进
——基于规范常态课堂的语文校本教研策划
浙江省宁波市北仑霞浦小学　史芳芳

一、活动背景

（一）学校实况

我校地处城乡结合地段，是所百年老校。近几年来，随着征地拆迁，部分年轻教师外调，导致校内教师年龄偏高，平均年龄达到40岁。这个年龄段的教师满足现状，缺乏创新意识和上进意识。大部分教师还是停留在教书的层面上，对课改实验中的问题不思考、不研究、不反思，教师在校本教研中的主体作用未能得到彰显。

（二）校本教研现状

1. 没有一个相对集中的主题，导致在观课议课的时候针对性不强，对教师的指导作用不大。一个教研组内十来个老师，听完课各说各的意见、想法，没有系统性，也不一定适合执教者的实际需要。由此，往往导致活动效果热闹有余，深刻不足。

2. 缺少专家的引领。教研组内自己搞活动基本都是常态研究，这一方面尊重了研究的本色,有利于日常教学的改进;另一方面时间久了,又容易流于形式,很难从更高的层面、更宽的视野来把握研究方向。

3. 缺少座谈或跟进式个别指导。教研组内开展活动往往是上完课、点评结束就宣布解散,很少再有深入探讨。如果能将参加比赛时的"磨课"机制与教研组听评课活动结合起来,效果就会好很多。

为此,学校提出了教研活动策划方案,并向区教研室申请,由区语文骨干引领,以校语文教研组为首,连同大胡教学点,开展了"规范常态课堂"主题教研活动。

二、活动目的

1. 营造良好的校本教研氛围,使教师积极主动参与到校本教研活动中来。

2. 进一步规范主题性校本教研的操作,促进教师校本研究能力的进一步发展。

3. 推进"有效教学"深入研究,规范常态课堂,提升学校教师业务素质。

三、活动方案

活动主题:如何规范常态课堂

活动阶段:2月组织教师开展"如何规范常态课堂教学"的理论学习

3月进行组内课堂实践,课例准备、骨干教师指导。

4月22日集中研讨一天。

活动地点:霞浦小学

参加对象:区小学语文骨干教师、霞浦小学及大胡教学点全体语文教师

活动内容:

第一节(8:20—9:00)　　二(2)《画风》霞浦小学　刘燕君

第二节(9:20—10:00)　　四(2)《麦哨》东海实验学校　阮琦

第三节(10:20—11:00)　　五(1)《猴王出世》大胡教学点潘兴龙

下午12:30分组讨论(地点:实验室)

1. 授课者反思

2. 各骨干教师点评

3. 全体语文教师与骨干教师互动交流

4. 教研员讲座

四、活动过程

（一）理论学习

没有理论指导的实践是盲目的实践，理论指导下的实践才是高层次的实践。当前"有效教学"可谓是教学界的热门话题，关于这个教学理念的文章也是层出不穷。然而这些他人的经验、心得未必都能对我们的教学起到指导作用。我们结合自己的教学实践，立足"有效教学"的大视角，选择"规范常态课堂"为基点，结合一些具体学科教学的、符合师生实际情况的有效教学策略指导方面的资料，以便更好地指导我们的课堂实践。正因为有这样的学习作底蕴，才使我们参与研讨的课例能"八仙过海——各显神通"，如同样为略读课文为内容的两堂语文上出了完全不同的教学风格。

（二）课堂实践

1. 物色执教老师、确定教学内容、联系骨干教师试教指导、发布活动通知。参加课例执教的老师基本为学校的青年骨干教师。教学内容涉及各学段、各课型。其中两堂是中高段略读课文的教学，是平时老师们较难处理的课型，因此而增加了活动的可探讨性。我们主要以"校内互助"的形式进行理论学习和课例"打磨"。由于有骨干教师、教学点教师联动研讨的压力和动力，我们十分重视课例的准备，合作互助的团队精神使老师们对"有效教学"的研究更为深入、细致。

2. 参会教师听三堂课、与骨干教师互动交流评课、区教研员专题指导。活动当日，霞浦小学及大胡教学点全体语文教师准时参会。因教学内容不同，执教教师素质良好，学生课堂学习习惯良好，课堂气氛甚为热烈，听课会场秩序井然，老师们充分感受到了三堂课的"新、美、实"。六位骨干教师的专题点评有理有据，建议中肯，效果不错。区教研员对本次活动给予了肯定。

3. 执教老师整理教案与课后反思、各参与教师的博客心得为整个活动画上圆满的句号。

五、收获与启示

两点收获

收获一：此次活动，在学校团队合作、共同努力和上课教师、学生的精彩演绎下,每节课都达到了预设的目标,在知识与能力、过程与方法和情感态度价值观三个维度上,学生都取得了进步和发展。下午的互动研讨,氛围宽松,老师思维活跃,发言踊跃,与骨干教师进行互动交流。通过研讨,老师们进一步明确了有效教学的基本策略:深入钻研教材,创造性地使用教材;认真分析学情,明确合理的教学目标;积极的交往互动;改善学习方式;恰当的评价激励;逐步提高地练习等。使我们的课堂教学在落实双基的同时,使学生经历过程,学会方法,形成正确的态度、情感、价值观,个性得到发展,使不同层次的学生在原有的基础上都得到提高。

收获二:在理论与实践之间往往有一段不容易逾越的"艰难地带",而学科教研员正是实现教育理论向教学实践转化的专业引领队伍,是理论与实践的连接点。他们最大的优势是有着较丰富的理论基础,同时又有着十分广阔的实践视野。为了提高本次研讨活动的质量,我们有幸邀请到了区教研室的语文教研员及6位区语文骨干教师一起参与我们的研讨活动。在大家充分讨论基础上,学科教研员围绕主题,给老师们带来了最新的研究动态,同时也结合课例,为老师们指点迷津,例如"新课程背景下,如何培养传统的概括能力?怎么样的朗读指导更为有效?如何提高略读课文的教学效率?"从理论的高度指向活生生的现实课例,剖析了教师教学行为与有效教学之间的关系,强化老师们从"效率"角度反思自己教学行为的意识。

三点启示

1. 精心策划是前提

一次成功的教研活动必须统筹安排,周密策划。首先,要有明确的主题,只有将教师在新课程实施过程中的问题转化为研究主题,才能形成稳定、全面和大规模的协作,有利于整合全校教师的力量。没有主题,就不会有活动前的充分准备,活动时泛泛而谈,往往没有针对性,自然不会有很高的效率。

其次,有具体的实施方案,让每个教师都知道活动方案和主题。活动应当提前通知,给足准备时间,让老师们围绕主题充分地学习、思考,以期在活动中形成互动,碰撞出更多的思维火花,生成更多有价值的问题。

2. 过程扎实是关键

除了精心策划之外,本次教研活动取得较好的效果,还归功于活动的各个环节能充分展开,"过程走得扎实"。

教师的自我反思是教师教学认知活动的重要组成部分,是教师的一种内化行为,是教师对已经发生的教学行为和教学活动的再认识、再建构。反思是教师专业成长的关键环节,反思有多深,收获就有多大,没有反思就没有收获,专业能力就很难有实质性的提高。本次活动,从理论学习到后续的材料工作,老师们都能一步一个脚印地去做。每一步里面都凝聚着教师对"有效教学"的深入思考。尤其是参加磨课的教师,在精雕细琢中不断反思,探寻有效教学的策略。执教的老师更是不厌其烦地反思并修正自己的教学设计……难能可贵的是在集中研讨时,每一所学校的教师都能积极发言,交流他们对有效教学的理解以及操作策略。活动后,教师们也纷纷写下了活动心得。

3. 合作分享是策略

有骨干教师引领,连同教学点合作,大大地开拓了交流领域,实现了多种思维火花的碰撞,更能引发教师们的思索。联动教研的课例,更多地体现了一个教研组乃至一所学校的集体智慧和合作精神。因为磨课的需要,执教老师一般要在校内进行试教,需要组内教师之间的合作,需要和同事间反复研讨,这样可以更好地营造良好的研讨氛围,让每一个参与的教师都有所收获。执教老师在联动研修活动中所学到的知识、技能是一种财富,除了自己学会,也可以在自己学校内、教研组内分享。

差异有时候就是一种资源,这在本次联动活动中得到了充分的体现。来自不同学校的课例,蕴含着学校的不同见解,融合在一起,便成为一种可贵的资源。东海实验学校阮绮老师对《麦哨》那独特的尊重学生自我需要的朗读方式,令人耳目一新。骨干教师石如军指导的《猴王出世》一课,对文本的个性化处理,引人入胜。"他山之石,可以攻玉",在本次活动中,成了一种可贵的资源。

这样的"骨干辐射、点面结合"的校本研修给老师们提供了一个新的校本研修交流的"平台",同时活动的效果得到了全体参与老师的共同认可,教师们希望这样的活动多搞一些。回顾这次活动的策划和组织,我们发现,其实这样的活动可以进一步拓展到各个领域,如与结对学校的教研联动,校内教研组的跨组联动;有相同研究主题的课题组联动;针对某年级段,某学科的共同问题的联动研讨等,都是值得尝试的。

游走于理论与实践的双轨

——我的品德教研历程

北仑区九峰小学　刘海霞

因为自己对综合性活动课的热爱,也因为要参与区里的品德学科教坛新秀评比,我走进了品德与社会这门活动课。在教研组的合力帮助下,我一步一步地游走于理论与实践的双轨,实现我教学中的新突破。

一、理论研读

古人云："勤学如春起之苗，不见其长，日有所增；辍学如磨刀之石，不见其损，日有所亏。"同样，一个知识储备和文化底蕴不足的教师，教学中必然捉襟见肘，充其量只能算是一个"教书匠"。而想成为一个学者型的教师，要上好每堂课，就必须经常地博览群书，补充自己的知识，才能使自己的思想之流，如潺潺流水，永不枯竭。理论研读是我们教研活动的自主环节，我钻进了学校的教师书吧，翻出《品德与社会课程标准》，坐在里面像一条蚕一样慢慢地品尝着书本的营养，"这是一门具有生活性、开放性、社会性、综合性的学科。""在教材内容和形式的设计上更贴近儿童生活，要走进儿童的世界，突破传统的教学方法，根据教材内容设计和学生实际生活特点，采用灵活多样的现代教学方法，积极引导学生从自己的世界出发，用自己的眼睛观察社会，用自己的心灵感受社会，用自己的方式研究社会。"这些教学理念犹如清风拂面，以前对品德课的困惑和茫然逐渐变得清晰，让我有一种豁然开朗的感觉，轻松地通过了理论考试关。

二、说课练兵

理论的学习是为了更好地服务于实践，教学理论就是教师说课的强有力的理论支撑。怎样才能成功地说好一堂课呢？学校为了我们这些参赛选手能够得心应手地参加说课比赛，请来了教研室的任老师来作《新课程下的说课观》讲座，他强调了说课既要说清楚这一堂课的目标，又要明确这堂课的重点难点，还要能理论结合实际地讲述每一个环节的内容安排，从理论上讲授了说课的操作方法，使我受益匪浅。

校级说课比赛开始了，品德学科的内容是《宝岛台湾》，在规定的时间说出重难点和教学设计。当时我说的教学思路是以优美的风景纪录片把学生带入台湾，进入游览宝岛台湾的活动情境，让学生感受到台湾的风景是多么的美，产生一种向往之情。接着用深情的语言带着学生进入和台湾的小朋友手拉手共谈中华民族共有的传统风俗习惯的情境，拉近双方的距离，明白海峡两岸有着同样的血脉，都是龙的传人，然后，共叙离别之情。李老师提示了这节课的内容还能适当地进行拓展，可以让学生谈谈，现阶段祖国大陆为两岸统一所做的工作，展望美好的未来，提升到思想教育的高度。确实，活动不单单局限于课内呀，课外是学生活动的大舞台，学生的课外知识非常丰富，只要老师引导和点拨，都能挖掘出来。在说课实践中，我的品德学科理论在不断地巩固、深化、提高。

在教坛新秀的说课比赛时,我因为积累了丰富的学科理论知识,心里底气十足。在有限的准备时间内,我结合自己的理论和平时的课堂实践,很快地确定了一堂课的重难点,构思了上课的思路,取得了一份好成绩。

三、实践演练

教研组里试教是一个理论联系实际,立体而全面、生动而真实的学习过程。一节课会涉及教师重难点的把握、教学过程的设计、学生的反馈、教师的调控。你存在的方方面面的问题常常会在课堂中暴露无遗。

我试教的内容是四年级教材《交通连四方》。我的教学流程是这样的:课前,让学生调查爷爷奶奶和爸爸妈妈生活年代的家乡道路状况和使用的交通工具,看看现在的道路状况和交通工具。课内:(1)谈谈爷爷奶奶和爸爸妈妈生活年代的家乡道路状况,乘坐的交通工具是怎样的? 说说现在四通八达的道路,与多种交通工具进行对比,感受到家乡交通的便捷。(2)介绍现代各种便捷交通工具(火车、汽车、轮船、飞机、轻轨)。(3)设计未来的交通工具。由于学生对这些课外的知识比较感兴趣,所以课堂的气氛比较活跃。我一开始自己对这一堂课的设计也是比较满意的,结合实际对话,创设活动情境,明白现在家乡的道路四通八达,越来越方便了,交通工具种类越来越多。从而拓展想象构思未来的交通工具,达到了一个思想教育的高度,不是挺好吗?

贺老师认为,可以围绕游览洋沙山旅游区的话题展开,让学生谈谈:以前你们到洋沙山去游玩,那一条路是怎样的? 乘坐什么交通工具去的呢? 现在,到洋沙山去的路线是怎样的? 又能乘坐怎样的交通工具? 经过鲜明的对比,学生就能认识到现在的道路四通八达,交通非常方便。或者让学生结合实际说说,你每天上学,从家门口到学校的路线有哪几条,可以乘坐怎样的交通工具? 教师在黑板上画出几条路线图,这不是很直观地表现了现在便捷的交通现状了吗? 学生身边的事例很多,如果选择自己参与过的活动引入,会显得比较自然、连贯。是的,不管是活动课、历史地理知识介绍课,还是行为指导课,都需要有一条隐形的线,把知识串联起来,这样不管怎样的调控,内容就不会显得七零八碎。上课是一个老师成长的最好途径。我的实践经验不断地积累着,教学理论也在不断地深化。

这次上课比赛的内容就是五上(五年级上学期)教材《父母——我特别的朋友》。这一课的内容类似于心理教育课,教育孩子爱自己的父母,学会和父母沟通。由于有了平时的理论积累和操练时的实践经验,我静静地理清思路,沉着地上课。我先列举了一个孩子离家出走的故事,让学生了解由于和父母缺乏沟通,做出过激的行为是错误的。接着联系实际,说说自己和父母之间产生的隔阂,找找原因,在交谈中,学生发现很多隔阂产生的原因在于我们自己的逆反性。因为很多同学和父母之间存在着代沟,隔阂在所难免,难得有了让他们倾吐心声的机会,学生畅所欲言,积极性很高。然后,以具体的事例,创设知心姐姐信箱情境,指导学生学会和父母相处的方法,指导自己的行为。这是一堂思想行为指导课,虽然没有妙趣横生的画面,没有有趣活动,但是,学生学得很扎实,教学取得了最后的成功。

四、点滴感言

游走在实践与理论的双轨之间,我一步步深入到品德教学的深度空间,在理论与实践的不断磨合中,我不断成长着。光阴在书本上和笔尖下悄悄流走,面对漫漫的教学之路,我要在实践中反思,在实践中成长,在实践中创新。为了教书育人的神圣使命,不管自己的明天是波澜壮阔,还是静寂平淡,我都一样不会停止追求的脚步!

路漫漫其修远兮,吾将上下而求索……

以"团队—自愿式"打造学习型学校

北仑区绍成小学　王瑛瑛

绍成小学和梅山小学实施捆绑办学后,如何推动两校的共同发展,如何促进教师的专业化成长,成了集团发展要思考的首要问题。

现代社会的特点是环境变化迅猛,反映在学校里就是教育理念、管理方法和活动方式的急剧更新。要使这些变化让老师们迅速地感知反应,唯有不断地学习。我们提出的"团队—自愿式"学习,旨在将学校作为学习的单位,顺应不断学习,不断创新的社会要求。

在具体的操作中,我们主要采取了以下措施。

一、建立纵横交错的沟通机制,提供学习保障系统

由集团信息处发起,集团建立一个教师 QQ 群,以实名制登录。在 QQ 群上,言论自由,可以交流彼此的教学心得体会,生活感言,学校发展建议。群主会随时注意 QQ 群的言论动向,有价值的信息挂在群公告栏中,以方便不经常上 QQ 的老师。如有些年纪较大的教师不知道从哪里下载教学资源,群主会把

一些精通网络的年轻教师发在 QQ 上的下载地址挂到公告栏上，那些需要的教师直接就可以点击运用了。此外，群主还会把新学习资料的上传情况，学习通知，重要消息等放到 QQ 群公告栏中，这些内容有些是集团的，有些是学校的，两校教师都可以浏览。信息处还组织一批网络管理者，构建网络教育教学资源库，将网络上各种活动的产品打包成优秀本位资源；从校本研修的需求出发，从光盘资源、卫星资源及网络资源中筛选适合教师教学工作需求的信息，并经过教师的加工、创作形成校本资源，由学校统一存储到校本资源库中管理，实现资源共创、共享。这样集团教学资源库便形成纵横交错的合作和共享机制。

除了网上交流外，我们还用电话交流、面对面交流、便笺式交流、各种座谈会等多种交流方式，以保持信息的畅通，沟通的顺畅。在这方面，集团也做了不少工作，原本除校长室、教导处、总务处电话是外线外，其余都是内线，教师之间沟通不及时，学校为教职工统一配了小灵通，并入校园虚拟网。但梅山小学是海岛学校，绍成小学一到梅山小学搞教学活动，信息就不通畅了，而且梅山小学要与绍成小学互通信息或交流也要考虑信息费问题，于是集团就重新为教职工配了手机，入了新的教育网，并订了最优惠的手机套餐。这样两校教师交流就更方便了。

二、建设教师学习团队，创建"适应性"协调系统

两个学校本有自己的纵向学习团队，这些团队多以教研组的方式结合。两校形成集团后，教师资源丰富了，教学渠道拓宽了，我们就着手创建以完成共同任务为目标的各种横向学习团队。有以完成学科教学和教研任务为主要目标的教研团队；有以理论探讨，完成课题任务为主要目标的课题团队；有以班主任工作探讨为目标的班级工作团队；还有管理干部团队，学科带头人团队，青年教师团队，新教师团队等。这些学习团队不是靠行政命令，而是依据共同的任务组合而成，大家在彼此的磨合中逐渐适应，形成特定的学习团队。而在某种程度上他们又是不固定的，各学习团队之间的成员可能是交叉的，一个人可能同时从属于若干个学习团队。

这样的团队打破了两校的界限，活跃了原有学校的教学气氛。梅山小学教师少，专职教师经常是一人一个教研组，教学研讨活动很难开展。成立横向的学习团队后，有了绍成小学专职教师的加入，活动就如火如荼地开展起来了。

三、依托大网络教研，创建"开放、互动"的行动系统

所谓开放，就是保证有充分的信息流入有关组织和单元，有知识的自由传

播和创新;所谓互动,是在开放的基础上实现内部以及同外部在学习上充分地相互促进,同时把学习纳入工作和生活程序,使之互相强化。

(一)大网络教研活动

两校合作的一个重要局限是相距太远,许多互动的活动因此而无法长期开展。所以集团信息处建议依托网络,将两校的部分教研放到网络的平台上。这一创举得到了集团教师的大力支持。主要的网络教研举措如下:

提问释疑——每位教师定期在网上提出自己教学中的一个困惑,信息管理员将问题打包,每位教师针对问题,就一个自己能解决的问题,填写释疑卡。信息员将同问题的释疑卡归类,放在网上,教师点击确定哪些问题研讨价值大。点击率高的5个问题作为集体研讨的内容。集体研讨可以在教研组中或学习团队中展开,集思广益后,放到网络上供集团教师分享。再针对这些观点找一个典型的问题,设计典型的教育教学情境,在模拟的情境中创造性运用和实践。

分享实践智慧——分享者以开放的心态,主动提供实际工作中的教育教学小智慧。这些实践智慧不用太大,可以是育人的金点子,某个教学环节的出彩处等。分享者分析挖掘其中具有实践智慧的经验和新的生长点,并从自己的角度对分享者所揭示的问题、提供的经验进行深入思考与探索,在交流合作中形成新的经验。

分享读书成果——打破个人封闭读书和集体统一读书的状态,倡导在网上晒自己的阅读书目和阅读感言。鼓励教师多读教育教学杂志和教育专著,提倡读教育专著的教师多用自己浅显的语言将阅读感悟通过网络告知其他老师,激发教师读专著的兴趣,降低阅读的难度。配制以"书虫级别"的轻松方式营造浓浓的书香气息。

利用智能录播系统——绍成小学新的综合楼建成后,新的微格教室开始启用,学校信息处利用录播系统,让教师坐在办公室便可直接通过网络看教师的上课情况,并随时可以就课堂设计发表自己的见解,既能让梅山教师一同听课,又不会因为讨论而影响上课的教师。每学期开学初,两校就请教师确定上课的篇目,然后由两校的教导处统一安排,一般都安排在每周五的第一、二节课,相关的学科教师无特殊情况都应提早安排好自己的教学工作,进行网上听课、评课活动。更鼓励不同学科的教师一同参与,实现不同学科的碰撞交流。

(二)请进来,走出去

集团化办学是北仑区教育局探索均衡教育之路的全新尝试,除了统筹下的刚性制度保证,我们还需要有适合实际的办学经验。一年来,我们先后考察了江东实验荷花庄小学、杭州崇文小学、杭州文三教育集团嘉绿苑小学、义乌实验学校、镇海城关中心小学,感受了这些学校全新的办学理念,同时学习了杭州文三教育集团嘉绿苑小学集团化办学的优秀经验,与该校建立良好关系,并逐步商讨派教师蹲点学习的事宜。课题实施期间,我们还请区教科所,市教科所,省教科所课题规划办专家到我校指导课题工作。

除了专家指导外,我们也注意常规性的对外交流。同学科的两校教师进行一周的换岗教学,让对方学校和对方班级的学生参与评课活动,在不同环境和不同的教学对象中检验和提高自己的教学。

四、创建以"文化重建"为特征的价值系统

学校文化是保持学校稳步发展的核心力,文化在学校建设中起着价值导引,观念整合,情感激励,规范调节等作用。

学校特色文化——继续扩大梅山小学武术特色、绍成小学艺术特色的影响力,借课题的实施,带动新一轮的特色项目的开发。如梅山小学在集团的协助下,对于已取得的武术成绩进行经验总结,教材编写。绍成小学在继钢琴教学课题立项获奖后又开发了新的研究课程——电钢琴集体课,其硬件设施在省内小学里也是首屈一指的,集团教师对电钢琴室参观后都赞叹不已。

教师文化——教师在集团的各类活动中从陌生到相识,再到熟知,两校教师被不断相互认同,有些甚至是赏识和钦佩,这种融洽的和谐关系将成为推动集团发展的重要动力。

学生文化——通过个体与个体的拉手,集体与集体的抗衡,学生和班集体有了新的竞争对手和奋斗目标,这种竞争动力将带动学生向更积极的方向发展。

致力于团队建设,强调"整体配合",注重激发集体智慧,就能使我们的每一位老师都在学校里找到自己的位置,发挥自己的长处,发现别人的长处,显露自己的个性但宽容别人的个性。只有在这样一个互相理解、互相支持、协作共享的氛围中,我们期望的学习型学校才能自然地形成。

分层研修,促进教师团队发展

北仑区中心幼儿园

自2005年我园被评为浙江省园本教研示范幼儿园之后,我们一直在园本

教研上认真探索,努力寻求适合我园发展的园本教研制度,根据自身水平和现状调整教研方式,并不断创新互助化的教研方式,如开展分层研修、网络教研、思维拓展培训、三维教师学堂等。这两年来,随着幼儿园规模的不断扩大,教师人数的不断增长,教师们的教研需求不断分化,"分层研修"的活动制度使不同教龄,不同需求的老师找到了自己的研究方向和团队,在团队中互动提高,促进教师专业化成长。

一、分层研修的定义和背景

随着幼儿园的发展,班级规模不断扩大,教师数量急剧上升。半月一次的全园教研学习时间,由于人数多,且不同水平、不同教龄的教师对教研的需求和追求目标不同,使教研活动的效果大打折扣。

在每周1~2次的年级组学习中,虽说老中青教师都有,有很好的师徒结队学习的条件,但是这种结对对新教师来讲,缺少了对学前幼儿各年龄段整体水平的了解;对其他教师来讲也缺乏了跨年龄段的交流和互动。另外,每个年级组10个左右的教师,同一个水平、层次的教师只有两三个,在交流的过程中往往缺乏共鸣,比较难开展专业化的研究。

基于以上原因,我对我园教师的教龄和职称进行了粗浅的调查。

表1　教师教龄分布

教龄	3年以内	3~7年	7~12年	12年以上
教师人数(人)	28	18	14	16

表2　教师职称分布

职称	高级	一级	无职称
教师人数(人)	23	20	33

从以上两个表格可以看到,我园76名教师无论在教龄还是职称上的分布都非常平均:高级、一级和无职称的教师都在20人以上;在教龄上除了新教师较多以外,其余各档教龄的都在15人左右。老中青教师结构非常稳定。

为了充分关注教师的专业化发展,凸显对教师的尊重,我们建立了北仑区中心幼儿园分层研修组。

所谓"分层研修",即以教师的兴趣、需要为出发点,以问题为切入口,使教师自主参与到某一研修群体,投入到群体的研究活动中。一方面调动教师自我发展的主动积极性,另一方面培养教师对问题深化研究的能力,将每一位教师推向台前,使每一位教师都找到适合自己的舞台。

二、分层研修的类型

分层园本研修应该充分考虑不同教师的知识结构、教育理论水平、教育教学实际和内在需要,对教师进行合理分组,并有针对性地开展教师需求的园本研修活动。研修活动应突出"以园为本""教师即研究者"的理念,增强研修团队的凝聚力,使教师乐于开展"自己教学中的问题"研究,并能充分调动与整合幼儿园的一切教育资源,为卡站研修活动服务。

为了达到此目的,我们遵循以人为本,满足需求,动态变化,团队合作,互动影响,务求实效的原则,把全园教师分为四种发展类型:起步型的扬帆组(教龄一般在1~3年)、新秀型的启航组(教龄一般在3~7年)、成熟型的乘风组(教龄一般在7~12年)和辐射型的搏浪组(教龄一般在12年以上)。对起步型教师,重"扶";对新秀型教师,重"亮";对成熟型教师,重"研";对辐射型教师重"扬"。

每组设立正副组长,由园长、副园长、园长助理、教科研主任亲自担任各组组长,保证了研修的严谨性。老师们大致可以根据自己的教龄来报名参加不同的研修组,但在具体操作过程中,也可以根据不同特长和兴趣调整。例如有一位两年教龄的教师,自身素质较高,有良好的文字功底,自己又比较喜欢写文章,根据她的申请,我们将她安排在乘风组研修。在研修的过程中,对其他组的研修内容比较感兴趣,也可以申请加入。

三、分层研修的操作过程

分层研修活动一般分三个阶段进行:

准备阶段——确定主题。在策划阶段,我们就给四个组定下了不同的主题,即不同的定位和方向,以确保自己组的专业性成长。如扬帆组的活动主要方向是:家长工作、班级管理、教学常规、技能技巧、教具制作、环境创设等;启航组的教师主要针对集体活动的优化,说课、评课等进行研修;乘风组的教师主要针对如何写好文章、案例、论文,如何增强理论水平等进行研修;搏浪组的教师主要针对提高自身修养,加强理论水平,从经验型教师转为研究型教师,争做骨干教师、名教师、学者型教师等方向努力,提高在全区、全市的知名度,在园内外开讲座、送教,指导幼儿参赛,指导新教师成长等。

过程阶段——循序渐进,重点突破。虽然准备阶段的备选主题不止一个,但是每个学期的研修活动,我们要求循序渐进,突破其中的重点。如在新教师较多的起步组，确定的攻破重点是：深入了解班级管理、家长工作要求；规范新教师带班行为，提高教师班级管理能力，力求把新教师培养成为一名合格称职的幼儿教师。

结束阶段——总结提炼，互动提高。在研修过程中要求组长创设机会和条件让教师进行互动探究。在每个小组内，要营造探究性、互动性的学习氛围，共同切磋、质疑、提升。组与组之间也要进行互动，如每学期扬帆组、启航组的优质活动推评、汇报展示、活动反思与讨论都会在跨组的大集体中进行。搏浪组的高级教师讲座也都是针对其他组的，这样有分有合，学习灵活有效，使各组在互动中相互学习、取长补短。

四、分层研修的几种策略

（一）拓展培训

"拓展训练"，是一种现代人和现代组织全新的学习方法和训练方式，又被称为"自我突破人格培训"，是当今世界上最通行、最科学、最有效的体验式培训方式。其所开课程融思想性、教育性、挑战性、实用性、开放性和趣味性于一体，最终达到"超越自我，熔炼团队，提升个人或组织的生存与发展能力"的培训目的。

我们在分层研修中引用"拓展培训"的概念，就是意图秉承拓展培训的理念与目的，借助了拓展培训的基本形式，根据幼儿教师素质的培训需要和幼教内容的特点，将拓展训练移植到教师培训中来。基本流程包括：寻找拓展点—收集相关信息—确定拓展方法—设计拓展方案—拓展前期准备—进行拓展活动。最终提高教师个人素养和团队合作能力，教师教育实践能力和教师教育反思和研究能力三个方面：

（1）寻找拓展点：立足园本实际，突出教师受用性。

（2）收集相关信息：调查问题现状，寻找理论症结。

（3）确定拓展方法：特性决定形式，把握寓教于乐。

精神感悟型拓展：提高教师的团队精神、事业心等内容，我们可以通过让参与者获得精神上的感性共鸣，来激活内心的情绪语言进行拓展。主要形式有情境表演、录像片段、文学影视作品赏析等。

知识丰富型拓展：提高教师教育基础知识等内容，我们可以吸纳很多来自电视等娱乐节目的形式，如"非常6+1""开心辞典""A圈B圈站"等，也可以吸纳很多的民间游戏，如击鼓传花、猜数字、走迷宫等。

专业思辨型拓展：教育案例的研讨，我们可以采取甲方乙方、挑战名师、×
×之我见等形式进行。

能力锻炼型拓展：提高教师自信心和社会交往能力的，我们可以吸纳"才艺
舞台""挑战无极限""快乐大本营"等形式。比如同一曲幼儿音乐，即兴律动创
编，录像后观摩拓展：哪个主题创意好？哪个动作编排好？为什么……

4. 拓展前期准备：建立理论支点，做好物质保障。

5. 进行拓展活动：环境宽松愉快，过程分享提升。

过程：这里没有考试，没有任何的竞争和压力，充分体现着"对事不对人"的
理念，没有专家的侃侃而谈和指手画脚，只需参训者亲自去交流体验，或许通过
同伴不经意的一句话，令参训者思路豁然开朗，精神得到升华。

（二）问题研究

根据幼儿园和研修组教师在实际工作中存在的实际问题，有针对性地开展
问题研究，是分层研修的策略之一。

从"园本教研"的定义中我们不难发现，"园本教研"以解决具体问题为研究
对象，幼儿园、活动室就是研究场所，教师就是研究者。研究之前我们要求教师
在组内讨论："在诸多问题中感触最深的是什么？""最需要改变的是什么？""最
大的题是什么？"等。有心的教师发现了诸如"离园活动中的杂乱现象""晨间活
动中幼儿的游离现象"等一些常见又细小的问题，教师们抓住这些常见问题，通
过共同探讨"问题的分析"—"初始调查"—"问题归因"—"措施与行动"—"评估
与反思"等一系列深入、跟踪的措施，伴随着教师们会后的行为跟进，逐步学会
了开展自主式课题研究。在问题研究中，我们倡导"过程胜于结果，细节决定深
度"。分层研修组内的问题研究构建了教师解决实际问题的支架，并在互助讨
论中帮助教师不断自我反思教学行为，为教师成为研究者、反思者奠定了基础。

（三）课例研究

课例研究，一般是指由两个以上的教师组成一个小组，基于对有效教学理
念的追求，以真实课堂教学为载体而进行的一种教学行动研究。而分层研修组
中的课例研究，组员间水平相当，研究中更注重教师在处理问题及其执教风格
的个性化差异，有助于大家在比较中相互学习、扬长避短、共同提高。

分层组内的课例研究采取的一般形式是组内几个教师连续上同一活动内
容，但教学行为却不断地改进。其主要的操作过程是：

（1）第一次分层会议中，研修小组成员共同备课；

（2）由某一位成员组织活动,其他教师到现场观摩;

（3）第二次分层会议中组织教师集中研讨,修正教学活动计划;

（4）再次组织教学活动,可以是由另一个教师(或同一个教师)在另一个班级实施,其他教师现场观摩;

（5）第三次分层会议中,再次讨论观课的情形,视具体情况决定该活动内容的教学循环的次数。

围绕一个活动内容进行系列实践和反思活动,集多个视角来看待同一个问题,有助于组内教师,特别是执教的教师对某一问题获得较深入或多角度的认识,引导教师不断反思和改进教学实践,提升实践智慧和专业化水平。

五、成效

评价是保证研修成效的重要手段。在评价中,我们遵循如下准则:突出自我评价＋团队评价＋态度评价,并用综合化的指标进行评价,它包括评价教师的学习态度、情感、意志、团队协作精神、自主学习的意向、热情、兴趣等。评价最关注的是教师的整体发展、和谐发展和可持续发展,以及每个研修团队的研究氛围。

我园实施分层研修近三年来,在师资建设和培训上取得了突出的成绩:博浪组内两名教师被输送至区里担任园长,一名教师被评为区名师;两名教师被区教育局师训中心邀请在全区幼儿教师暑期培训中就"幼儿园班级管理""幼儿园家教对策"等方面作专题讲座;乘风组长、启航组长被评为北仑区骨干教师;乘风组教师的论文获得了省幼教论文一等奖,省园本教研征文二等奖等;启航组教师包揽了区教坛新秀比赛的一、二等奖,区基本功比赛一、二等奖,区说课上课比赛的一、二等奖;扬帆组内也有多名教师考入企事业编制,并担任乡镇幼儿的教科研组长。教师的专业水平得到了长足的进步,教学的研讨氛围日益浓厚。正如一名教师所言:"师傅的指导让我明确了努力的方向,团队的帮助给了我无穷的力量,反思的习惯让我变得更加聪明,成功的体验让我无比自信。"不难看出,正是分层园本研修造就了这样优秀的教师。

参考文献

[1] 阿尔玛·哈里斯,丹尼尔·缪伊斯.教师领导力与学校发展.许联,吴合文译.北京:北京师范大学出版社,2007.

[2] Conant J. B. 科南特教育论著选.陈友松,等译.北京:人民教育出版社,1988.

[3] Cowley S. 初为人师——教师职业生涯第一年.宋旸译.北京:北京师范大学出版社,2006.

[4] 陈美玉.教师专业学习与发展.台北:台湾师大书苑有限公司,1999.

[5] 陈时见.学校教育变革与教师适应性研究.北京:商务印书馆,2006.

[6] 陈向明.在行动中学作质的研究.北京:教育科学出版社,2003.

[7] 单中惠.教师专业发展的国际比较.北京:教育科学出版社,2010.

[8] 邓志伟.新课程与教师专业发展.南宁:广西教育出版社,2004.

[9] 丁钢.全球化背景下的教师专业发展创新计划——新理念及其变革实践.北京:北京师范大学出版社,2009.

[10] Fessler R. & J. C. Christensen.教师职业生涯周期——教师专业发展指导.董丽敏,高耀民译.北京:中国轻工业出版社,2005.

[11] 傅道春.教师的成长与发展.北京:教育科学出版社,2001.

[12] 傅培森.小学英语教师自主发展研究.河南师范大学硕士学位论文,2008.

[13] 郭东岐.教师的适应和发展.北京:首都师范大学出版社,2001.

[14] 何碧兰.新教师角色适应的调查研究.http://60.28.209.218/UserLog/UserLogComment.aspx? UserlogID=265237.

[15] 和利.国外新教师入职培训的现状及模式.师资培训研究,2005(4).

[16] 教育部师范教育司.教师专业化的理论与实践.北京:人民教育出版社,2003.

[17] 教育大辞典编纂委员会.教育大辞典(第 6 卷).上海:上海教育出版

社,1992.

[18] 鞠玉翠. 走进教师生活世界——教师个人实践理论的叙事探究. 上海:复旦大学出版社,2004.

[19] 康纳利,克莱丁宁. 叙事探究. 丁钢译. 全球教育展望,2003(4).

[20] Knapper C. K. & A. J. Cropley. 高等教育与终身学习. 徐辉,等译. 上海:华东师范大学出版社,2003.

[21] 李慧玲. 新课程理念下初中语文教师角色适应存在的问题研究. 西南师范大学硕士学位论文,2003.

[22] 李进忠,郝静. 新教师选拔的标准及其成长——美国的经验. 基础教育参考,2006(4).

[23] 连榕. 教师专业发展. 北京:高等教育出版社,2007.

[24] 刘捷. 专业化:挑战 21 世纪的教师. 北京:教育科学出版社,2002.

[25] 毛汉忠. 教师角色的自我认知与相关群体对教师角色期望的比较研究——以酒泉市城区小学教师为例. 西北师范大学硕士学位论文,2005.

[26] Richards J. C. & T. S. C. Farrell. Professional Development for Language Teachers. Cambridge:Cambridge University Press,2005.

[27] 饶见维. 教师专业发展. 台北:台湾五南图书出版公司,1996.

[28] 如何帮助新教师尽快适应角色. http://bbs. ccnu. edu. cn/frame. php?frameon = yes&referer = http%3A//bbs. ccnu. edu. cn/viewthread. php%3Ftid%3D2769593.

[29] 申继亮. 教师人力资源开发与管理——教师发展之源. 北京:北京师范大学出版社,2006.

[30] 申继亮. 教学反思与行动研究——教师发展之路. 北京:北京师范大学出版社,2006.

[31] 施珺. 我国中小学新教师入职教育的现状与模式研究. 江西师范大学硕士学位论文,2009.

[32] 唐玉光. 基于教师专业发展的教师教育制度. 高等师范教育研究,2002(5).

[33] 唐玉光. 教师专业发展与教师教育. 合肥:安徽教育出版社,2008.

[34] Wallace M. J. Action Research for Language Teachers. Beijing:Beijing Foreign Language Teaching and Research Press,2000.

［35］王枬,等.教师发展:从自在走向自为.桂林:广西师范大学出版社,2007.

［36］吴康宁.教师:一种悖论性的社会角色——兼答郭兴举同志的"商榷".教育研究与实验,2003(4).

［37］徐碧美.追求卓越——教师专业发展的案例研究.陈静,李忠如译.北京:人民教育出版社,2003.

［38］徐斌艳.教师专业发展的多元途径.上海:上海教育出版社,2008.

［39］叶澜,等.教师角色与教师发展新探.北京:教育科学出版社,2002.

［40］张焕庭.教育辞典.南京:江苏教育出版社,1989.

［41］赵昌木.教师成长论.兰州:甘肃教育出版社,2004.

［42］赵明仁.教学反思与教师专业发展——新课程改革中的案例研究.北京:北京师范大学出版社,2009.

［43］赵苹.小学语文新入职教师角色适应的个案研究.首都师范大学硕士学位论文,2007.

［44］周艳.教师·个人·社会——教师专业社会化研究.北京:中国工人出版社,2001.

索　引

B

北仑　41,85

C

城乡捆绑制　95

D

大学与中小学合作　161

多维融合　70,109

F

反思性教学实践　123

分层运作　70

G

个性化教师专业发展　169

工学矛盾　59,160,166

J

教师团队发展　171,207

教师专业发展模式　20,46,70,141,169

教师专业发展　1,32,58,120,185

教师专业化　11,52,207

教师综合素养　32

教学反思　44,117

教研训片区　89

教研训一体化　109,167

Q

区域教师专业发展评价　168

T

同侪互助　119,152

X

小课题　44,101,118

Z

载体推动　70,119

专业支持　165,173

图书在版编目(CIP)数据

北仑模式:区域教师专业发展探索 / 阎亚军,刘信态,唐晓明编著. —杭州:浙江大学出版社,2013.9
ISBN 978-7-308-11928-3

Ⅰ.①北… Ⅱ.①阎… ②刘… ③唐 Ⅲ.①师资培养－研究－宁波市 Ⅳ.①G451.2

中国版本图书馆 CIP 数据核字(2013)第 177357 号

北仑模式:区域教师专业发展探索

阎亚军　刘信态　唐晓明　编著

责任编辑	吴伟伟 weiweiwu@zju.edu.cn
封面设计	木　夕
出版发行	浙江大学出版社
	（杭州市天目山路 148 号　邮政编码 310007）
	（网址:http://www.zjupress.com）
排　　版	浙江时代出版服务有限公司
印　　刷	杭州日报报业集团盛元印务有限公司
开　　本	710mm×1000mm　1/16
印　　张	14
字　　数	237 千
版 印 次	2013 年 9 月第 1 版　2013 年 9 月第 1 次印刷
书　　号	ISBN 978-7-308-11928-3
定　　价	40.00 元